検証
東日本大震災

関西大学 社会安全学部 編

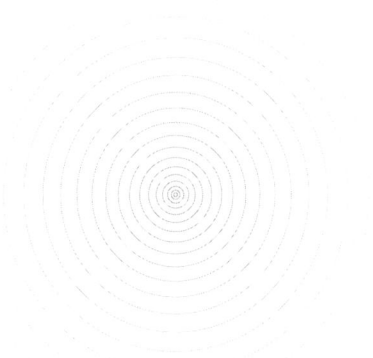

ミネルヴァ書房

巻頭言

災害研究の進化

河田惠昭

　1995年に阪神・淡路大震災が起こったとき，私たち災害研究者は正直いって，どのような研究から着手すればよいかがわからなかった．だから，復興過程で課題となったことを必死になって追いかけ，現在も継続している．

　その成果は，例えば最近刊行された『災害対策全書』（全4巻：ひょうご震災記念21世紀研究機構災害対策全書編集企画委員会，2011年，ぎょうせい）に集約されている．この大震災から災害研究のあり方について多くのことを学んだ．その一つは，災害研究は実践科学（Implementation Science）でなければならないこと，二つは，物理的課題と社会的課題があり，その橋渡しをする情報課題から構成されるということであった．

　そしてこの間，次に発生が心配な東海・東南海・南海地震や首都直下地震に関する先行研究が，大型の研究プロジェクトとして立ち上がった．いずれも10年近い研究実績を積み上げてきており，不十分ながらも事前に何が問題になるかがみえてきた．その過程で東日本大震災が起こった．だから，この震災が起こったとき，何を対象として研究すればよいかがわかっていた．本書に紹介されている成果は，それらのいくつかをまとめたものである．また，全執筆者が所属する関西大学社会安全学部・社会安全研究科は，このような大震災をどのように減災し，国難としない工夫をすればよいかを学術研究を通して社会提案することを一つの目標として，2010年4月に創設された．ほぼ1年を経た3月に東日本大震災が発生し，各研究者は，以来，大変多忙な時間を過ごしてきた．

　この大震災は，原子力事故の対応や復興事業の困難さもさることながら，これからわが国を襲う種々の国難候補を災害対策の先行によって減災することの大切さを教えてくれることになった．そして，私たちは，自然界のごく一部のことしか理解できていないことを知ることになった．

このような現状を考えるとき，災害研究者が心がけなければならないことは，災害に先立つ先行研究の成果を減災に役立てるということである．研究成果が実際の減災に貢献して初めて，災害研究が実践科学として光り輝くことになるのである．幸い，日本政府もそのことを理解し，防災基本計画の改訂によって，減災のための先行投資を可能とし，かつ東日本大震災の復興基本方針にそのことを明示して，予算化を図ろうとしている．

　東日本大震災に直面して，不退転の覚悟で私たちの社会システムを変革していかなければならない．それは，現状追認型の多くの意見に屈することなく，勇気をもって前進することがとても大切である．災害研究は実践的であると共に先鋭的でなければならない．それが災害研究の進化であり，それを私たちが担っているという志と使命感を大事にしたいと考えている．

はしがき

　2011年3月11日午後2時46分頃，わが国の観測史上において最大規模（マグニチュード9.0）の東北地方太平洋沖地震が発生した。この地震は大津波を併発させ，地震動による被害に加えて，岩手・宮城・福島の3県を中心に東日本の太平洋側沿岸地域に甚大な津波被害をもたらした。この大津波による浸水エリアは，国土地理院によれば青森・岩手・宮城・福島・茨城・千葉の6県62市町村の約500 kmに及び，浸水面積の合計は561 km^{2}に達した。500 kmといえば，東海道新幹線の東京～新大阪間の距離に相当する。いわば，東京から大阪までの太平洋沿岸部の一帯が津波に襲われたと比定することができるほどの広域災害であった。

　この巨大地震はまた，大津波と相俟って，東京電力福島第一原子力発電所のプラントを損壊させ，放射性物質の飛散を含む深刻な原発事故を誘発した。こうした未曾有の津波被害や原発事故などの深刻な事態を受けて，政府は地震発生から3週間後の4月1日の持ち回り閣議で，今回の大災害を東日本大震災と呼ぶこととした。

　東日本大震災は，地震，津波，原発事故からなる巨大複合災害である。その犠牲者数は，死者・行方不明者1万9508人（2011年11月2日現在，警察庁発表）と，わが国の近現代史上，1923年の関東大震災（死者・行方不明者10万5385人）に次いで大きく，また，被害総額も1995年の阪神・淡路大震災を大きく上回る約16兆9000億円（2011年6月24日現在の内閣府による暫定推計値）と見積もられている。

　この大災害からの復興は緒についたばかりである。なかでも，原発事故は未だ収束の気配をみせておらず，放射能汚染のために避難を強いられた「避難区域」，「計画的避難区域」及び「緊急時避難準備区域」の対象人口は14万6500人に及んでいる（内閣府『平成23年版　防災白書』）。

寺田寅彦が1934年に著した『天災と国防』の中に，次のような件がある。
　「文明の進歩のために生じた対自然関係の著しい変化がある。それは人間の団体，なかんずくいわゆる国家あるいは国民と称するものの有機的結合が進化し，その内部機構の分化が著しく進展して来たために，その有機系のある一部の損害が系全体に対してはなはだしく有害な影響を及ぼす可能性が多くなり，時には一小部分の傷害が全系統に致命的となりうる恐れがあるようになったということである」（『天災と国防』講談社学術文庫）。
　70数年前のものとは思えない，今回の原発事故の本質的問題点を洞察するかのごとき示唆に富んだ指摘というべきであろう。
　2010年4月，関西大学は大阪府高槻市のJR高槻駅前のミューズキャンパスに，新たに社会安全学部ならびに大学院社会安全研究科・修士課程（博士課程は2012年4月に開設予定）をオープンさせた。構想から開設まで足かけ5年のことであった。
　社会安全学部・社会安全研究科の開設の目的は，安全・安心な社会の構築に寄与するための教育研究の推進にある。すなわち，学部は，「現代社会の安全を脅かす様々な問題について，学際融合的・実践的な教育研究を行うとともに，安全・安心な社会の構築に寄与できる，幅広い視野と問題解決能力を備えた人材を育成」すること，また大学院は，「時代とともに変化する自然災害や社会災害から安全な社会を実現するために，複数の関連分野の学際融合研究を通して，社会安全研究領域を創設するとともに，防災・減災に寄与できる人材を育成すること」を教育研究上の目的としている。換言すれば，安全・安心な社会を創造していくための教育（担い手となる人材の育成）と研究（理論創造・政策提言）を行うことを基本的使命としている。
　わが国の国土面積は世界の0.25％であるにもかかわらず，世界全体に占める災害は，マグニチュード6以上の地震回数は20.5％，活火山数が7％，その被害額は11.9％などと非常に割合が大きい（『平成22年版　防災白書』）。つまり，地理的・自然的条件から，地震や台風，火山噴火などによる災害が発生しやすい国土となっている。東日本大震災は，直近で発生した大災害であるが，さらに，近年，首都直下や東海・東南海・南海などの大地震発生確率の増大，地球温暖

化に伴う風水害の激化，人口の高齢化の進行による災害脆弱性の増大，都市構造の複雑化などに伴う新しい被災形態の増加などが相俟って，未曾有の被害をもたらす大規模災害の発生が一段と憂慮される事態となっている。

他方で，鉄道事故や航空事故，原子力関連施設事故など重大なシステム性災害，ガス機器や電気製品など高性能化した生活用製品のブラックボックス化に伴う死傷事故，遊園地・公園などにおけるプールや遊具，そしてエレベータといった生活手段に関連した事故の発生や食品・建築物の安全性に対する不安・不信の増大など，国民の生活を直接的に脅かす事故や事件も多発している。

本学部・研究科が事故などの社会災害と地震や風水害などの自然災害を教育研究の主たる対象分野としているのは，このためである。これらの国民生活を脅かす事象に対処し，安全・安心な社会の創造に寄与する社会的貢献を行っていこうというのが本学部・研究科である。すでに，欧米諸国では，安全・安心問題を教育研究の中心に置いた学部や大学院が数多く設置されているが，わが国ではそうした学部・大学院は，防災のような単独分野では散見されるものの，社会災害と自然災害の双方をカバーする本学部・大学院のような事例は未だ前例がない。

社会安全のための教育研究は，学際融合的に推進される必要がある。本学部の専任教員は23名でスタートしたが，文系が12名，理系が11名とバランスよく構成されている。専門分野別にさらに詳しく紹介すると，文学・心理学系4名，教育学系1名，法学系2名，経済学系4名，社会学・社会福祉学系1名，理学系1名，工学系8名，社会医学系2名となる。また，社会安全という社会の現場と密着した新しい分野の教育研究を推進していくために，豊富な実務経験を有する研究者1名（民間企業において長年，コンプライアンス業務を担当），及び研究所出身の研究者3名を専任教員として新規に採用し配置している。

こうした社会安全学部・社会安全研究科が，開設2年目を迎えようとした矢先に起こったのが東日本大震災であった。安全・安心な社会の創造への寄与をモットーとする本学部・研究科がこの震災にどのように向き合うのか，いわばその真価が問われることとなったのである。

本書はもともと，2011年度と2012年度に各一冊ずつ，「安全・安心を科学す

るⅠ，Ⅱ」として発刊する計画のもとに準備が進められていた。計画案が固まった2010年秋の時点では，Ⅰでは社会災害問題を，Ⅱでは自然災害問題を扱うものとする予定であった。しかし，東日本大震災の発生を受けて急遽この企画を変更し，ⅠとⅡの順番を入れ替え，しかもタイトルも「検証　東日本大震災」とこの問題を正面に据えたものに切り替えた。換言すれば，本書は，3月11日以降，本学部・研究科が取り組んできた東日本大震災に関する様々な活動の一つの姿を示すものでもある。

　以下，本書の構成を簡単に記しておこう。

　本書は，河田惠昭が担当する総論（序章）のもと，3部構成となっている。まず，「地震・津波・原発事故のメカニズム」と題された第Ⅰ部は，東日本大震災の特質である，地震，津波，原発事故の3つについて，それぞれの基本的メカニズムの解明が行われている。すなわち，ここでは，林能成による「地震のメカニズムと特性」（第1章），高橋智幸による「津波のメカニズムと特性」（第2章），小澤守による「福島第一原発事故とその影響」（第3章）の3つの章が配置されている。

　続いて第Ⅱ部では，「復旧・復興の課題と政策」が扱われ，安部誠治・西村弘による「ライフラインの被害と復旧の課題」（第4章），永松伸吾による「日本経済への影響と地域経済復興」（第5章），越山健治による「住宅再建と地域復興」（第6章），元吉忠寛による「被災者の心理的影響とストレスケア」（第7章），高鳥毛敏雄による「広域災害時の被災者に対する健康支援活動」（第8章）の5つの問題群が検討されている。

　また，第Ⅲ部では，「大震災と行政・企業・市民の対応」が扱われ，永田尚三による「東日本大震災と消防」（第9章），亀井克之・髙野一彦による「東日本大震災と企業の危機管理」（第10章），菅磨志保による「災害ボランティアをめぐる課題」（第11章），土田昭司・広瀬幸雄による「震災原発事故に伴う市民・消費者・外国人の対応行動」（第12章）が盛り込まれている。

　そして，最後に，辛島恵美子が「震災と安全の思想」（終章）を論じて，本書を締めくくっている。

　本学部・研究科では開設の準備段階である2009年度から，着任予定のスタッ

はしがき

フの間で，問題意識の共有と学際融合研究の推進を目的に，定期的に共同研究会を開催してきた。この研究会は，学部・研究科開設後も名称を社会安全セミナーと改め，ほぼ毎月1回のペースで開催されている。本書の執筆者は，同セミナーでの報告・討論を土台に，執筆に当たっている。

なお，東日本大震災は，未収束の原発事故をも含め，未だ被害額の全容さえ定かでない段階にあり，事実やデータも未確定のものも多い。本書の原稿の締め切りは2011年8月初旬であったため，使用されているデータ類は一部は校正の段階で手直ししているが，基本的にその時点でのものを使用していることを予めお断りしておきたい。

東日本大震災からの一日も早い復興と，東北地方の再生を願って。

関西大学社会安全学部

検証 東日本大震災

目　次

巻 頭 言
はしがき

序　章　巨大複合災害としての東日本大震災 ……………河田惠昭… 1

　1　巨大複合災害とその特徴 ………………………………………… 1
　2　大津波の発生過程と東海・東南海・南海地震への反映 ……… 4
　3　原子力事故の発生 ………………………………………………… 17
　4　減災対策への政策の転換 ………………………………………… 18
　5　復興と再生を希求 ………………………………………………… 20
　6　復興事業の推進と教訓の活用 …………………………………… 28

第Ⅰ部　地震・津波・原発事故のメカニズム

第1章　地震のメカニズムと特性 ……………………………林　能成… 35
　　　　──緊急地震速報と新幹線早期警報システム──

　1　東北地方太平洋沖地震の特徴 …………………………………… 35
　2　緊急地震速報は成功したのか？ ………………………………… 39
　3　東北新幹線の地震警報システムは成功したか？ ……………… 46
　4　緊急地震速報を使いこなすために ……………………………… 50

第2章　津波のメカニズムと特性 ……………………………高橋智幸… 53

　1　地震による津波の発生 …………………………………………… 53
　2　発表された津波警報・注意報 …………………………………… 55
　3　津波に関する現地調査 …………………………………………… 62
　4　現地調査からわかった津波の特徴 ……………………………… 64

第3章　福島第一原発事故とその影響 ………………………小澤　守… 79

　1　福島第一原発事故の発端 ………………………………………… 79
　2　核分裂・原子力発電の概要 ……………………………………… 79

3　原子力開発の経緯……………………………………………81
　4　福島第一原発の仕様…………………………………………84
　5　事象経過………………………………………………………85
　6　福島原発事故が残したもの…………………………………89

第Ⅱ部　復旧・復興の課題と政策

第4章　ライフラインの被害と復旧の課題……安部誠治・西村　弘…99
　　　　――交通システムを中心に――

　1　市民生活と社会・経済活動を支えるライフライン…………99
　2　東日本大震災とライフライン………………………………103
　3　交通インフラの損壊とその影響……………………………107
　4　交通ライフラインの復旧と今後の課題……………………113

第5章　日本経済への影響と地域経済復興………………永松伸吾…119

　1　震災の影響が続く日本経済…………………………………119
　2　東日本大震災の経済被害の特徴……………………………119
　3　マクロ経済への影響…………………………………………123
　4　被災地の経済復興の課題……………………………………126
　5　キャッシュ・フォー・ワーク（CFW）とは何か…………127
　6　日本型CFWの推進を…………………………………………129
　7　「仮設」のしごととしてのCFW……………………………131
　8　持続可能な経済復興に向けて………………………………132

第6章　住宅再建と地域復興……………………………越山健治…134

　1　東日本大震災復興の意味……………………………………134
　2　住宅再建と地域再建：阪神・淡路大震災からの教訓……135
　3　被災者のすまい再建に関する動向：被災5カ月の検証…138
　4　住宅再建・地域再建の方向性………………………………148

第7章　被災者の心理的影響とストレスケア　………… 元吉忠寛 … 151

1. 東日本大震災の犠牲者と被災者 ………………………………… 151
2. 惨事ストレスとしての東日本大震災 …………………………… 154
3. ストレスケアの基本 ……………………………………………… 162
4. 防災・減災としての心理教育とストレスケア ………………… 164

第8章　広域災害時の被災者に対する健康支援活動
　………………………………………………… 高鳥毛敏雄 … 166

1. 被災者に対する健康支援活動のはじまり ……………………… 166
2. 災害時の被災者に対する健康支援活動の確立 ………………… 166
3. 災害時の被災者に対する医療支援の確立 ……………………… 167
4. 大規模災害時の全国の自治体からの保健師派遣 ……………… 174
5. 都市型災害と地方型災害における保健師活動の特徴 ………… 175
6. 被災者支援における保健師の役割 ……………………………… 176
7. その他の対人保健サービスを行う職員の派遣 ………………… 177
8. 発災後の保健師の時期別の活動ポイント ……………………… 179
9. 被災者に対する健康支援活動の法的な基盤 …………………… 180
10. 放射線災害と新たな災害時の健康支援活動への課題 ………… 183
11. 今後の災害時の健康支援活動の検討課題 ……………………… 184

第Ⅲ部　大震災と行政・企業・市民の対応

第9章　東日本大震災と消防 ………………………… 永田尚三 … 189

1. 消防における広域応援 …………………………………………… 189
2. 今回の震災において消防が果たした役割 ……………………… 190
3. 他の実力行使部隊との比較 ……………………………………… 191
4. 消防庁の初動対応 ………………………………………………… 199
5. 福島原発事故における消防の注水活動 ………………………… 203
6. 消防の広域再編への影響 ………………………………………… 209

7　融合型補完による災害対応の限界 …………………………… 212

第10章　東日本大震災と企業の危機管理 …… 亀井克之・髙野一彦… 216
　　　1　東日本大震災と企業経営 …………………………………… 216
　　　2　BCPの見直しと危機管理体制の再構築 ………………… 222

第11章　災害ボランティアをめぐる課題 …………… 菅　磨志保… 236
　　　1　東日本大震災と災害ボランティア ……………………… 236
　　　2　災害ボランティアをめぐる議論と実態：阪神・淡路大震災以降… 237
　　　3　東日本大震災における災害ボランティア活動 ………… 240
　　　4　支援のあり方をめぐって：東日本大震災における初動対応から… 249

第12章　震災原発事故に伴う市民・消費者・外国人の対応行動
　　　　　　………………………………………… 土田昭司・広瀬幸雄… 253
　　　1　社会心理学における災害研究の系譜 …………………… 253
　　　2　震災・原発事故に伴う消費者の買い溜め・買い控えについて… 254
　　　3　震災・原発事故後の留学生の行動と東京都にキャンパスがある
　　　　　大学の対応について ………………………………………… 268

終　章　震災と安全の思想 ………………………… 辛島恵美子… 279
　　　1　「震災」と「安全」の組み合わせ ………………………… 279
　　　2　それぞれの言葉の基礎的特徴 …………………………… 279
　　　3　災害観からみる震災と対応 ……………………………… 283
　　　4　「事故」と「災害」と「安全」の構造的特徴 …………… 291
　　　5　反省としての「災害」と「安全」 ………………………… 297

あとがき……301
索　引……303

序　章
巨大複合災害としての東日本大震災

1　巨大複合災害とその特徴

　東日本大震災は国難となった。それは，世界で初めての，地震，津波，原子力事故という複合災害が原因である。深刻なのは，マグニチュード9.0の地震と10ｍを超える津波が，未曾有の被害を与えたことにあるのだけではない。いくら被害が大きくても，たとえ長丁場になろうと，政府，自治体の復興財源に問題があろうと，過疎・高齢化が進もうと，全国民の支援のもとで，被災者の我慢と努力，そして生活再建を中心とした復旧・復興事業を息長く実施すれば，被災地はよみがえることができる。
　問題は原子力発電所事故である。現代から未来社会を支えることになっていた原子力発電所の「安全神話」が，まったく捏造以外のなにものでもないことが明らかになった。自然界にない放射性物質が，じわじわと日本人全員の体内に忍び込もうとしている。日本人の誰もが，いずれセシウムを体内にもつことになることの不条理を考えたことがあっただろうか。それは「健康に問題のない微量」というような専門家の言葉で片付けられるようなものではない。このような巨大複合災害による被害深刻過程を時系列的に明らかにすることは，この時代に生きる災害研究者の責務である。
　さて，筆者が定義した「複合災害」（河田，1995，21頁）が起こった。地震，津波，原子力事故のトリプルパンチをわが国は被ったのである。この大震災は，巨大災害として，次の九つの特徴をもっている。最初の三つは，巨大自然災害として，次の三つは，巨大難対応災害として，そして最後の三つは，巨大社会災害としての特徴である。なぜ，社会災害かといえば，たしかに混乱は地震や

津波で発生したが，それらによる直接被害に止まらず，大きな間接被害が継続したからである。

①スーパー広域災害

大地震と大津波で犠牲者が出たところは，47都道府県のうち，約4分の1の12都道県に上っている。これだけ広範囲に及ぶと，地方自治体だけで被災者の救助や保護などに当たるのは不可能である。国の全面的なバックアップが欠かせない。

②複合災害

東日本大震災を構成する三つの災害，すなわち地震，津波，原子力事故が複合災害を構成している。油断してはいけないのは，この組み合わせだけで終わらないかもしれないということである。まだ，最悪の被災シナリオが出現したわけではない。被害からの復旧が終わる前に，新しい災害が起これば，それらも複合災害を構成する。例えば，今後2年間は，マグニチュード8クラスの余震と津波が心配である。さらに，被災地沿岸を襲う台風による高波や高潮，集中豪雨による河川のはん濫や豪雪による土砂災害の多発と大規模化，内陸直下地震による被害などである。これらは，複合災害による被害をさらに深刻にし，復旧・復興事業を中断する。そうなると，直接被害の大きさだけでなく，間接被害は全国に波及し，一層の長期化は避けられない。さらに，首都直下地震だけでなく首都圏の火力発電所群を直撃する内陸活断層地震が起これば，電力供給が大幅に不足する。そうなれば，住民の生活は大混乱に陥り，首都圏の経済は壊滅し，日本経済はマヒ状態となる。いま，東海・東南海・南海地震が起こっても同じ状況であろう。

③長期化災害

道路や鉄道，電気，電話，都市ガス，上下水道など，いわゆる地域や都市の生命線と呼ばれるライフラインが長期にわたって機能不全に陥った。東京電力管内では，福島第一原子力発電所の事故により，約1000万kWの給電が長期的に不足することになった。

④大規模津波災害

大津波が来襲して被害が拡大した。「津波は逃げるが勝ち」という格言は，時代が変わっても変わらない。この巨大津波は，プレート境界での累積潜り込

み量の2倍以上も滑ったことから起こった。膨大な研究予算を使いながら，このようなメカニズムの存在を見いだせなかった地震学者には猛省が必要である。その上，起こってから「なぜ起こったのか」について彼らが他人事のように普及書を出すということは，もっと破廉恥な行為である。

⑤社会脆弱災害

被災地では過疎・高齢化が進んでいて，在宅で介護を必要とする高齢者が数多く被災した。軒並み震度5強から6弱の地震の強い揺れが1分程度以上継続したにもかかわらず，そして，避難するために30分程度以上時間があったにもかかわらず，犠牲者の多くは避難しなかった。屋外よりも家や職場，あるいは車の中という屋内の空間で被災した犠牲者が非常に多い。

⑥対策不全災害

大船渡や釜石の湾口防波堤は不十分ながら機能を果たし，被害を軽減した。しかし，これは言い訳であり，けっして被災者に対していえる言葉ではない。現存する防災施設を維持管理して，災害時に全壊しないという機能強化が必須なことがわかった。被災した延長約190kmの海岸護岸は台風シーズンの高潮・高波に備えて暫定復旧が急務となっている。

⑦市町村再編災害

平成の大合併によって，およそ3300あった市町村の数はほぼ半分の1750まで減ってしまった。その結果，非常に広いエリアを少数の職員でカバーすることになった。例えば，石巻市は神戸市と面積がほぼ同じである。しかし，それぞれ人口と市役所の職員数は，前者は後者の約10分の1である。両市では人口密度に10倍の差があり，神戸市は過密都市，石巻市は過疎都市といえる。これでは平常時はもとより災害時の行政サービスの低下は避けられない。効率一辺倒の「小さな政府」による再編の矛盾が東日本大震災で露呈した。しかも，職員が大量に被災した。これが，避難所の開設，救援物資の配達，仮設住宅の建設，義援金の配分，被災者生活再建支援法の適用，復興まちづくり計画の着手などが遅れた最大の原因である。

⑧専門家不在災害

市町村において災害を担当する専門家が不足しており，災害直後の被災者対

応や，被災状況の把握，ライフラインの復旧などについての十分な情報すら住民に提供できなかった。被災者の救出，災害医療の実施，救援物資の配送などでも的確な方針を明示できなかった。

⑨物流災害

物流が道路輸送に偏りすぎている。それは，ガソリンよりも軽油の価格がはるかに安いことが主因である。鉄道や海上輸送がコスト的に太刀打ちできないのである。このような歪な物流体系が，不十分な高速道路網と情報ネットワークと相まって，物流阻害を起こした。

2　大津波の発生過程と東海・東南海・南海地震への反映

（1）想定外の広域連動

東日本大震災後，2日目に地震マグニチュードが当初の7.9ではなく9.0であることが気象庁から発表された。この前後では，死者・行方不明者が2万人に達する大災害になると予想されていなかった。そのこともあってか，地震学者は「想定外」という本音を漏らしてしまった。しかし，筆者はこれまで「最悪の被災シナリオ」を考えることの重要性を繰り返し，指摘してきた。神戸新聞夕刊で定期的に寄稿してきた3月14日の「随想」では，「津波の脅威」と題して「……明治三陸津波に匹敵する死者数の発生が現実味を帯び始めた。」と書いた。結果的には，明治三陸津波災害の犠牲者数である約2万2000人に匹敵する規模となっている。

拙書『津波災害』（岩波書店，2010年）では，「まえがき」のところで，三陸津波に際し住民避難が現状のような低避難率であれば，犠牲者は1万人を超えると指摘したが，残念ながらそうなってしまった。なぜこのような悲劇が起こってしまったのであろうか。その原因の一つに，津波が未曾有の巨大なものであったことが挙げられる。どれくらい巨大であったかは，事前に築造していた海岸護岸などの天端高と今回の津波来襲高を比較した**図序-1**から容易にわかる。沿岸各地では，後者が前者の軒並み1.5～2倍を超えている。

まず，気がつくのが震源域の大きさである。日本海溝の西側では，東から押

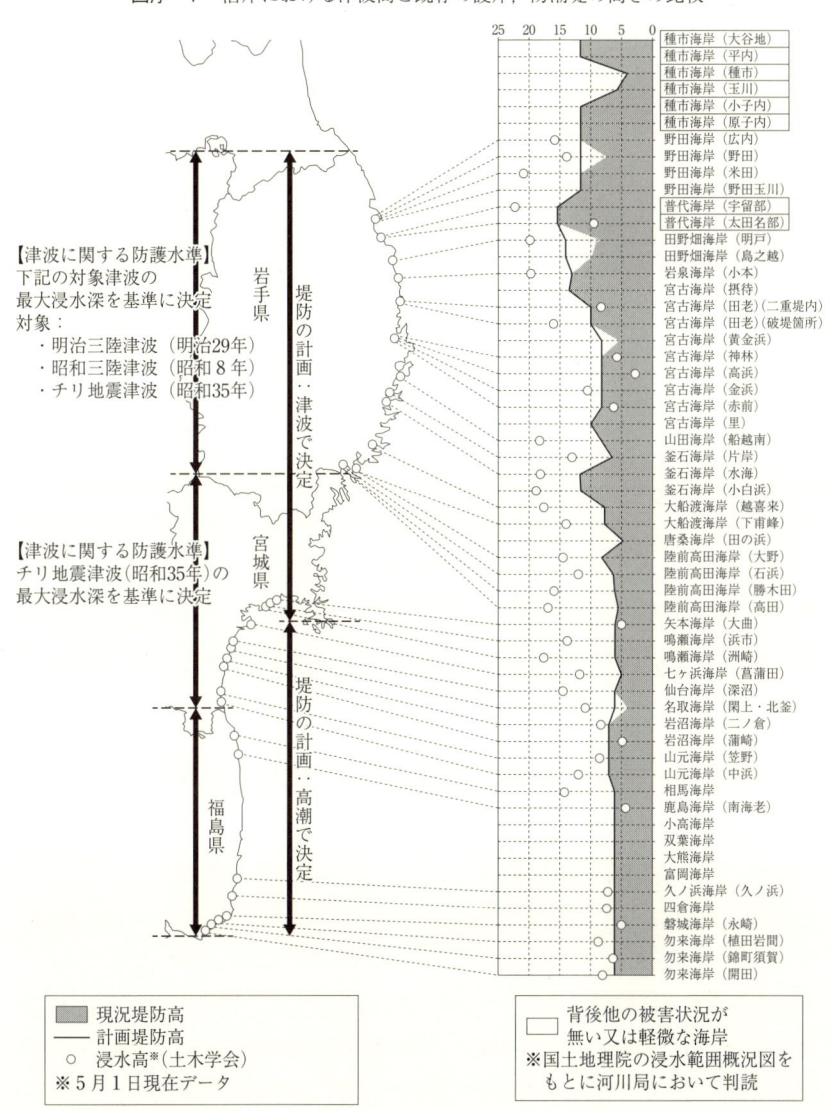

序　章　巨大複合災害としての東日本大震災

図序-1　沿岸における津波高と既存の護岸，防潮堤の高さの比較

【津波に関する防護水準】
下記の対象津波の
最大浸水深を基準に決定
対象：
・明治三陸津波（明治29年）
・昭和三陸津波（昭和8年）
・チリ地震津波（昭和35年）

【津波に関する防護水準】
チリ地震津波（昭和35年）の
最大浸水深を基準に決定

岩手県
堤防の計画：津波で決定

宮城県
堤防の計画：高潮で決定

福島県

種市海岸（大谷地）
種市海岸（平内）
種市海岸（種市）
種市海岸（玉川）
種市海岸（小子内）
種市海岸（原子内）
野田海岸（広内）
野田海岸（野田）
野田海岸（米田）
野田海岸（野田玉川）
普代海岸（宇留部）
普代海岸（太田名部）
田野畑海岸（明戸）
田野畑海岸（島之越）
岩泉海岸（小本）
宮古海岸（摂待）
宮古海岸（田老）（二重堤内）
宮古海岸（田老）（破堤箇所）
宮古海岸（黄金浜）
宮古海岸（神林）
宮古海岸（高浜）
宮古海岸（金浜）
宮古海岸（赤前）
宮古海岸（里）
山田海岸（船越南）
釜石海岸（片岸）
釜石海岸（水海）
釜石海岸（小白浜）
大船渡海岸（越喜来）
大船渡海岸（下甫峰）
唐桑海岸（田の浜）
陸前高田海岸（大野）
陸前高田海岸（石浜）
陸前高田海岸（勝木田）
陸前高田海岸（高田）
矢本海岸（大曲）
鳴瀬海岸（浜市）
鳴瀬海岸（洲崎）
七ヶ浜海岸（菖蒲田）
仙台海岸（深沼）
名取海岸（閖上・北釜）
岩沼海岸（二ノ倉）
岩沼海岸（蒲崎）
山元海岸（笠野）
山元海岸（中浜）
相馬海岸
鹿島海岸（南海老）
小高海岸
双葉海岸
大熊海岸
富岡海岸
久ノ浜海岸（久ノ浜）
四倉海岸
磐城海岸（永崎）
勿来海岸（植田岩間）
勿来海岸（錦町須賀）
勿来海岸（開目）

□ 現況堤防高
― 計画堤防高
○ 浸水高※（土木学会）
※5月1日現在データ

□ 背後他の被害状況が
無い又は軽微な海岸
※国土地理院の浸水範囲概況図を
もとに河川局において判読

（出所）国土交通省データから作成。

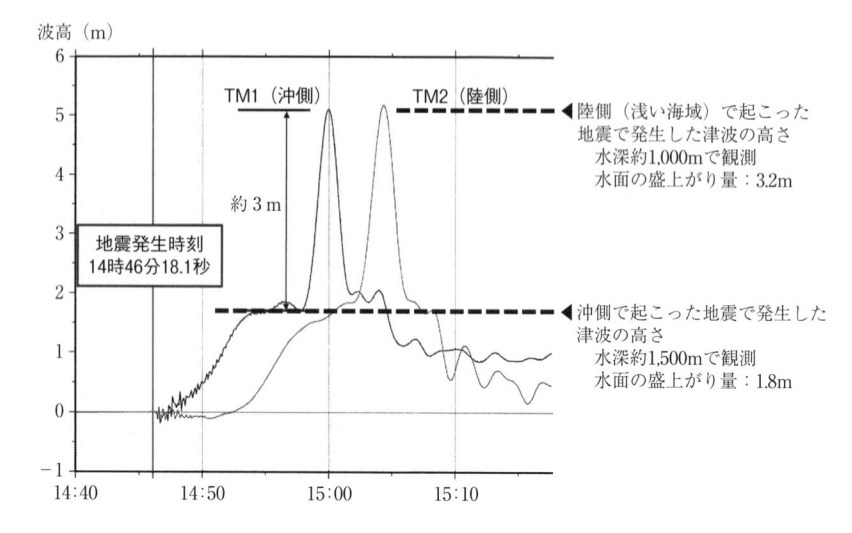

図序‐2　震源域近くで観測された津波波形と2連動地震による津波の重ね合わせ

し寄せてきている太平洋プレートが毎年10 cm 前後，東北地方が載っている北米プレートの下に潜り込んでいることがわかっていた。この海域では，70から80年間隔で津波を伴う地震が起こってきた。そのようであれば，滑り量は7～8 m と考えられた。今回は最大50 m，平均でも20 m 近くスリップしたことがわかっている。

　この運動によって東西200 km，南北500 km に達する広大なプレート境界面が破壊したのである。津波が極めて大きくなった原因は，前者の200 km という長さであって，通常は100 km 以内であるから2倍近く上盤の北米プレートが動いたことになる。このように長大に動いたことは事実であり，その理由はわからない。図序‐2は，水深がそれぞれ1500 m と1000 m の海底に設置した水圧式波高計の記録である。図中に示してあるように，最初の海底地震で東西約70 km にわたって約1.8 m 海面が上昇したことがわかる。これが秒速120 m（時速約430 km）で西方の浅海域に伝播する直後にもう一つの地震が水深の深い海域で起こり（分岐断層が動いた），それが高さ約3.2 m というわけである。つまり，水深が1000 m で高さが約5 m の超巨大津波がすでに生まれていたことになる。

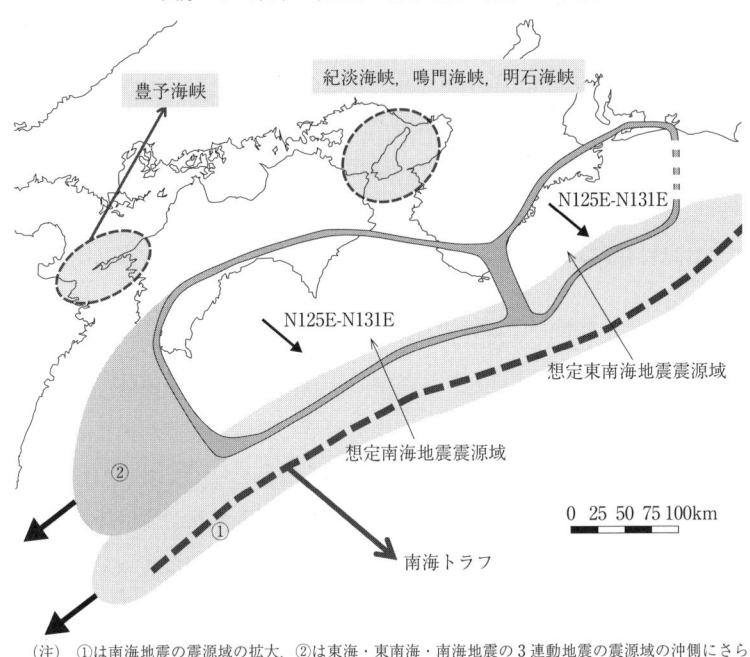

序　章　巨大複合災害としての東日本大震災

図序-3　東海・東南海・南海地震の震源域の拡大

（注）①は南海地震の震源域の拡大，②は東海・東南海・南海地震の３連動地震の震源域の沖側にさらに震源域が存在する場合。

　このようなメカニズムが学術的に承認されたわけではないが，これも含めて，同じプレート境界地震である東海・東南海・南海地震のメカニズムを考える場合，従来の３連動に加えて，可能性として**図序-3**のように，次の３点を考慮せざるを得ない。

①４連動

　いま1707年宝永地震のように東海・東南海・南海地震の３連動が問題となっているが，さらに南の深い南海トラフ沿いに1605年慶長南海地震のような津波地震が起こる場合であり，マグニチュードは３連動の8.7よりさらに大きくなる。

②拡大３連動

　想定されている南海地震の震源域の西端は四国の足摺岬付近である。しかし，最近の海洋研究開発機構の調査によれば，日向灘でもフィリピン海プレート

7

が年間2cm以上も潜り込んでいる。ここでは，単独で日向灘地震が起こってきたと考えられてきた。次回は，ここが南海地震と同時に破壊される，すなわち震源域の西方拡大によって地震マグニチュードが大きくなる可能性があるというものである。このように考えないと，大分県佐伯市の龍神池から見つかった津波堆積物が，過去3500年間に8回記録されていることを説明できない。

③時間差4連動

①ではほぼ同時に地震が起こると考えたが，従来の3連動地震と津波地震が時間差で起こることも可能性としてはあり得る。その場合，浅い海域の地震が先行するが，深い海域の地震がある時間差で起こると，時間的に大変複雑に高さが変化する津波が形成される。紀淡海峡，鳴門海峡や豊予海峡をどの程度の津波流量が通過可能かによって，瀬戸内海沿岸の津波の高さが決まる。これは，時間的に津波特性が顕著に変わる可能性があることを示しており，したがって，津波警報の発令は，これまでになく時間的に内容が変わる。このことを事前に住民に周知徹底しておかないと，避難のタイミングが誤ったりして，大変な犠牲者が出る危険性がある。

なお，このほかに，最近，アスペリティ（固着域）の場所が従来は地震ごとに変化しないといわれていたことに異論が出ている。このような地震学の学術上の成果に対する疑問も起こってきている。したがって，津波の発生について先行し，それが物理的に妥当であるかどうかというようなアプローチも必要となってきている。

（2）被害の特徴

前述したように，わずかな時間差で発生した二つの地震による津波であるから，津波の高さが高いだけでなく，逆断層地震で上盤が跳ね上がった面積が大きく，したがって，海面上昇した水塊の容量も非常に大きいと推定される。すなわち，これらによって今回の津波の波長が非常に長くなり，市街地はん濫後も浸水深の深い状態が継続したことが類推できる。図序-4は，それを証明したものである。この図は陸前高田市の浸水域などを示し，最大，海岸から8kmも陸地に浸入したことや，その途中の浸水深が15m前後もあったことが

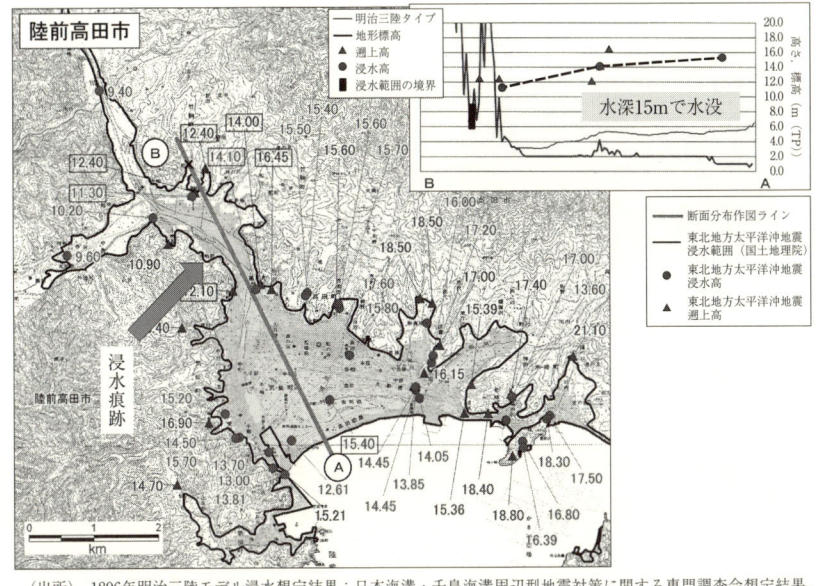

序　章　巨大複合災害としての東日本大震災

図序 - 4　陸前高田市における津波の氾濫域と津波の浸水域

（出所）1896年明治三陸モデル浸水想定結果：日本海溝・千島海溝周辺型地震対策に関する専門調査会想定結果。2011年東北地方太平洋沖地震浸水高，遡上高：東北地方太平洋沖地震津波合同調査グループによる速報値（2011年5月9日参照），注：使用データは 信頼度A（信頼度大なるもの。痕跡明瞭にして，測量誤差最も小さなるもの）を使用。2011年度東北地方太平洋沖地震浸水範囲：国土地理院資料より作図。

わかる。このことは，津波来襲によって広田湾全体が15ｍ前後海面上昇し，このままで津波が陸をめがけて来襲したと解釈できる。**写真序 - 1**と**写真序 - 2**は，2010年10月に筆者が撮影した高田松原とその背後の高さ約6ｍのコンクリート製の津波防潮堤である。これらは今回の津波によって**写真序 - 3**のように，完全に流失し，跡地は地盤沈下して水没していた。

今回，津波が来襲した市街地では，鉄筋コンクリート造の堅固な建物を除いて（4，5階建ての鉄筋コンクリート造であっても，液状化によって杭基礎が抜けて，津波の波圧でサイコロのように転倒した事例がいくつかある），一切が流失した。したがって，**写真序 - 4**の大船渡市のように，湾長が長く，入射した5波以上の津波が複雑に湾水振動を繰り返したために，沿岸に沿って大きく浸水したところとそうでないところの差が明瞭であることも津波災害の被災地の特徴である。

9

写真序-1　江戸時代から存在した高田松原

（注）陸前高田市。2010年10月撮影。

写真序-2　高田松原のコンクリート製防潮堤（高さ6m）と水門

序　章　巨大複合災害としての東日本大震災

写真序-3　津波来襲後の高田松原の跡地（地盤沈下により水没）

写真序-4　湾口防潮堤が全壊したため市内がマダラ状に被災した大船渡市

図序-5　浸水範囲とハザードマップの比較

東北地方太平洋沖地震の浸水範囲と
仙台市津波ハザードマップの比較

東北地方太平洋沖地震の浸水範囲と
石巻市津波ハザードマップの比較

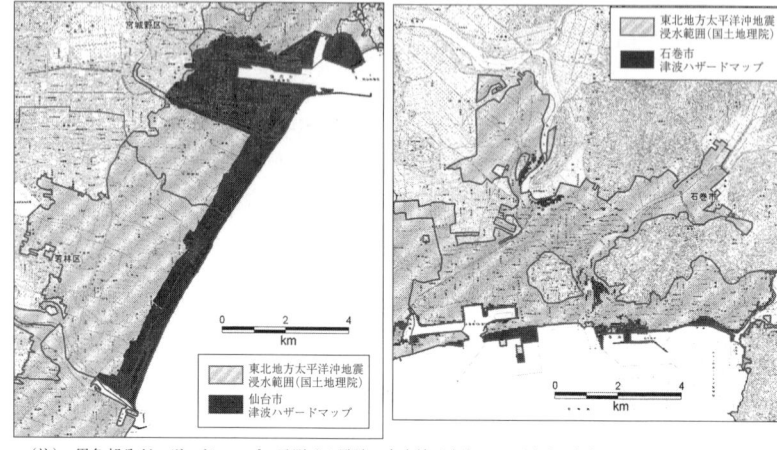

（注）　黒色部分がハザードマップの予測はん濫域で太実線は実際のはん濫域の大きさ。
（出所）　東北地方太平洋沖地震浸水範囲：国土地理院資料より作図。ハザードマップ：仙台市「仙台市津波ハザードマップ」，石巻市「石巻市津波ハザードマップ」。

　図序-5は，ハザードマップで想定していた浸水域と実際との差を示したものである。石巻市や仙台市のように，両者に大きな差があった事例が圧倒的に多い。その結果，例えば，釜石市のように犠牲者がハザードマップの避難地域に接した非避難地域で帯状に発生したことを考えると，安心マップになっていたことがわかる。今後のハザードマップの作成に当たって，「何を基準としているか」についての前提条件が住民にわかりやすくなければ，同じことが再び繰り返されることが懸念される。このように，今回の大震災では，非浸水域の住民の避難行動が遅れたことが明らかであり，浸水域と非浸水域の線引きの問題は，極めて重要な事項であることを関係者は認識しなければならない。
　さて，表序-1は，津波被害が大きかった岩手，宮城，福島県の人的被害をまとめたものであり，比較のために，明治と昭和の三陸津波の例を示してある。これから，今回の人的被害は，死亡率に関していえば，昭和三陸津波とよく似た値を示していることがわかる。まず，指摘しなければならないことは，1995年阪神・淡路大震災や1999年トルコ・マルマラ地震や台湾・集集地震，2008年

序　章　巨大複合災害としての東日本大震災

表序-1　津波の人的被害の歴史的変遷

		岩手県	宮城県	福島県
明治三陸津波 (1896年)	死者数（人）	1,8157	3,387	—
	沿岸市町村住民数（人）	76,105	20,995	
	死亡率（%）	23.9	11.3	
昭和三陸津波 (1933年)	死者数（人）	2,667	307	
	沿岸市町村住民数（人）	130,846	35,964	
	死亡率（%）	2.0	0.85	
東日本大震災 (2011年)	死者・行方不明者数（人）	6,099	11,501	1,838
	沿岸市町村住民数（人）	242,312	1,674,318	1,466,358
	死亡・行方不明率（%）	2.52	0.69	0.13

（注）　2011年11月2日現在。

中国・四川大震災などの死亡率0.1%に対して，はるかに大きくなっており，岩手県では20倍以上である。そして，負傷者が約5900人であり，阪神・淡路大震災の8分の1以下であることから，津波災害は「逃げれば助かり，逃げなければ犠牲になる」ことを再認識させられる災害であるともいえる。なお，この死亡率は市町村単位で表現すれば，県全体の平均値の数倍から数分の一に分布しており，これらの差がなぜ発生したかを明らかにすることが，避難の有効性をさらに明らかにできるものと考えられる。

物的被害については，福島第一原子力発電所の事故を除けば，圧倒的に津波によって発生したことがわかっている。ただし，沿岸部で約560 km^{2}にわたって地盤沈下しており，将来的には隆起してもとの高さに戻るとはいえ，被災地の復興の大きな障害となっている。特に，岩手と宮城両県における死者の発生は，ほとんどすべて津波で発生したといっても過言ではなく，複合災害であるが，人的被害は津波が起こしたのである。

暫定復旧が急がれるのは，被災した海岸防災施設である。例えば，海岸護岸や防潮堤は約190 kmにわたって破壊されていることである。これらは，津波対策を含めて，ほとんどが高波や高潮対策兼用であって，毎年，台風シーズンがやってくることを考えれば，早期の復旧が極めて喫緊の課題となっていることが理解できる。

（3）これからの津波防災
　基本は，「最悪の被災シナリオ」のもとで減災を実行することであるといえる。最悪の被災シナリオとは，津波などの異常な外力を大きく設定するだけではない。被害を受ける場合に極端に被害が強大化することを防ぐという意味である。これには，次のように，対象とするケースが二つある。
　①災害に対して社会の防災力が小さい地域では，そこで発生する被害は，外力の大きさに支配されて大きくなる。地方都市や中山間，沿岸集落の被害がこれに属する。
　②東京や名古屋，大阪のように，複雑な都市構造が広域に展開する地域に異常外力が働く場合であって，被害は外力の大きさとともに，不連続に拡大する特徴をもっている。津波のはん濫による地下空間水没はその一例である。
　①の場合には，ハード防災とソフト防災の組み合わせが従来考えられてきた。しかし，これはあくまでも事前に計画津波を設定できる場合であって，それを超えることを想定した組み合わせとなっていない。その点が，今回の大震災で被害が大きくなった最大の原因であろう。そこで，最悪の被災シナリオと減災の組み合わせから，対策の新しい考え方の概略を，次のように述べることができる。
　対象とする津波の設定では，1）頻度が高く，過去に何度も来襲した津波の高さと，2）来襲する可能性のある最高の津波高とする。最初から50年から150年程度に1回来襲する津波だけを設定してはいけない。これは東日本大震災の後，土木学会が採用したレベル1の考え方である。まず津波防災構造物ありきの考え方であって，阪神・淡路大震災以降，構造物の耐震設計法の考え方を流用したものであり，中程度の被害というようなあいまいな問題点があることに気がつかなければならない。あくまでも被害ゼロを目指す「防災」を実現したい。
　まず，人の命を守ることをもっと最初に主張しなければいけない。そうすると，「逃げる」ことが再優先されるべきで，そのためにはまちづくりや避難路の整備が最優先の課題となる。そして，既存の津波防潮堤などの構造物は，たとえ津波が越流しても簡単に壊れないような粘り強さをもつ性能設計が必要と

される。津波は大きなものは通常，5，6波来襲するので，早期に破壊されると防災効果はなくなってしまうからである。

　例えば，今回津波による越流が生じた陸前高田市の写真序-2の海岸防潮堤は，跡形もなく流失しており，本来の機能をまったく失ったといわざるを得ない。越流した場合，堤防の脚部に形成される渦が地面を洗掘して大穴が開くことがわかっており，堤防脚部の海側と陸側に洗掘防止工が必要となっている。防潮林も樹高を超える津波では効果がないことがわかっており，そうであれば防潮林も強固な石張りで保護した盛土上に植林する必要がある。このように，既存の防災施設は粘り強さを発揮しなければならない。

　このような第一線の防御ラインだけで守ることは，非常に難しいことも事実である。そうすると，市街地内に道路や鉄道の盛土を利用した二線堤や三線堤を築き，重要な施設はあらかじめ地上げをするなり，大きな被害が予想される海岸低地の住宅は高地移転などの方法によって，被害回避を実現しなければならない。これは多重防御による「減災」である。そして，住民はまず「逃げる」ことを前提として，犠牲とならないために避難訓練を継続することである。復興まちづくりで考慮しなければならないことはこれであって，できるだけ大量の人が避難できる体制（避難路を考慮したまちづくり，避難ビルの建設，学校施設の対災化など）を早期に実現することである。そのためには，「生きる」権利を行使するために，防災に関する学校教育も必要であろう。

　②の場合には，津波だけでなく，高潮や洪水はん濫によって地下空間に浸水が及ぶことはいずれの大都市も想定していないことである。例えば，昭和年代に室戸，ジェーン，第二室戸台風による大規模な高潮はん濫災害を経験した大阪市では，その後，大規模な地下空間利用が進み，地下鉄網が大阪平野をネットワーク状に展開している。ところが，各地下鉄出入り口では，地上浸水深が75cmを超えるとお手上げ状態である。また，地下通路で周辺のビルや百貨店の出入り口がそこかしこにあり，浸水に対してまったく無防備状態に近くなっている。地下空間の防災が，火災とガス爆発事故を対象としてきたところに，今日的かつ致命的な課題が制御できないくらい大きくなってしまったといえる。

(4) 津波警報発令手順の改善

　気象庁は東日本大震災では，大きな過失を犯してしまった。気象業務法で罪に問われないといっても，例えば，281人の消防署員や消防団の犠牲者の発生の最大原因は，大津波警報の第1報があまりにも津波を過小評価したことにあることは間違いがない。この点に関してわが国のメディアはあまりにも寛容であるといってよい。

　さて，気象庁は，津波警報に関する現状と課題をまとめ，特に後者について，次のように改善するとしている。

①正確なマグニチュードの速やかな推定による津波警報の発表
②沖合津波観測データを使った速やかな津波警報の更新

　ここに，①は地震データに基づくマグニチュードの計算において，(1)早期に計算される従来の気象庁マグニチュードでは，8を超える大地震の場合，地震計が振り切れるなど，低目に評価される恐れがあった。(2)正確なモーメントマグニチュードの計算では，地震記録の振り切れ問題があり，今回は9000kmも離れたイギリスの観測記録を使わざるを得なかったために，マグニチュード9.0と評価するために丸2日も要した。このため，振り切れない広帯域地震計の整備も実施する。

　一方，②は，波源域あるいはその近傍に津波計を設置して，直接，予警報に反映しようとするものである。つまり，津波の予警報に際して，あまりにも地震計の記録を偏重してきたために，システムの改善が可能だったにもかかわらず，地震記録にこだわりすぎたから，今回のような問題が起きてしまったのである。深海域に水圧式波高計やブイ式波高計，GPS波高計を設置するための技術開発は，すでに終わっていたにもかかわらず，これを積極的に津波の予警報業務に導入してこなかった気象庁は怠慢であったというそしりを免れない。

　このような点を猛省し，住民の避難行動に寄与できるような予警報の発令システムの導入が喫緊の課題となっている。これらの津波計の設置と管理については，国土交通省の協力が必須であり，実際の津波予警報の発令業務を優先するべきであろう。

　このような観測システムの整備にはかなりの財源が必要であるが，犠牲者を

減らすための最も基本となる情報であり，ここで切り替えないと，東海・東南海・南海地震の津波では再び未曾有の被害を出しかねないということを肝に銘じて，充実を図らなければならないだろう．

3　原子力事故の発生

　今回発生した福島第一原子力発電所の災害は，明らかに東京電力の事故発生直後の過失とその後のずさんな一連の対応が原因となっている．仮に全電源が喪失しても，自律的にDCバッテリーによって8時間は対応できるシステム（原子炉隔離冷却系）になっていたにもかかわらず，この8時間を有効に使用せず，機会をみすみす失ってしまった．この直後に，1号機～3号機では炉心溶融（メルトダウン）が起こっていたのである．このような発電所管理のずさんな体質は，休止していた4号機の不注意な使用済み核燃料の管理に起因して，水素ガスが発生し火災が発生した一連の事故にも現れている．そして，事故直後から，大津波だけが原因で原子力事故が起こり，拡大したかのような意図的な情報操作が行われている．

　これは，配管パイプ，接合部，排水タンク，排水ピットなどの破損が地震時の強震動とともに発生したことが明白であるにもかかわらず，これに意図的に言及しなかったことである．それから起こった水素ガス爆発や冷却タンクからの放射性物質の漏出などは，地震時の揺れの被害によるものである．結局，炉心溶融という最悪のステージまで進んでしまった状態に至っても，「レベル7でもチェルノブイリ事故ほどではない」と発表する始末である．事故対応が続いているが，今後2年間はマグニチュード8級の余震発生が大変心配である．これに対する地震や津波対策の詳細も明らかにされていない．

　標高約10mの地盤に建設された1号機から6号機は，約4mも浸水した．沖から来襲した津波高は10m前後であって，衛星写真でみる限り，現存の海岸堤防や護岸がほとんど被災しておらず，津波減衰効果を発揮したので，遡上して高さこそ14mに達したが，施設はほとんど静止状態の津波はん濫水に浸かったのである．その証拠に原子炉建屋の海側に位置するタービン建屋と復水

タンクは，外形上被災せずに建っており，津波の強大な波力が働かなかったと推察される。

茨城県に点在する日本原子力発電所などの複数の原子力施設も，強震動あるいは津波によって間一髪の差で被災を免れている。女川の原子力発電所も，4月の余震による震度6強の強震動で，外部電源3系統のうち2系統がダウン，東通原発と日本原燃の使用済み核燃料再処理工場でも外部電源が遮断され，非常用電源が作動して事なきを得た。これらは，明らかに原子力事故であった。地震・津波列島のわが国では，脱原発は避けて通れない結論であろう。

4　減災対策への政策の転換

筆者が研究過程で「減災」，「都市化災害・都市型災害・都市災害」，「最悪の被災シナリオ」，「複合災害」，という学術用語を次々と定義したのは，1990年代に入ってからである。これらの用語は，当時の最大の関心事であった巨大災害に関する研究過程で生まれたものである。それから約20年を経過して，これらの用語で記述できる現象が次々と発生している現状を俯瞰すれば，過去の予測が間違っていなかったと思える。特に，わが国が高度経済成長を経て低成長を基本とする成熟社会に移行しつつある時期に，社会の仕組みが一層複雑になる傾向の中で，災害の様相が変化し，被害を封じ込めることが不可能であることが次第にわかっていた。そこで生まれた用語が減災である。もう少し詳しく説明しよう。

わが国の高度経済成長は，同時に科学技術が飛躍的に進歩した時代でもあった。そして，幸いなことにこの時代には死者が千人を超えるような災害はわが国では発生しなかった。この防災技術をもってすれば世界の自然災害の被害を極めて少なくできるというわが国の自負が，1990年を初年度とする国連の「国際防災の10年」の共同提案国になったのである。本当はわが国一国で提案したかったのであるが，慣例上共同提案にした方がよいということで，モロッコが加わったのである。したがって，2000年までの10年間の事業推進と財政負担に果たしたわが国の貢献は極めて大きかった。ところが，この10年間は皮肉なこ

とに飛躍的に巨大災害が全世界で発生したのである。1995年には阪神・淡路大震災まで起こってしまった。これら一連の巨大災害は，自然災害の外力を理工学的方法で，すなわちハード防災で対処できないことを示した。むしろ，社会の防災力の向上，すなわち社会科学的方法で被害を少なくすることへの期待が高まったといえる。それは，言い換えれば行政主導から住民主導への政策の転換を意味する。減災という用語はそのような背景で生み出された。

　したがって，そこには「いきなり被害をゼロにはできないから，ハード防災とソフト防災を組み合わせて，継続的に被害抑止と被害軽減に努力する」という目標管理型の対策が必然的に発生したのである。そして，その後，地震・火山噴火の地球激動時代への突入や地球温暖化の進展という災害環境の激変は，減災という用語を，最悪の被災シナリオや複合災害という用語との組み合わせで用いる場合が起こる予兆をはっきりと示していた。その中で東日本大震災が起こったのである。この大震災は，地震・津波・原子力事故という複合災害であり，かつ最悪の被災シナリオに近い状態で（将来，余震の起こり方によっては，さらに新しい展開が起こる可能性も残っている），必然的に被害を最小化する減災という考え方を適用せざるを得ない。

　6月25日に公表された「復興への提言〜悲惨のなかの希望〜」（東日本大震災復興構想会議）や7月29日に発表された「東日本大震災からの復興の基本方針」（東日本大震災復興対策本部）には，冒頭に減災の考え方に基づき，災害に強い地域づくりを推進することを明示している。

　減災の観点から考察した東日本大震災の五つの課題は，次のようである。①競合：被災県同士が応援を求めて競合関係に立った（相互応援協定の競合）。唯一成功したのは関西広域連合の対口支援（たいこう）であった。②対応限界：単独県の災害対応能力を超える災害（被災市町村支援，食料配給，給水などの限界）であり，県庁レベルでは早く全庁的な対応態勢を作らなければならなかったが，そのような訓練を実施したことがなかったので，遅れてしまった。③応援限界：隣接県や応援県の災害応援能力を超える災害（広域避難の受入れ，ボランティアなどの被災地への派遣限界）であり，被災県では必要な人材が不足したにもかかわらず，マネジメントの方法が悪いせいにして応援要員を派遣しなかった。④組織的な

調整の必要性：国などによる調整の必要性（物流回復，広域避難の必要性）があったが，現地対策本部には何ら権限が与えられておらず，意思決定に従来以上に時間がかかってしまった。⑤広域的な支援体制：広域支援の空間スケールと支援負担の相互調整が行われなかった。事前に実効性の高い協定と訓練を行っていなかったことに原因がある。

　すでに，筆者らは東海・東南海・南海地震を視野に入れた研究を10年前から継続していた。その報告会を2011年3月11日に，近畿地方の自治体を中心に防災関係者約250名が参集し，兵庫県公館で実施している最中に地震が起こった。揺れの特徴からすぐにどこか遠くで大きなプレート境界地震が起こったと判断し，すぐに報告会を中止して解散した。東海・東南海・南海地震の連動によって発生する自治体での課題については，すでに2002年度から5年計画で文部科学省の「大都市大震災軽減化特別プロジェクト」の成果普及事業として実施されてきており，2007年度からは阪神・淡路大震災記念　人と防災未来センターの中核プロジェクトとして実行されてきた。そこで対象となった課題は，次の八つである。①やや長周期の強震動による社会資本への被害予測と対策の確立，②住宅の耐震戦略の構築，③広域災害を視野に入れた連携体制の構築，④効果的な災害対応を可能にする情報システムの開発，⑤要援護者の避難対策を含めた総合的な津波避難対策の提案，⑥長期的視野に立った戦略計画の策定と防災事業の推進，⑦複数の震災が連続して発生する場合での最適な復旧・復興戦略，⑧中山間地域・中小都市の再生を視野に入れた防災の在り方の提案，である。

　東日本大震災では，発災直後からこれら8課題が綾を織りなすように比重を変化させながら問題となっていることがわかる。阪神・淡路大震災の研究から進化した，復旧・復興過程に対する組織的な高度学術調査が開始されている。

5　復興と再生を希求

（1）鎮魂の意味を問い直す

　これだけ多くの犠牲者を伴った大災害であったから，私たちは末永く鎮魂という行為を大切にしなければならないだろう。ただし，亡き人を偲んで静かな

序　章　巨大複合災害としての東日本大震災

生活をすることだけが，鎮魂ではない。鎮魂とは，犠牲者のみならず生き残った被災者をけっして忘れない行為ということである。筆者が，大震災後，3月20日前後にいち早く「復興まちづくりプラン」を提案したのもこの理由による。プランのたたき台として，被災者を中心として喧々諤々の議論をやっていただきたいとの思いを込めて提案したのである。これが鎮魂祭（たましずめのまつり）である。生き残った被災者を中心とした多数の関係者が，亡くなった人の発言の分まで復興ビジョンの討論を継続することも鎮魂である。だから意見がまとまらずに長期化しても，これが鎮魂であると考えれば，粘り強い取り組みが期待できる。鎮魂の森の構想のような，形のあるものを残す努力も大切であるが，形のないもの，それは「語り継ぎ」のように，世代から世代へ，地域から地域へ広がっていくものは特に大切である。そして，「子どもたちに，ふるさとにつながる素晴らしいまちを残したい」という思いを実現する過程で，現実の苦しさに耐えていただこうというのである。罹災証明の発行，義援金の配分，仮設住宅入居，目途の立たない生活再建など，被災者を思い悩ます事例が目白押しである。それにめげないためにも，希望やのぞみが必要なのである。

　これらの行為はプロセスであるから，いずれ終わってしまうものである。だから，終わらない鎮魂を新たにみつけなければならない。それに津波残存物を活用することが考えられる。被災者が元の居住地から離れたくないという気持ちは，住宅などの「もの」が無くなっても，自分の生きざまの中に風土が刻み込まれているからである。それは風景だけではない。そこで営まれていた生活のすべてがそうであろう。それらは津波残存物に集約されている。思い出のアルバム，家具，かばん，服，履物，本……。数え出したらきりがない。それらを身近に置いておくことができる装置がないだろうかと考えてみた。すると，ここで示すような津波残存物を活用した希望と鎮魂の丘や砂丘の造成を思い浮かべることができた。

（2）地域・まちづくりのコンセプト

　筆者は，阪神・淡路大震災とそれ以降の多くの震災や水害の現場を見てきて，次のようなコンセプトによる復興まちづくり計画が最重要であると確信してき

た。
　①被災者は元の居住地に戻る。
　②土地の所有権の売買は生じない。
　③将来の津波災害の脅威から解放される。
　④水産業，農業，観光業など地元産業の重視・奨励と環境産業などの育成と地域振興を目指す。
　⑤エコタウンであり，資源・エネルギー的に持続可能な社会を目指す。
　⑥新しいまちづくりの担い手は被災者であり，関連公共事業において雇用を創出する。
　⑦津波残存物を原則，被災地内で分別処理し，活用する。
　それぞれを説明しよう。①は，住み慣れたところには固有の生活習慣や文化があり，それらの担い手が住民であるから，当然の要求であろう。②阪神・淡路大震災のまちづくりが難渋した最大の理由である。密集市街地の復興計画では，津波高のコンクリート橋脚上に作られた人工地盤上に旧市街地の私有地を垂直に投影し，その面積を所有する方式にすれば，土地の取引は基本的になくなるはずである。高地移転の場合には，交換が原則となろう。③今回の津波が再来しても浸水しない高さを確保しようというものである。④もともとの産業である水産業，観光業や農業をこれまで以上に振興・奨励しようというものである。⑤エコタウンを目指し，自然エネルギーや再生エネルギーの活用によって持続可能なまちをつくろうというものである。⑥水産業，農業や観光業に従事していた人びとが失業し，収入手段を奪われたので，当面，まちづくりという公共事業に参画する形で雇用され，収入を得ようというものである。⑦津波残存物を震災ガレキと呼んではいけない。そこには人びとが大事にしてきたものが四散し，回収が不可能だった事実がある。津波残存物を身近に置いて，古里を再生することが肝要である。
　さて，新しい地域・まちづくりでは，犠牲者に対する鎮魂を最重要視しなければならない。東日本大震災の被災地では，869年の貞観地震以来，繰り返す大津波災害に対して，100年以上も続くような語り継ぎの歴史がなかった。これからは，形のあるものと形のないものが組み合わさって，新しい国土・社会

序　章　巨大複合災害としての東日本大震災

づくりを進めなければならない。まさに，文明と文化のバランスのとれた交流こそがこれからの私たちの社会に必要なのである。

（3）具体的な三つの案
　ここでは三つの案を提案し，それぞれのジオラマを製作した。その図面や写真を参考にして，説明しよう。
　①集落の高地移転
　図序-6と**写真序-5**を見ていただきたい。これは50から100世帯が住んでいた集落が被災した場合の高地移転の例である。これには前例がある。北海道の江差と松前を結ぶ国道228号に沿って集落が点在するが，この国道228号線は海岸段丘の上部を貫通するバイパスであり，集落は旧漁港周辺から上部に移転してきたものである。漁港拡張とともに，水産施設立地のスペースがないことから，集落がバイパス周辺に移動してきたのである。
　岩手県や宮城県の被災地の復興では，将来の過疎高齢化を先取りしたまちづくりが必須となっている。例えば，成人男子の死因の3分の1は，現在は癌であるが，15年先にはこれが50％に達することがわかっている。これらの患者をすべて病院で対応できるわけがなく，健康・福祉まちづくりが必須となっている。それにはある程度以上の規模が必要であり，現在のような小集落規模では担保できないことは明らかである。そこで，両県の約250港を数える漁港のうち，地元漁船しか使わない第一種漁港が約200港あるが，これらを集約して集落を大型化し，将来に備える必要がある。そして，新しく漁港となる旧市街地には図のように津波残存物を活用した希望と鎮魂の丘を作るのである。これは，コンクリート製のジャングルジムで骨格を作り，構造躯体としての強度を担保し，その空間をコンクリートガラ，不燃物，混廃などのガレキで充填・覆土して作ろうというものである。この丘は万一の場合は避難所として利用できるし，日頃は公園として活用できる。以前，三陸海岸の各市町村を訪ねたことがあったが，大きな公園らしきものがほとんどなかった印象がある。津波残存物が私たちの生活空間を守ってくれていると考えるのである。そして，毎年3月11日にはこの一角の鎮魂の森を中心として鎮魂祭を開催すればよいわけである。概

図序-6　点在する集落が大津波で被災した場合の高地移転による復興まちづくり例

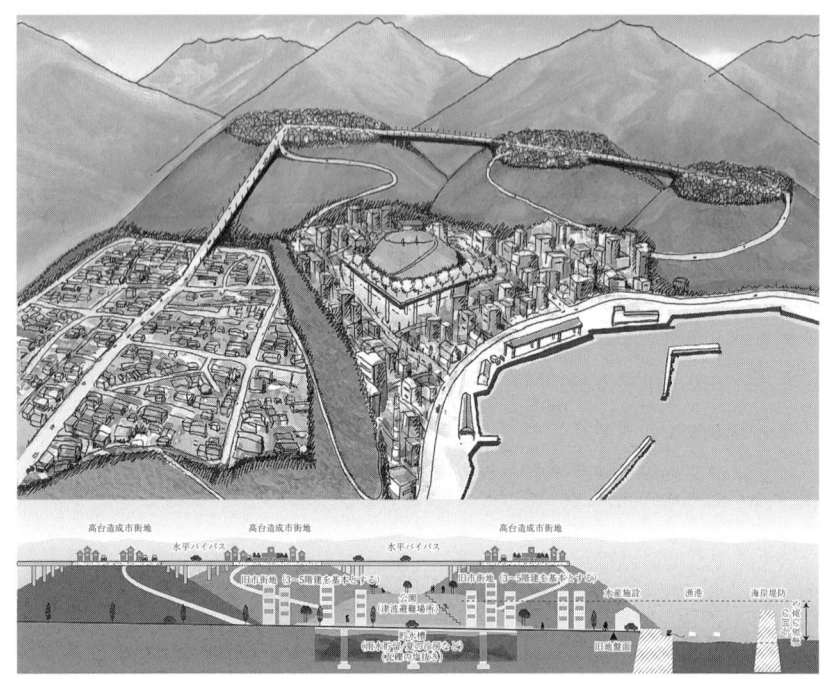

(注)　津波残存物を活用した希望の丘を造成し，避難場所としても活用。

写真序-5　高地移転の復興モデルジオラマ

(注)　立体模型から，高地移転した跡地の地下空間にも淡水湖が造成されていることがわかる。

算で100世帯当たり約21億円の経費となった。

　なお，高地移転に反対の意見もある。しかし，これだけ多くの犠牲者が発生し，再び起こる危険性のある土地に住み続けるというのであれば，不退転の覚悟が必要である。内閣府の調査では，明治三陸と昭和三陸津波を経験して高地移転した集落は32を数えるが，それが今回の津波で被災した集落は23となっている。これは移転の際に高さ的に中途半端に終わったことが最大の理由である。また，高地移転に懐疑的な専門家がいることも事実である。しかし，理由は大変情緒的である。いわく，海の見えないところに移転することは漁師には耐えられないというような類のものである。過疎高齢化の中で，にぎわいのあるまちを再生することは容易ではない。ここで変に妥協すればまた被災することは確実である。その繰り返しの歴史であった。

　市街地火災に対処するために，1666年ロンドン大火の後，イギリスはまちの構造を変えることで対処し，以来，一度も大火はない。一方，1657年江戸・明暦の大火後，幕府は定火消しや町火消しという消防力の向上で対処しようとした。しかし，見事に失敗し，わが国では1976年酒田大火まで約300年にわたって数百件の大火を経験し，現在に至っている。

②都市部で近郊農地が広がる場合

　図序-7と写真序-6は仙台市若林区荒浜地区のように，海側に防風林があり，背後に市街化調整区域が広がるような平地の場合の復興デザインである。砂丘地に沿岸方向につながる鉄筋コンクリート枠からなる基礎を埋め込み，そこに木質系のガレキを除いた津波残存物を収納するのである。砂丘の陸側にはバイパス道路の建設も可能であり，この砂丘が背後の農地を守ってくれるのである。このような構造であれば，津波のみならず，将来の地震の強い揺れにも耐えることができよう。工費は1km当たり約1億円を見積もっている。

③密集市街地の場合

　大量の木質系残存物は塩分を含んでおり，これを燃やすと有害物質が発生しやすい上，焼却炉が発生する塩化水素によって腐食するという問題がある。そこで，密集市街地が壊滅した宮城県陸前高田市や南三陸町，岩手県大槌町などの復興プランを図序-8と写真序-7に示した。来襲した津波の高さだけ旧市

図序-7　海岸に防風林・近郊に農地が広がる場合の復興まちづくり例

(注)　津波残存物を基礎の鉄筋コンクリート枠内に充填して，海岸に沿ったスーパー津波堤防を造成し，防風林，生活道路として活用。

写真序-6　海岸沿い地域の復興モデルジオラマ

(注)　海岸に面した砂丘地の脚部は，侵食防止用の石垣で表面を補強することも視野に入れた津波防潮堤を兼ねている。

序　章　巨大複合災害としての東日本大震災

図序-8　広大な市街地が大津波で被災した場合の復興まちづくり例

(注)　普段は都市域の下に雨水や洪水を利用した淡水湖を造成して利用し、来襲津波はここで湛水して制御する。

写真序-7　市街地の復興モデルジオラマ

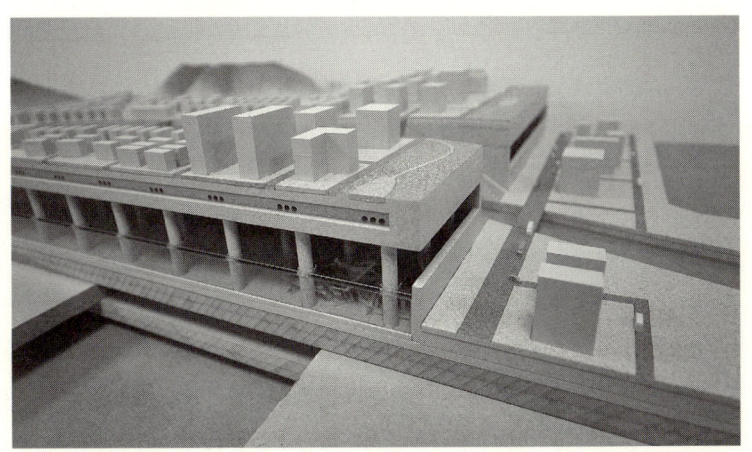

(注)　立体模型（ジオラマ）の断面。市街地内の学校や市役所などを地域の人工地盤上に配置してもよい。当初は淡水湖で木質系の残存物の塩抜きを実施する。

街地をそっくり人工地盤上に上げてしまうというプランである。10ｍ上げるとして，工費は1ha当たり約65億円ぐらいであるが，工法を工夫すればさらにコストダウンは可能である。このプランのメリットは旧市街地に淡水湖が造成できるということであり，ここで，残存物の塩抜きをやればよいのである。特に木質系は燃料などに使えるので，けっして廃棄物とはならない。また，この空間は将来，大津波が来襲すると津波が通り抜ける空間であり，淡水が海水に置き換わるだけである。常時は湾に流れ込む河川の洪水はん濫流を一時的にため込むことができるし，市街地に降った雨水もここに貯めて都市用水や工業用水として利用可能である。

6　復興事業の推進と教訓の活用

　6月24日から「復興基本法」が施行されることが決まった。震災復興本部が設置され，内閣総理大臣が本部長に就任するが，この本部はできるだけ早い時期に復興庁に格上げされて，復興事業の企画，調整と財政的な施行を可能とする実務省庁となる予定である。そこで，4月に閣議で設置が認められた東日本大震災復興構想会議は正式に政府の諮問会議と位置づけられ，復興庁に建議できることになった。このような態勢で政府は，東日本大震災の復興事業に臨むことになった。

　そこで，この東日本大震災復興構想会議と，他の重要な委員会である，中央防災会議の下に設けられた「東北地方太平洋沖地震を教訓とした地震・津波対策に関する専門調査会」の活動を紹介しよう。

（1）東日本大震災復興構想会議

　4月14日に始まったこの会議は，まず，6月末に第一次提案をまとめることを目標に12回開催され，6月25日に菅総理（当時）に提言書を手交した。まず，最初の2回は，専門分野が広範囲にわたる15名の委員の状況認識を統一化するために，この震災の特徴を共有するという努力が行われた。内容のある議論をしようとすれば，各委員の専門分野が異なる以上，あるレベル以上の知識を担

序　章　巨大複合災害としての東日本大震災

図序-9　復興構想7原則

> 原則1：失われたおびただしい「いのち」への追悼と鎮魂こそ，私たち生き残った者にとって復興の起点である。この観点から，鎮魂の森やモニュメントを含め，大震災の記録を永遠に残し，広く学術関係者により科学的に分析し，その教訓を次世代に伝承し，国内外に発信する。
> 原則2：被災地の広域性・多様性を踏まえつつ，地域・コミュニティ主体の復興を基本とする。国は，復興の全体方針と制度設計によってそれを支える。
> 原則3：被災した東北の再生のため，潜在力を活かし，技術革新を伴う復旧・復興を目指す。この地に，来るべき時代をリードする経済社会の可能性を追求する。
> 原則4：地域社会の強い絆を守りつつ，災害に強い安全・安心のまち，自然エネルギー活用型地域の建設を進める。
> 原則5：被災地域の復興なくして日本経済の再生はない。日本経済の再生なくして被災地域の真の復興はない。この認識に立ち，大震災からの復興と日本再生の同時進行を目指す。
> 原則6：原発事故の早期収束を求めつつ，原発被災地への支援と復興にはより一層のきめ細やかな配慮をつくす。
> 原則7：今を生きる私たちすべてがこの大災害を自らのことと受け止め，国民全体の連帯と分かち合いによって復興を推進するものとする。

保しなければならないのは当然である。そして，5月初旬に現地視察を終えて，いよいよ3回目からは5時間以上ににわたる議論を毎回繰り返してきており，そこで交わされる議論は，発散することなく，回を重ねるごとに充実してきている。

そして，5月10日に，**図序-9**に示すような復興構想7原則が同意された。

これに基づき，委員各位の意見は，次の8項目に集約された。①東日本大震災をどうとらえるか，②復興の基本理念，③検討に当たっての視座，④原発事故による被災への対応，⑤まちづくり・地域づくり，⑥地域経済社会の再生，⑦復興を進めるに当たっての課題，⑧復興と我が国の経済社会の再生，である。

これらの八つについて，具体的な課題として内容を精査する必要があると構想会議で認知されたものについては，構想会議の下に設置された18名の委員からなる検討部会で，構想会議の任意のメンバーと検討部会担当委員，そして関係各省庁からの担当者を交えてさらに深い検討を行い，その結果を再び構想会議で議論する運びとなっていた。それらの議論の根底には必ず被災者を中心に位置づけて考えることになっている。

これまでは所管省庁の官僚が第一案をまとめるので，そこに相談に行ったり，

また族議員に働きかけたりして，復興事業の原案が成立してきた。そこでは，概算要求の前倒しのような内容も含まれていた。しかしながら，6月24日に復興基本法が成立し，復興構想会議が復興案を提案する最高位の委員会として，公的に認知されることになった。そうすると，ここにおける検討を経なければ，震災絡みの補正予算や本予算での各省庁の要求も採択されないことがはっきりした。これまで，官僚主導から政治主導への道筋がよくわからないという批判があったが，やっとそれが明確になったといえる。

（2）東北地方太平洋沖地震を教訓とした地震・津波対策に関する専門調査会
　中央防災会議（会長：菅首相，当時）では，表記の専門調査会を設けることを決定し，その第一回会議が5月27日に開催された。17名の委員は，地震，津波，地震動，構造物，地方行政，人間行動そしてメディア，というような分野から選出されている。その業務は大きく三つあり，9月28日までに12回委員会を開催して，次の3課題について報告書をまとめ，前二者については6月末に中間とりまとめを行った。その三つとは，
　①巨大地震の教訓
　②巨大津波の教訓
　③防災基本計画を改定し，津波防災を詳しく書き込むこと
である。このような作業を急ぐのは，東海・東南海・南海地震や首都直下地震の発生が喫緊の課題であり，そのこともあって，この専門調査会終了後，直ちに防災対策推進検討会議という専門調査会が設置され，①東日本大震災への政府各機関の対応に係る検証及び得られた教訓の総括，②災害対策法制のあり方の見直し，③自然災害対応に関する体制のあり方，④想定される大規模災害への対応のあり方，など実施することになっている。南海トラフの地震モデルに関しては，すでに検討会が始まっている。

参考文献
　河田惠昭『都市大災害』近未来社，1995年。
　―――「最悪の被災シナリオを描けるか」『日経コンストラクション』No. 518, 2011

序　章　巨大複合災害としての東日本大震災

年4月．
─── 「東日本大震災から何を学ぶか」『東日本大震災写真集』特別報道写真集，共同通信社，2011年4月．
─── 「東日本大震災と津波」『週刊日本医事新報』No. 4538，2011年4月．
─── 「『大都会』直下型地震完全シミュレーション」『プレジデント』2011年4月．
─── 「東日本大震災から学ぶ危機管理」『月刊神戸っ子』Vol. 596，2011年5月．
─── 「被災地復興のグランドデザインはこれだ」『週刊東洋経済』，2011年5月．
─── 「大震災のリスク（津波編）」『週刊ダイヤモンド』2011年5月．
─── 「『減災』を可能にする人の知恵」『Journal of Financial Planning』Vol. 13, No. 136，2011年5月．
─── 「超巨大地震が首都圏を襲うとき」『新潮45』2011年5月．
─── 「子供たちが夢と希望持てる古里再生を」『地域づくり』5月号，2011年5月．
─── 「いのちを救うこれからの津波観測システムの採用」『消防科学と情報』No. 104，2011年5月．
───ほか「座談会『災害復興から防災・減災に対応する新しいまちづくりへ』」『Reed（関西大学ニューズレター）』No. 25，2011年5月．
─── 「東日本大震災を教訓に見直すべきこれからの事業継続計画」『商工ジャーナル』6月号，2011年6月．
─── 「日本の連動型巨大地震」『ニュートン』Vo. 31, No. 6，2011年6月．
─── 「東日本大震災における津波残存物の活用」『INDUST』No. 284，2011年6月．
─── 「ふるさと再生への提言」『地方議会人』6月号，2011年6月．
─── 「危険社会から安全・安心社会へ」内橋克人編『大震災のなかで私たちは何をすべきか』岩波新書，2011年6月．
─── 「東日本大震災について考えたこと──減災に資する試みと復興構想会議」『CDIT』Vol. 35，2011年6月．
─── 「東日本大震災を踏まえたこれからの復興」『道路建設』No. 727，2011年6月．
─── 「地震発生，どこで決まる生死の分かれ目」『放射能　地震　津波　正しく怖がる100知識』集英社，2011年7月．
─── 「関西は大丈夫か──最悪のシナリオで備えを」『大阪保険医雑誌』7月号，2011年7月．
─── 「今後の防災・減災に向けて」『緊急提言集　東日本大震災　今後の日本社会の向かうべき道』全労済協会，2011年7月．
Kawata, Y. "Downfall of Tokyo due to Devastating Compound Disaster", *Journal of Disaster Research*, Vol. 6, No. 2, 2011. 4.

（河田惠昭）

第Ⅰ部

地震・津波・原発事故のメカニズム

第1章

地震のメカニズムと特性
―― 緊急地震速報と新幹線早期警報システム ――

1　東北地方太平洋沖地震の特徴

（1）マグニチュード9の超巨大地震

　東日本大震災を引き起こした東北地方太平洋沖地震は，わが国の地震観測史上最大のマグニチュード9という超巨大地震であった。地震の規模を示す「マグニチュード」は対数でとられる数値なので1の差はとてつもなく大きな違いとなる。例えばマグニチュード8.0の大地震を二つ足してもマグニチュード8.2の地震一つ分にしかならない。マグニチュード8.5の地震と8.0の地震の二つが同時に起きると，8.0の部分は無視できる大きさとなってしまいマグニチュード8.5の地震になってしまう。マグニチュード9という今回の地震は，日本の大地震の代表格として知られる1923年関東地震（マグニチュード7.9）や，近い将来の発生が懸念される想定東海地震（マグニチュード8）では足下にも及ばない超巨大地震である。

　このサイズの超巨大地震は世界的にみてもそれほど多く発生するものではない。表1-1は20世紀以降に起きた超巨大地震のリストである。第1位は1960年のチリ地震でマグニチュードは9.5にもなる。東北地方太平洋沖地震は世界第4位と位置づけられる。マグニチュード8.8を超える地震はこの約100年のあいだに7個しか発生していない。また時間的に等間隔で発生しているわけではなく1952年カムチャッカ地震，1960年チリ地震，1964年アラスカ地震と1960年前後に続けて三つ発生したあとは，2004年スマトラ・アンダマン地震まで40年間発生することはなかった。

　表1-1に示すマグニチュード9クラスの地震はすべて「プレート沈み込み

第Ⅰ部　地震・津波・原発事故のメカニズム

表1-1　20世紀以降に起きたマグニチュード8.8以上の巨大地震

	地震名	マグニチュード(Mw)	発生日時	発生場所	被害概要
1	チリ地震	9.5	1960年5月22日	南米・太平洋沿岸（プレート境界）	死者5700人
2	アラスカ地震	9.2	1964年3月28日	北米・太平洋沿岸（プレート境界）	死者131人
3	スマトラ・アンダマン地震	9.1	2004年12月26日	インド洋沿岸（プレート境界）	死者28万3000人以上
4	東北地方太平洋沖地震	9.0	2011年3月11日	日本近海・太平洋沿岸（プレート境界）	死者・行方不明者2万2000人超
5	カムチャツカ地震	9.0	1952年11月4日	ロシア・太平洋沿岸（プレート境界）	死者多数
6	チリ中部地震	8.8	2010年2月27日	南米・太平洋沿岸（プレート境界）	死者800人以上
7	エクアドル地震	8.8	1906年1月31日	南米・太平洋沿岸（プレート境界）	死者1000人

（出所）アメリカ地質調査所ホームページと理科年表の被害データから作成。

境界」で発生していることも特徴的である。プレート沈み込み境界は海面下にあるため，これらの地震は例外なく大津波を伴っている。

（2）震源では何が起こったのか

　現代の科学では「地震」とは岩盤にためられた変形（ひずみ）が限界に達して，ある面を境にすべり動いて壊れることと理解されている。岩盤がすべった面を「断層」と呼び，大地震ほど広い面積の断層が大きくすべって発生する。それゆえ「地震ですべった面積」×「すべり動いた長さ」×「岩盤の硬さ（これは大地震も小地震も同じ値になる）」が地震の規模を示す物理的な量となり「地震モーメント」と呼ばれる。地震モーメントは換算式を使って地震の規模としてよく使われる「マグニチュード」に変換することもできる（Hanks and Kanamori, 1979）。

　地震の揺れは岩盤がすべり動くときに発生する。このすべる速度が速いと「揺れ」として感じる地震波をたくさん放出する。一方，すべりがゆっくりだと，地面の変形は起こるのだが，地震波はあまり放出されない。最終的な変形

量（＝すべった面積×すべり動いた長さ）は同じであっても，その動き方によって地震波をよく出すタイプの地震もあれば，あまり出さないタイプの地震も起こりうる。ちなみに津波は断層がすべる速度が少しくらい遅くても海底の変形が起こりさえすれば発生する。それゆえ地震波はあまり放出されず，その結果，顕著な揺れは感じられないのに大きな津波が引き起こされる事態が起こる。1896年に三陸地方を襲った明治三陸津波はそのようなタイプの地震によって引き起こされたと考えられるし，2010年10月にインドネシア・スマトラ島沖のメンタワイ諸島で発生した地震もそのような特徴をもっていた。地震の揺れに比べて津波が極端に大きくなるこのような地震を「津波地震」と呼ぶ。

　観測された地震波形を分析することで，どんな風に断層がすべっていたかを調べることができる。地震観測網と通信ネットワークが整備された1990年代になると，世界中で起こる大きな地震は即座に解析されるようになった。その結果，大きな地震の震源でのすべり方はかなり複雑であることがわかってきた。一つの地震であっても，大きくすべった場所のすぐ近くにほとんど動かない場所があることも少なくない。大きくすべった場所は「アスペリティー」と呼ばれ，それが浅い部分にあれば津波を引き起こす。また都市の真下にアスペリティーがあれば強い揺れによって激甚な被害がもたらされる。被害の大小を考察する上で，断層のどこにアスペリティーがあったかを調べることは重要である。

　東北地方太平洋沖地震ではすでに多くの研究者が断層のすべり分布を求めて発表している。ここでは東京大学大学院の井出哲准教授の解析結果（Ide *et al.*, 2011）に基づいてこの地震の特徴を説明する。図1-1は井出准教授によって求められた東北地方太平洋沖地震の断層上のすべり分布である。地震ですべった断層面は，北は岩手県から南は茨城県まで広がり，その面積は南北方向に約350 km×東西方向に約200 kmという広大な範囲となる。この地震はプレート境界地震と呼ばれるもので，太平洋プレートが陸側の北米プレートの下に沈み込んでいる境界面が断層になって発生した。それゆえ断層面はプレートが沈み込みはじめる沖合では浅く，陸に近づくにつれて深くなっていく。

　図に示すようにすべりは断層面全体に一様に起こっているわけではなく，陸から離れた側，すなわち海底面に近い浅い部分で大きかった。最大のすべり量

図1-1 東北地方太平洋沖地震の断層すべり分布

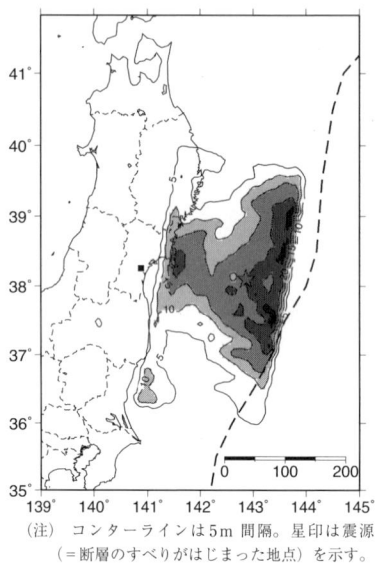

(注) コンターラインは5m間隔。星印は震源（＝断層のすべりがはじまった地点）を示す。また図中の■は仙台市を示す。
(出所) Ide *et al.* (2011) によって求められたすべり量データを用いて作成。

は30mにも及んでいる。それに加えて，宮城県牡鹿半島の直下と茨城県沖にも大きくすべった場所があった。この地震では主にこれら三つのアスペリティーが連続して破壊したことで発生したことになる。沖合の30mにも及ぶ大きなアスペリティーでは，すべりは40秒から1分程度の時間をかけて比較的ゆっくりと起きている。この部分のアスペリティーは体に感じるような地震波をあまり出さない津波地震的な特徴をもっていたと考えられる。一方，牡鹿半島直下と茨城沖のアスペリティーでは，地面のずれは比較的短時間に終わっており，かなり強い地震波が放出されたと考えられる。関東地方に大きな揺れをもたらしたのは，この茨城沖から放出された地震波の影響が大きい。

図1-2右側に示される震度分布をみると福島県や茨城県の一部では震度6強の極めて強い揺れが観測されている。揺れの強さだけならば，津波で大きな被害を受けた岩手県の沿岸部よりも大きい。内陸に位置する福島県須賀川市では震源からは350kmあまり離れているが，震度6強の強い揺れが観測され，690棟の家屋が全壊した。ダムが地震の揺れによって決壊して鉄砲水が発生し7人が死亡，1人が行方不明という被害も発生している。

地震波の解析から，プレートが沈み込みはじめる浅い部分で極めて大きなゆっくりとしたすべりがあり，深い部分では強い地震波を放出する速いすべりがあったことが明らかになった。一つの地震で二つの異なる特徴をもった領域が同時に動いて超巨大地震になったのである。特に浅い部分で大きなすべりがあったことで大津波が引き起こされ，東北地方太平洋沖地震の被害を「東日本大

第1章 地震のメカニズムと特性

図1-2 実際に観測された震度（右図）と緊急地震速報で予想された震度（左図）

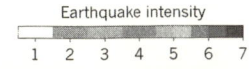

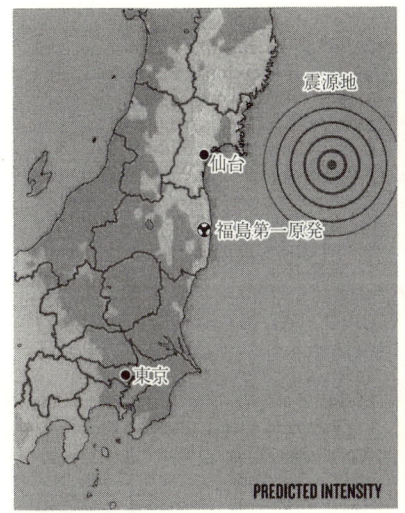

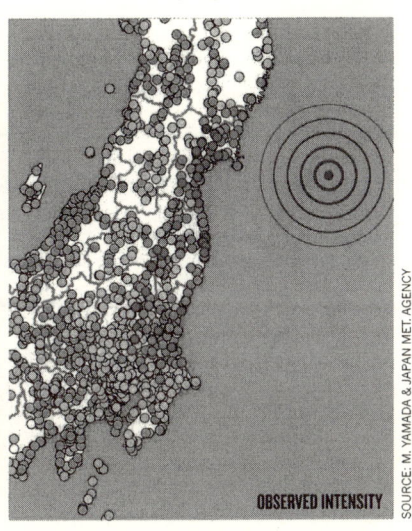

(出所) Yamada (2011) より。

震災」と命名される大災害へと拡大した。

なお断層面のどこで大きなすべりがあったかを調べることは，地面の変形（地殻変動）を測るGPSデータや，津波の高さ・到着時刻を記録する験潮儀データを使っても行うことができる。沖合の浅い部分で極めて大きなすべりがあったという地震波解析によって明らかになった特徴は地面の変形や津波を使った解析結果ともよく一致している。[1]

2　緊急地震速報は成功したのか？

（1）緊急地震速報とは

21世紀の日本で最も注目されている地震防災対策の一つに緊急地震速報が挙げられる。この速報は発生した地震をいち早く検知して高速通信回線で情報を送り，地震の揺れよりも先回りして伝えるものである。これにより揺れる少し

前に危険な場所から退避できるといった即応的な対策をとることが可能となり，怪我などの人的被害を軽減する効果があると期待されている。[2]

　緊急地震速報と同じ仕組みの地震警報は，地震の震源近くに地震計があり，その情報を遠方に伝える通信手段がありさえすれば可能なもので原理は比較的単純である。地震の発生そのものを事前に予測する「地震予知」のように未知の現象に挑んでいるわけではない。実際，このような着想は19世紀中頃の1868年には提案されており新しいものでもない（中村，1996）。緊急地震速報の技術的意義は地震波の中で最も速度が速いP波が到着してから数秒間の地震波形で地震の震源位置と規模（マグニチュード）を推定することにある。これにより，速報の発表時刻を早め，精度も高めて誤警報や過剰警報を減らすことが可能となる。だが第1節でみてきたように巨大地震の震源で起こることは複雑であり，それに対処できるかどうかはまったく未知の状態であった。

　現在，国家プロジェクトとして進められている緊急地震速報は，日本全土に千点近くの地震計ネットワークが整備されたことを受けて始められたものである。2004年に試験的な配信がはじまり，2006年の先行的な全国運用を経て，2007年10月1日から一般向けの提供がはじまった。また2007年12月1日からは気象業務法による予報および警報として位置づけられるようになった。このような経緯から情報の発信は気象庁が一元的に実施している。「緊急地震速報」は気象庁によって発表され，法によって厳密に運用されている防災情報と位置づけられる。

（2）東北地方太平洋沖地震における配信状況
　東北地方太平洋沖地震における緊急地震速報の配信状況は表1-2のとおりである。気象庁にリアルタイムで地震波形を送っている地震計の一つが14時46分40.2秒に地震波を検知し，最初の緊急地震速報は5.4秒後に発信された。この段階で震源位置は宮城県沖と推定されており実用上も満足のいく推定がなされている。一方，震源位置に加えてもう一つの重要な値であるマグニチュードの推定はあまりうまくいかなかった。東北地方太平洋沖地震では，地震波形記録のはじめの部分では振幅が小さくマグニチュードの推定値は4.3とかなり小

第1章 地震のメカニズムと特性

表1-2 東北地方太平洋沖地震における緊急地震速報の発表状況
(一般向けの緊急地震速報は第4報で発表された)

提供時刻等		震源要素等					
		地震波検知からの経過時間(秒)	震源要素				予測震度
			北緯	東経	深さ	マグニチュード	
地震波検知時刻	14時46分40.2秒	—	—	—	—	—	—
1	14時46分45.6秒	5.4	38.2	142.7	10km	4.3	最大震度 1程度以上と推定
2	14時46分46.7秒	6.5	38.2	142.7	10km	5.9	最大震度 3程度以上と推定
3	14時46分47.7秒	7.5	38.2	142.7	10km	6.8	※1
4	14時46分48.8秒	8.6	38.2	142.7	10km	7.2	※2
5	14時46分49.8秒	9.6	38.2	142.7	10km	6.3	※3
6	14時46分50.9秒	10.7	38.2	142.7	10km	6.6	※4
7	14時46分51.2秒	11.0	38.2	142.7	10km	6.6	※5
8	14時46分56.1秒	15.9	38.1	142.9	10km	7.2	※6
9	14時47分02.4秒	22.2	38.1	142.9	10km	7.6	※7
10	14時47分10.2秒	30.0	38.1	142.9	10km	7.7	※8
11	14時47分25.2秒	45.0	38.1	142.9	10km	7.7	※9
12	14時47分45.3秒	65.1	38.1	142.9	10km	7.9	※10
13	14時48分05.2秒	85.0	38.1	142.9	10km	8.0	※11
14	14時48分25.2秒	105.0	38.1	142.9	10km	8.1	※12
15	14時48分37.0秒	116.8	38.1	142.9	10km	8.1	※13

(注)※1 震度4程度:宮城県中部, 宮城県北部, 岩手県沿岸南部, 岩手県内陸南部, 岩手県沿岸北部, 宮城県南部, 福島県浜通り
　　※2 震度4から5弱程度:宮城県中部
　　　　震度4程度:宮城県北部, 岩手県沿岸南部, 岩手県内陸南部, 岩手県沿岸北部, 宮城県南部, 福島県浜通り, 福島県中通り
　　　　震度3から4程度:山形県最上, 岩手県内陸北部, 秋田県内陸南部, 山形県村山
　　※3 震度3から4程度:宮城県中部
　　※4 震度4程度:宮城県中部, 宮城県北部, 岩手県沿岸南部
　　※5 震度4程度:宮城県中部, 宮城県北部, 岩手県沿岸南部
　　※6 震度4程度:宮城県北部, 岩手県沿岸南部, 岩手県内陸南部, 岩手県沿岸北部, 宮城県南部, 福島県浜通り, 福島県中通り, 宮城県中部
　　※7 震度4から5弱程度:岩手県沿岸北部, 宮城県南部, 宮城県中部, 宮城県北部, 岩手県沿岸南部
　　　　震度4程度:福島県浜通り, 福島県中通り, 山形県最上, 岩手県内陸北部, 山形県村山, 秋田県内陸南部, 茨城県北部, 山形県庄内, 岩手県内陸南部
　　　　震度3から4程度:山形県置賜, 秋田県沿岸南部, 青森県三八上北, 新潟県下越, 茨城県南部, 秋田県沿岸北部, 千葉県北東部, 埼玉県南部
　　※8 震度5弱程度:宮城県中部
　　　　震度4から5弱程度:宮城県北部, 岩手県沿岸南部, 岩手県内陸南部, 岩手県沿岸北部, 宮城県南部,

第Ⅰ部　地震・津波・原発事故のメカニズム

　　　　　福島県浜通り
　　　　　震度4程度：福島県中通り，山形県最上，岩手県内陸北部，山形県村山，秋田県内陸南部，山形県置賜，茨城県北部，福島県会津，山形県庄内，秋田県沿岸南部，青森県三八上北
　　　　　震度3から4程度：栃木県北部，栃木県南部，新潟県下越，茨城県南部，秋田県沿岸北部，千葉県北東部，埼玉県南部，神奈川県東部
※9　　　震度5弱程度：宮城県中部
　　　　　震度4から5弱程度：宮城県北部，岩手県沿岸南部，岩手県内陸南部，岩手県沿岸北部，宮城県南部，福島県浜通り
　　　　　震度4程度：秋田県沿岸南部，青森県三八上北，福島県中通り，山形県最上，岩手県内陸北部，山形県村山，秋田県内陸南部，山形県置賜，茨城県北部，福島県会津，山形県庄内
　　　　　震度3から4程度：栃木県北部，栃木県南部，新潟県下越，茨城県南部，秋田県沿岸北部，千葉県北東部，埼玉県南部，神奈川県東部
※10　　震度5弱から5強程度：宮城県中部，宮城県北部，岩手県沿岸南部
　　　　　震度4から5弱程度：岩手県内陸南部，岩手県沿岸北部，宮城県南部，福島県浜通り，福島県中通り
　　　　　震度4程度：埼玉県南部，神奈川県東部，山形県最上，岩手県内陸北部，山形県村山，秋田県内陸南部，山形県置賜，茨城県北部，福島県会津，栃木県北部，山形県庄内，秋田県沿岸南部，青森県三八上北，新潟県下越，茨城県南部，秋田県沿岸北部，千葉県北東部
　　　　　震度3から4程度：青森県津軽北部，新潟県中越，群馬県南部，埼玉県北部，青森県下北，東京都23区，栃木県南部，秋田県内陸北部，青森県津軽南部，千葉県北西部
※11　　震度5弱から5強程度：宮城県中部，宮城県北部，岩手県沿岸南部，岩手県内陸南部，岩手県沿岸北部，宮城県南部，福島県浜通り
　　　　　震度4から5弱程度：福島県中通り
　　　　　震度4程度：山形県最上，岩手県内陸北部，山形県村山，秋田県内陸南部，山形県置賜，茨城県北部，福島県会津，秋田県沿岸南部，栃木県北部，山形県庄内，青森県三八上北，栃木県南部，秋田県内陸北部，新潟県下越，茨城県南部，秋田県沿岸北部，千葉県北東部，千葉県北西部，埼玉県南部，東京都23区，神奈川県東部
　　　　　震度3から4程度：青森県津軽北部，青森県津軽南部，群馬県南部，群馬県南部，埼玉県北部，新潟県中越，青森県下北，千葉県南部，新潟県佐渡
※12　　震度5弱から6弱程度：宮城県中部
　　　　　震度5弱から5強程度：宮城県北部，岩手県沿岸南部，岩手県内陸南部，岩手県沿岸北部，宮城県南部，福島県浜通り
　　　　　震度4から5弱程度：福島県中通り，山形県最上，岩手県内陸北部，山形県村山，秋田県内陸南部，茨城県北部
　　　　　震度4程度：山形県置賜，福島県会津，栃木県北部，山形県庄内，秋田県沿岸南部，青森県三八上北，栃木県南部，新潟県下越，茨城県南部，秋田県沿岸北部，秋田県内陸北部，千葉県北東部，千葉県北西部，新潟県中越，埼玉県北部，埼玉県南部，東京都23区，神奈川県東部
　　　　　震度3から4程度：青森県津軽北部，青森県津軽南部，群馬県北部，群馬県南部，青森県下北，千葉県南部，新潟県佐渡，新潟県上越
※13　　震度5弱から6弱程度：宮城県中部
　　　　　震度5弱から5強程度：宮城県北部，岩手県沿岸南部，岩手県内陸南部，岩手県沿岸北部，宮城県南部，福島県浜通り
　　　　　震度4から5弱程度：福島県中通り，山形県最上，岩手県内陸北部，山形県村山，秋田県内陸南部，茨城県北部
　　　　　震度4程度：山形県置賜，福島県会津，栃木県北部，山形県庄内，秋田県沿岸南部，青森県三八上北，栃木県南部，新潟県下越，茨城県南部，秋田県沿岸北部，秋田県内陸北部，千葉県北東部，千葉県北西部，新潟県中越，埼玉県北部，埼玉県南部，東京都23区，神奈川県東部
　　　　　震度3から4程度：青森県津軽北部，青森県津軽南部，群馬県北部，群馬県南部，青森県下北，千葉県南部，新潟県佐渡，新潟県上越

さなものとなっている。マグニチュード4.3という規模の地震はありふれたものであり，これでは警報を出す必要はない。そのため，この段階の情報は「高度利用者向け」に配信されただけで，一般の人には伝わっていない。その後，時間の経過とともに推定される地震の規模は5.9，6.8，7.2と大きくなっていった。この第4報のマグニチュード7.2という推定結果により宮城県中部で震度4から5弱という揺れが予想されたため，地震検知から8.6秒後の14時46分48.8秒に一般向けの緊急地震速報が発表された。これによりテレビ・ラジオ放送では全国に伝えられ，携帯電話では震度4以上の揺れが予想された岩手県（沿岸北部，沿岸南部，内陸南部），宮城県（北部，中部，南部），福島県（浜通り，中通り）の各地方に対してエリアメールによって警報が伝えられた。

　仙台市内に設置されていた地震計の記録をみると，震度1相当の揺れになったのは14時46分50秒頃，立っている人も揺れを感じる震度4相当の揺れになったのは14時47分7秒頃である。仙台市内では大きく揺れはじめる7～8秒くらい前に多くの携帯電話が一斉にプープープッと鳴動したと考えられる。緊急地震速報がうまく作動した事例である。

　ところで，この第4報は，たまたまマグニチュード7.2と大きめに決まったにすぎず，その後は6.3，6.6と警報を出さないレベルの情報が続いている。最大予想震度が「4から5弱程度」以上の数字で安定するのは，地震検知後22.2秒後の14時47分02.4秒に出された第9報以降のことである。この点，東北地方で「揺れる前」に一般向け緊急地震速報が発信されたのは幸運にめぐまれたという面があるだろう。

　さらに発表状況を細かくみていくと，大きく揺れたにもかかわらず緊急地震速報が発信されていない地域がかなり広いことがわかる。一般向けの緊急地震速報では，震源位置やマグニチュードの推定結果が更新され震度3以下と予想されていた場所が震度5弱以上と大きな予想に変更されると「続報」が発表されることになっている。この更新は地震検知後60秒以内に限るという運用が行われており（干場ほか，2011），東北地方太平洋沖地震では第15報まで情報の更新が行われているが一般向けに配信されたのは地震検知から45秒後に発信された第11報までの情報である。第11報ではマグニチュード7.7と推定され，携帯

電話を通じて警報が伝えられた範囲は最初の岩手・宮城・福島の3県から青森（三八上北），秋田（内陸北部，内陸南部，沿岸南部），山形（県内全域），岩手（県内全域），宮城（県内全域），福島（県内全域），茨城（北部）の7県まで広がった。

だが，震度5強の揺れとなり，建物の一部が崩落して死者を出した東京などへは最後まで緊急地震速報による警報が出されることはなかった。東京近郊の千葉や埼玉では震度6弱という極めて強い揺れになった場所があるにもかかわらず携帯電話エリアメールは発信されず，緊急地震速報を防災行動に活かすことができた人は少数であった。首都圏で受信できたのは，例えばNHKのテレビを見ていた人などに限られた。NHKのテレビ放送では全国いずれかの地方に緊急地震速報が出されれば，地域を限定せず全国一斉に放送する仕組みで運用されている。これは全国レベルでみれば過剰に緊急地震速報が流されてしまう運用方針であるが，今回はこの冗長性が効を奏したといえる。

ところで首都圏住民からの「緊急地震速報が届かなかった」という苦情はあまりめだたない。これは，生死をわけるような激しい被害に見舞われた人は少なく，また，揺れ始めてから大きな揺れになるまでの時間が長かったためと考えられる。東京近郊では，自分自身が感じた最初の小さな揺れから行動を開始しても，大きな揺れになるまで十分な余裕時間があった。

前掲の図1-2は緊急地震速報から予想された震度と，実際に観測された震度を比較した図である。特に震源からみて南の方向に当たる南東北，北関東，首都圏において，予想に比べて1から2も実測された震度が大きかったことがわかる。第1節でみたようにマグニチュード9の地震では地震波を出した断層が350km×200kmという大きさになる。強い地震の波を出した場所は，震源付近の宮城県沖にとどまらず，南は茨城県の沖合まで広がっていた。東京のすぐ近くまで地震の波を出す断層が広がってきたことが，緊急地震速報による予測値と実際に観測された震度に大きな差を生じさせた最大の原因である。

（3）緊急地震速報の改善に向けて

今後は課題が浮き彫りになった予測震度と実測震度の差をできる限り小さくする研究・開発が不可欠である（Yamada, 2011）。だが震源とマグニチュードを

決めて，そこから各地の揺れを予測するという，いわば古典的な地震学の手法にしばられる限り改善は極めて難しい。今回の地震で首都圏に大きな揺れをもたらした茨城県沖の場所が地震波を出したのは，地震が発生してから2分近く経過してからのことである（第1節で紹介した東京大学井出准教授の解析結果など参照）。マグニチュード8を超える巨大地震では「地震発生から遅れたタイミングで」，「震源からかなり離れた場所で」強い地震波が放出される可能性があることは地震学的には常識だが，緊急地震速報のシステムでは考慮されていない。これは回数の多い小地震の推定精度向上と誤報発信回避に開発の重点をおいてきたためである。

例えば，全国にはりめぐらされた地震計ネットワークのデータがどんな強い揺れがきても断絶しないような対策を進めるとともに，その揺れの強さを逐次モニタリングして強い揺れが発生している場所を推定し，各地の震度予想をして警報を出すといった手法開発の方向性が考えられる。しかし，あまりに高度な計算処理を組み込んでも，めったに起きない大地震をターゲットにするため検証の機会はほとんどない。いざというときに役に立たないようでは無意味なので，精度は犠牲にしても安定的に作動するような仕組みを構築しておくことも必要である。東北地方太平洋沖地震のあと，独立行政法人防災科学技術研究所が運用している「強震モニタ」（全国の観測点における地震の揺れの実況中継サイト）が多くの支持を集めているが（東ほか，2011），これは単純な方法による揺れの予測への期待であり，地震学の常識にしばられていない人たちから新しい予測手法のアイデアが出される可能性もある。

今回問題となったマグニチュード8を超えるような巨大地震のマグニチュードを過小評価してしまうことへの単純な解決策は，あらかじめ決めたマグニチュード（例えば6.5）よりも大きな地震が観測された場合には，その地方で起きうる最大規模の地震が発生したと読み替えて警報を出してしまうことである（林ほか，2007）。日本周辺でマグニチュード8を超える大地震の発生が予想される場所はいくつかのプレート境界周辺に限られる。特にフィリピン海プレートの沈み込みによって巨大地震の発生が予想されている東海・東南海・南海地震の震源域では日頃の地震活動が低く，マグニチュード6.5を超えるような地

震は滅多に発生しない。それゆえ、このような仕組みを入れたとしても、過剰警報が発信される機会はさほど多くないので有効に作動すると考えられる。

3 東北新幹線の地震警報システムは成功したか？

(1) 東北新幹線における早期地震警報の活用

　第2節では気象庁による緊急地震速報の作動状況と課題をみたが、JRでは緊急地震速報と同様のコンセプトをもった地震警報システムを30年近く前から独自に整備・運用している。新幹線のための地震警報システムの研究・開発は気象庁よりもずっと早く1970年代からはじめられ、1982年の東北新幹線開業時にすでに実用システムが構築されている。気象庁のみならず、日本中の地震学者はこの手の地震警報システムにほとんど興味をもっていなかったので当時の国鉄が独自に研究を進めて実現したものである。世界的にみても極めて先進的な研究開発が行われ、東北新幹線に導入されたあとも改良を重ねて東海道新幹線など全国の新幹線網へと展開されていったことは高く評価されている（金森、1996）。

　1982年に東北新幹線に導入された地震警報システムは極めてシンプルなものであった。東北新幹線は海岸から70km程度内陸に入った場所を線路がはしり、一方、東北地方で発生する大地震の多くは太平洋プレートの沈み込みによって主に太平洋沖の海底下で発生することが当時でもわかっていた。そこで東海道・山陽新幹線と同様に沿線の変電所に列車を自動的に停める地震計を設置することに加えて、新幹線沿線からは離れた太平洋沿岸にも地震観測点を設置した（中村、1996）。海岸検知点で強い揺れが観測された段階で影響が及ぶと予想される範囲を走行中の新幹線列車を停止させれば、20秒以上の時間的余裕を生み出すことができる。観測点は八戸、宮古、大船渡、金華山、相馬、いわき、銚子、三浦半島の8カ所に設けられた（図1-3）。

　東北新幹線開業当時のシステムは震源近くに設置した地震計が強い揺れを検知したら列車を停止させるというシンプルなものであったが、その後も研究が進められ、地震波の中で最も速度の速いP波を1検知点でとらえ、波形のは

第1章 地震のメカニズムと特性

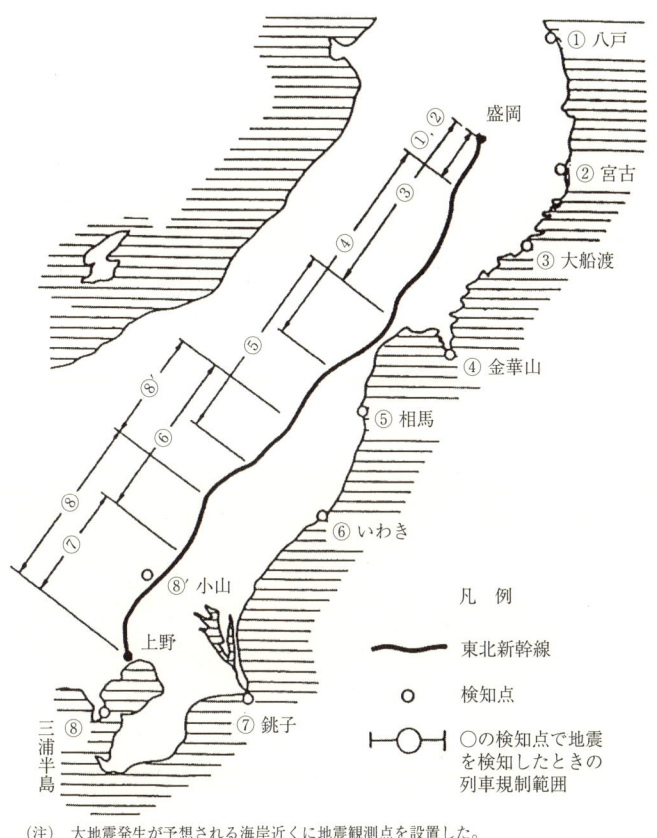

図1-3 東北新幹線開業時の地震検知システム

① 八戸
盛岡
② 宮古
③ 大船渡
④ 金華山
⑤ 相馬
⑥ いわき
⑧ 小山
上野
三浦半島 ⑧
⑦ 銚子

凡 例
―― 東北新幹線
○ 検知点
⊢○⊣ ○の検知点で地震を検知したときの列車規制範囲

(注) 大地震発生が予想される海岸近くに地震観測点を設置した。
(出所) 中村（1996）より。

じまりの部分3～4秒の特徴から震源位置とマグニチュードを推定する「ユレダス」が開発された。これはP波の物理的性質を巧みに活用するとともに、データ通信という不安定要素を排除して1検知点で処理を自己完結させるという点で画期的な警報システムであった。この地震警報システムは1992年から東海道新幹線で使われるようになり、その後、改良を重ねて、山陽新幹線、東北・上越・長野新幹線へと展開されていった。当初はP波処理による警報機能のみであったが、実際の運用の中で巧みな地震波形処理を必要とするP波警報が必ずしもうまく作動しない場合があることが認識され、バックアップと

して震度4〜5弱に相当する強い揺れを検知したら警報を出す機能も付与されていった。新幹線という極めて緊張感を要する運用の中では、最先端の機能を追求するのみならず、万が一のためのバックアップ機能も不可欠である。

なお、現在では最初にユレダスを導入した東海道新幹線をはじめ各新幹線ともユレダスとして開発されてきた地震計は運用を終え、気象庁の緊急地震速報と同じ処理系をもった地震計に更新されている。現在運用中の新しい地震計にも1検知点P波処理警報の機能に加え、強い揺れによる単純な警報機能が引き継がれている。

（2）東北新幹線の早期地震警報システム作動状況

東北地方太平洋沖地震では東北新幹線において電化柱の倒壊や架線の切断、高架橋の柱の損傷といった被害が多数発生した。被害は大宮駅からいわて沼宮内駅までの約500kmの範囲で発生しており、被害箇所は合計で約1200カ所にも及んだ（東日本旅客鉄道株式会社、2011）。幸いなことに高架橋、橋りょう、駅舎、トンネルの崩落被害はなく、乗車中の旅客および乗務員の負傷といった人的被害は発生しなかった。しかし電化柱が折損して建築限界を支障した被害は極めて多くの箇所で発生しており、そのような箇所に列車が進入していれば人的被害が発生する可能性は十分考えられる被災状況である。

早期地震警報システムの作動状況については東北新幹線を運営するJR東日本からの正式な情報公開はないが、新聞報道などを通じてその作動状況が明らかになってきた。新幹線は緊急地震速報を含む早期地震警報システム活用の世界的パイオニアであり、今回の震災でも乗客・乗務員に死者・けが人が発生していないことから社会的注目度も高い。そのような報道の中には一部に誤解や過剰な評価も散見されるので、ここでは報道から知りえた情報をもとに、東北新幹線における実際の作動状況を分析する。

2011年5月20日の毎日新聞朝刊に以下のように作動状況が掲載されている。「宮城県石巻市の金華山地震計が午後2時47分3秒に120ガルを超える地震の主要動（S波）を観測し、震源域や地震規模の情報を沿線にある各変電所の地震計に送信した。その際、東京―新青森間で18本が営業運転中で、特に被害の大

きかった新白河（福島県）—二戸（岩手県）間には上下10本がおり，うち5本は時速270キロ前後で走行していた。送電停止から列車の非常ブレーキ作動までには3秒のタイムラグがあるが，激震に見舞われた仙台市近辺を時速265キロで走っていた『やまびこ61号』は大きな揺れが来る9秒前に緊急停止を始め，速度（時速）が30キロ以上ダウンした。また，福島県郡山市周辺を270キロで運転中の『やまびこ63号』は70秒前に非常ブレーキがかかり，約170キロ減速。揺れの加速度が690ガルだった同県二本松市近郊を走行中の『はやて26号』は270キロから150キロ台にスピードが落ちたとみられるという。」

このように早期地震警報は被害軽減に極めて効果があったと書かれているが，地震計の作動タイミングは必ずしも早いものではない。まず「120ガルを超える」という記述から，期待されていたP波警報には失敗していることがわかる。これはバックアップのために用意されていた「強い揺れの警報」で列車を停止させたことを意味する。また午後2時47分3秒（14時47分3秒）というタイミングは気象庁の緊急地震速報よりも14秒遅い。

鉄道における緊急地震速報の活用状況には会社ごとに差がある。東海道新幹線（JR東海）と山陽新幹線（JR西日本）では緊急地震速報を受信して新幹線列車を停止させる機能を実装しているとプレスリリースされているが，JR東日本においては在来線列車の運行に緊急地震速報を使用しているとのプレスリリースがあるのみである。新幹線においては緊急地震速報を使用していなかったと考えられる。3月11日以降，緊急地震速報は誤報発信が頻発しており，その信頼性には疑問が残る。独自の地震警報装置をもつ東北新幹線において緊急地震速報をあえて使用しないことは特に大きな問題ではない。

金華山観測点におけるP波警報が成功していれば，複数観測点のデータを統合的に処理する緊急地震速報よりも早いタイミングでの列車停止が期待できた。しかし現実にはP波警報は失敗した。前掲表1-2に示されるように，気象庁の緊急地震速報でも安定してマグニチュード7以上の推定がなされるようになるのは，地震を検知してから15秒から20秒を経過してからである。これだけの時間が経過すれば，震源に近かった観測点には強い揺れをもたらすS波以降の波が到達している。つまり気象庁においてもP波警報が成功している

とは言い難い。今回の事例は巨大地震におけるＰ波警報の難しさを示しており、「強い揺れによる警報」というこれまでほとんど注目されなかったバックアップの情報が極めて大きな効果があったことを教えてくれる。

4　緊急地震速報を使いこなすために

　ふりかえってみると1990年代以降の早期地震警報の開発は「Ｐ波警報をより早く」という部分に力が注がれており、気象庁や独立行政法人防災科学技術研究所が緊急地震速報の開発を熱心に進めるようになった2000年前後からその流れが加速していた。しかし、今回の東北新幹線の作動事例においては、Ｐ波警報はまったく効果がなかった。効果があったのは20年以上前に考えられた「大地震の発生が予想される海岸線の近くに地震計を置いて強いゆれを早く検知する」という部分であり、最新の地震警報システムだから安全に列車を停止させたわけではない。保険として残されていたある意味で枯れた技術が効果を発揮したといってよかろう。

　東北地方太平洋沖地震において新幹線で人的被害が発生しなかったことは大変喜ばしいことである。今回の震災では様々な痛ましい被害が伝えられる中で、数少ない成功例として注目したくなる感情は理解できる。だが、結果として新幹線の被害が軽微であったことを、「最新の地震警報システムの成果」と単純に結びつけることは誤りである。今回の事例についていえば、高架橋などの構造物がもともと強度の高いものであったことに加えて、阪神・淡路大震災以降の耐震補強工事の効果があったことが最大の要因であろう。また、今回の地震のゆれの性質が震度６強や７としてはあまり激しいものでなかったことも幸いであった。

　早期地震警報システムも列車減速において一定の役割を果たしたと評価できる。だが、その核心は1970年代末に構想された「震源の近くに地震計を置いて早く検知する」という部分がうまく作動したのであり、これは最新の研究成果でもテクノロジーでもない。最新の成果といわれる気象庁・緊急地震速報のＰ波警報技術は新幹線の列車停止にはまったく寄与しなかったことになる。ＪＲ

東日本の地震計ではP波警報に失敗し，気象庁の緊急地震速報においても地震検知から警報が出るまでに5秒以上かかっており，地震を検知して2～3秒で警報を出すという目標レベルには達していない。

　P波警報が迅速に発信されない例は今回以外にも繰り返し発生しており，P波警報の演算手法は相当な改良が必要であると考えられる。第1節でみたような震源断層での複雑な動きのことを考えると，地震検知後2秒，3秒で安定して出るP波警報を実現するのは無理なのかもしれない。この地震学的現実を踏まえれば，本気で1秒でも警報時間を早くしたいユーザーは，安定した作動原理をもったバックアップの警報システムを独自に活用・併用することが望ましいと考えられる。

　防災システムにおいては「安定して作動する」ことが不可欠である。JR東日本が緊急地震速報一辺倒にならず，コストをかけてでも独自の海岸検知点を維持してきたことは，まさにそのためである。

注
⑴　GPSによる地殻変動データからの解析結果にはOzawa *et al.*（2011），験潮儀による津波波形からの解析結果には佐竹ほか（2011）などがある。地震波形を用いた解析結果もIde *et al.*（2011）以外にも多数発表されている。雑誌 *Earth, Planets and Space*（http://www.terrapub.co.jp/journals/EPS/index.html　2011年11月20日アクセス）の東北地方太平洋沖地震速報特集号はWebサイトで公開されており，様々なデータを使って多くの研究者が解析・発表した震源モデルが掲載されている。
⑵　緊急地震速報の原理やこれまでの配信状況については気象庁ホームページに詳しい解説が掲載されている（http://www.seisvol.kishou.go.jp/eq/EEW/kaisetsu/index.html　2011年11月20日アクセス）。

参考文献
アメリカ地質調査ホームページ "Largest Earthquakes in the World Since 1900"（http://earthquake.usgs.gov/earthquakes/world/10_largest_world.php　2011年7月30日アクセス）
金森博雄「地震学の現状と防災への応用」『科学』66, 1996年，605-616頁。
佐竹健治・酒井慎一・藤井雄士郎・篠原雅尚・金沢敏彦「東北地方太平洋沖地震の津波波源」『科学』81, 2011年，407-410頁。

中村豊「研究展望：総合地震防災システムの研究」『土木学会論文集』531/1-34, 1996年, 1-33頁.

林能成・伊藤貴盛・山中佳子・久保篤規「海溝型大地震を対象とした緊急地震速報における予測震度の簡易補正手法」『日本地震学会講演予稿集』A21-10, 2007年.

東日本旅客鉄道株式会社「東北新幹線の地上設備被害と復旧状況（4月17日現在）」JR東日本ホームページ（http://www.jreast.co.jp/pdf/restore02.pdf 2011年7月30日アクセス）.

東宏樹・青井真一・功刀卓・中村洋光・早川俊彦・藤原広行「余震・誘発地震のもたらす強震モニタの非専門家への広がり 動画クラウドサービスを用いた強震サーバの負荷分散を通じて」, 2011年日本地球惑星科学連合大会予稿集, MIS036-P174, 2011年.

干場充之・岩切一宏・山田安之・林元直樹・下山利浩「緊急地震速報と観測された震度の特徴」, 2011年日本地球惑星科学連合大会予稿集, MIS036-P66, 2011年.

毎日新聞「東日本大震災：新幹線30〜170キロ減速 宮城で地震早期検知 被災エリア無事停車」『毎日新聞』2011年5月20日付朝刊.

理科年表「世界のおもな大地震・被害地震年代表」丸善・理科年表（平成22年版）, 2010年.

Hanks, T. and Kanamori, H., "A moment magnitude scale", *J. Geophys. Res.*, Vol. 84, pp. 2348-2350, 1979.

Ide, S., Baltay, A. and Beroza, G., "Shallow Dynamic Overshoot and Energetic Deep Rupture in the 2011 Mw9.0 Tohoku-Oki Earthquake", *Science*, Vol. 332, pp. 1426-1429, 2011.

Ozawa, S., Nishimura, T., Suito, H., Kobayashi, T., Tobita M. and Imakiire, T., "Coseismic and postseismic slip of the 2011 magnitude-9 Tohoku-Oki earthquake", *Nature*, 475, pp. 373-376, 2011.

Yamada, M., "Warnings work, but must be better", *Nature*, 473, p. 148, 2011.

（林　能成）

第2章

津波のメカニズムと特性

1　地震による津波の発生

　2011年3月11日午後2時46分頃，三陸沖130 km 付近においてマグニチュード9.0の巨大地震が発生した。この地震により引き起こされた津波は太平洋沿岸の広い範囲に来襲し，甚大な被害を与えた。さらに，この巨大津波はわが国のみならず，太平洋を伝播して，北米大陸や南米大陸にまで達している。

　では，地震により津波はどのように引き起こされるのであろう。図2-1に地震による津波の発生メカニズムを模式的に示す。海域で発生した断層運動は海底を変動させ，さらにその上に乗っている海水を移動させる。断層運動に比べて海水の動きは緩慢であるから，海底変動にほぼ等しい変動が海面にも生じる。この海面変動が津波波源，すなわち津波の発生である。したがって，風波のように海面付近のみが運動している波とは異なり，津波の場合は海底から海

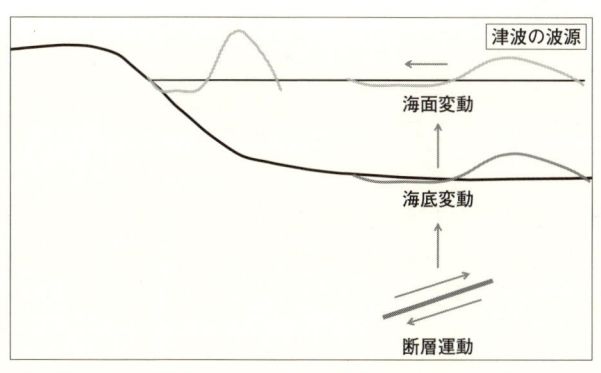

図2-1　津波の発生メカニズム

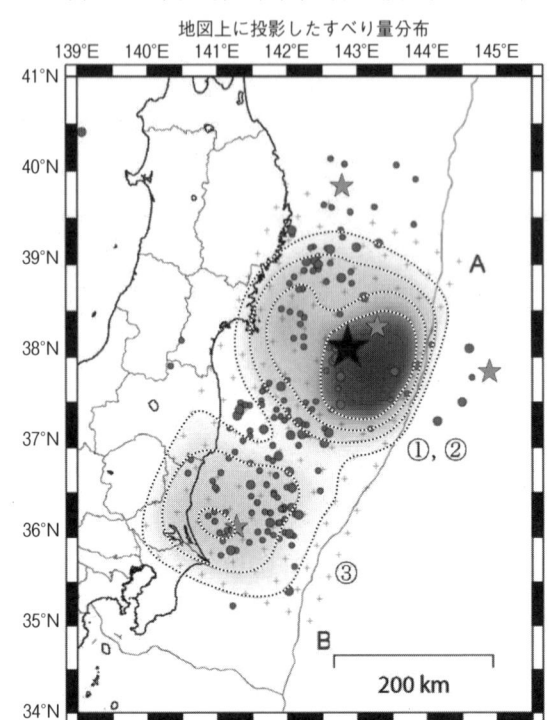

第Ⅰ部　地震・津波・原発事故のメカニズム

図2-2　東北地方太平洋沖地震の震央とすべり量[(1)]

地図上に投影したすべり量分布

★：本震の破壊開始点
☆：3月9日以降のM7.0以上の地震の震央
●：本震発生から1日間のM5.0以上の地震の震央
………：本震のすべり量分布（すべり量5メートル毎の線）

面までのすべての海水が運動するため，大きなエネルギーをもっている。このエネルギーが海岸付近に来襲すると波高や流速を増大させ，大きな被害を発生させることになる。

　したがって，発生した津波の規模を知るためには，元になっている断層運動の大きさを調べる必要がある。図2-2[(1)]に東北地方太平洋沖地震の震央（最も大きな星印の位置）が示されている。震源の位置は北緯38.1度，東経142.9度，深さは24 kmであった。太平洋プレートが北米プレート（あるいはオホーツクプ

表2-1 気象庁による津波警報・注意報

種　類		解　説	発表される津波の高さ
津波警報	大津波	高いところで3m程度以上の津波が予想されますので，厳重に警戒してください。	3m，4m，6m，8m，10m以上
	津　波	高いところで2m程度の津波が予想されますので，警戒してください。	1m，2m
津波注意報		高いところで0.5m程度の津波が予想されますので，注意してください。	0.5m

レート）の下へ沈み込んでいるプレート境界で発生している。ところで，厳密にいうと，震源は地震が発生した場所ではなく，地震の破壊が始まった場所である。図2-2には今回の地震による断層のすべり量が示されているが，震源域の長さは約450 km，幅は約200 kmに達している。この広大な領域が津波を引き起こしたことになる。さらに，すべり量は最大で50 m程度にも及んだと考えられ，極めて大きな位置エネルギーを海水に与えたことになる。

2　発表された津波警報・注意報

地震発生後，気象庁は迅速に対応し，津波警報および注意報を発表している。
表2-1に気象庁が発表する津波警報・注意報の種類，図2-3に予報区を示す。予報区は概ね都道府県単位で設定されており，それぞれの予報区に来襲する津波の高さから，津波警報・注意報は3段階で発表される。

東北地方太平洋沖地震は3月11日の午後2時46分に発生しているが，その3分後には太平洋沿岸の広い範囲で津波警報・注意報（図2-4）が発表されている。特に，岩手県と宮城県，福島県では大津波警報となっており，それぞれ3m，6m，3mの津波が来襲すると予想されている。これらの津波の高さは実際に来襲した高さよりも低くなっているが，その原因は地震のマグニチュードを7.9と過小評価したためである。

その後，気象庁は津波警報・注意報を切り替えていった。午後3時14分には，大津波警報の範囲を青森県太平洋沿岸，岩手県，宮城県，福島県，茨城県，千葉県九十九里・外房に拡大（図2-5）するとともに，予想される津波の高さも

第Ⅰ部　地震・津波・原発事故のメカニズム

図2-3　気象庁による津波予報区

第 2 章　津波のメカニズムと特性

図 2-4　地震発生から 3 分後に発表された津波警報・注意報

地震の発生日時：03月11日14時46分頃
震源地：三陸沖　マグニチュード：7.9　深さ：約10km

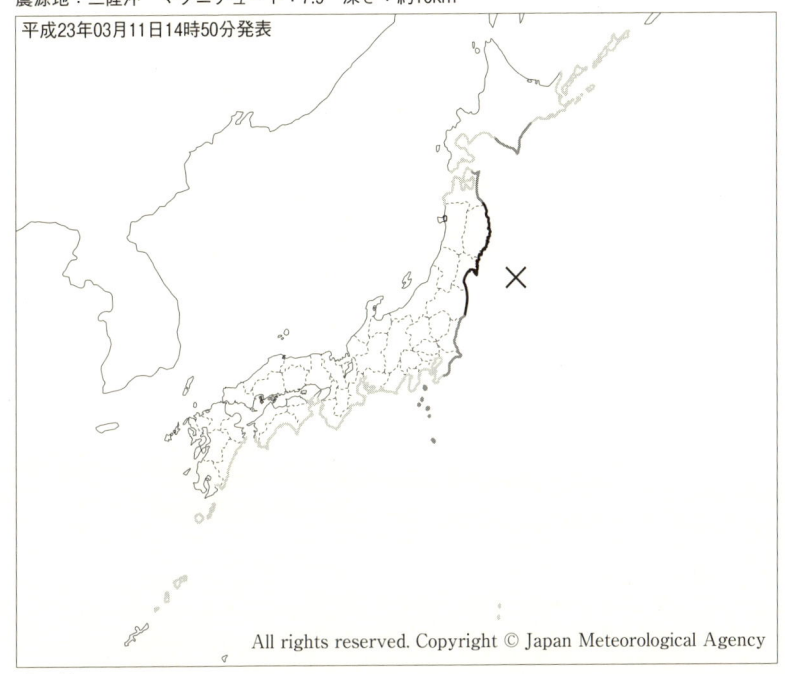

平成23年03月11日14時50分発表

All rights reserved. Copyright © Japan Meteorological Agency

凡　例
津波警報　■ 大津波　高いところで 3 m 程度以上　■ 津波　高いところで 2 m 程度
津波注意報　▨ 高いところで0.5m 程度　× 震央

（出所）気象庁の WEB サイトから一部を抜粋。

例えば岩手県で 6 m，宮城県で10 m 以上，福島県で 6 m と当初の 2 倍ほどに大きくした。また，マグニチュードの訂正も行い，午後 4 時 8 分には8.4，午後 6 時47分には8.8を発表した。これらのマグニチュードの変更により，さらに津波警報・注意報も切り替えられ，12日の午前 3 時20分には東日本全域と四国などの太平洋沿岸で大津波警報，日本海側においても津波注意報が発表され，東北地方太平洋沖地震の影響範囲はわが国の全域に及んだ（図 2-6）。

地震の発生直後にマグニチュードやそれに伴う津波が過小評価されたことは事実であるが，これらは解析ミスというより，現在の津波警報システムの限界と考えるべきである。マグニチュード 9 クラスの超巨大地震が発生した場合に

第Ⅰ部　地震・津波・原発事故のメカニズム

図2-5　地震発生から28分後に発表された津波警報・注意報

地震の発生日時：03月11日14時46分頃
震源地：三陸沖　マグニチュード：7.9　深さ：約10km

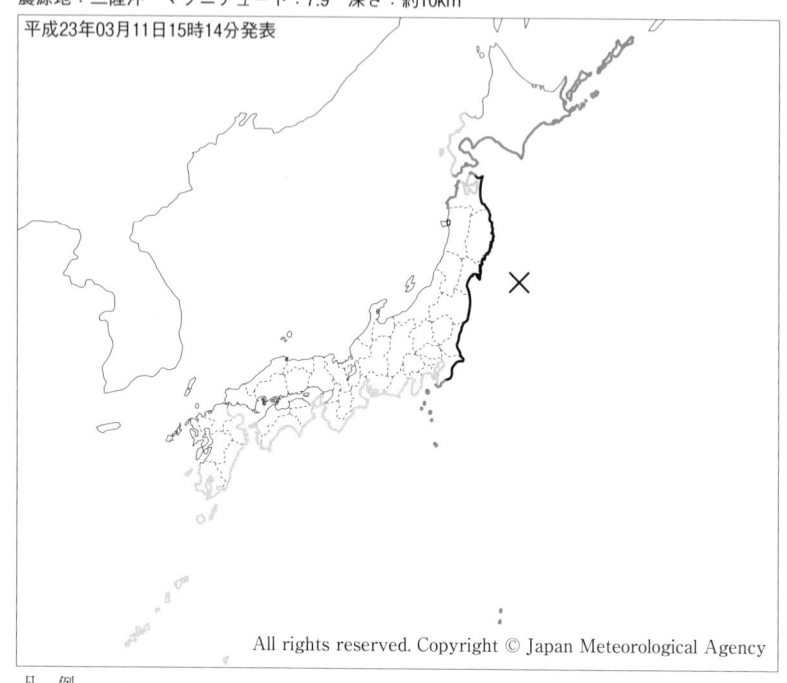

平成23年03月11日15時14分発表

All rights reserved. Copyright © Japan Meteorological Agency

凡　例
津波警報　　■　大津波　高いところで3m程度以上　　■　津波　高いところで2m程度
津波注意報　▨　高いところで0.5m程度　　　　　　　×　震央

（出所）気象庁のWEBサイトから一部を抜粋。

過小評価となる問題は，すでに2004年インド洋津波においても生じており，研究者により指摘されてきた。インド洋津波を引き起こしたスマトラ沖地震のマグニチュードに関する発表の変遷を**表2-2**に示す。地震発生から15分後には米国の西海岸・アラスカ津波警報センターと太平洋津波警報センターから，巨大地震が発生したため津波の恐れがあるとの発表が行われた。両センターが管轄しているのは太平洋であることを踏まえると，これらの発表は賞賛すべきことである。しかし，その時，発表されたマグニチュードは8.0であり，実際に比べると極めて小さいものであった。その後，地震に関する情報は更新されていくが，最終的にマグニチュード9.0が発表されるのは約19時間後となった。

第 2 章　津波のメカニズムと特性

図 2-6　地震発生から12時間34分後に発表された津波警報・注意報

地震の発生日時：03月11日14時46分頃
震源地：三陸沖　マグニチュード：8.8　深さ：約20km

平成23年03月12日03時20分発表

All rights reserved. Copyright © Japan Meteorological Agency

凡 例
津波警報　■　大津波　高いところで 3 m 程度以上　　■　津波　高いところで 2 m 程度
津波注意報　■　高いところで0.5m程度　　　　　　　　×　震央

（出所）　気象庁の WEB サイトから一部を抜粋。

ただし，この発表を行ったのはハーバード大学であり，防災機関からの発表は36時間以上後になる。

　現在においてもインド洋には津波警報システムは導入されていないが，仮に2004年当時にシステムが稼働していたとすると，どのような津波警報・注意報が発表されていたかを表 2-3 に示す。地震発生から15分後，約 1 時間後，約 4 時間半後，約19時間後に発表された地震に関する情報を基にして津波のシミュレーションを実施し，各国の津波の高さを調べた。そして，それぞれの津波の高さから，日本の気象庁と同様の基準で，津波警報および注意報を決定した。なお，表に列記した国々はいずれも実際に津波の被害を受けている。地震発生

59

第Ⅰ部　地震・津波・原発事故のメカニズム

表2-2　2004年スマトラ沖地震の発生後に発表された地震情報

発表機関	マグニチュード	発表時刻	地震後
西海岸・アラスカ津波警報センター	8.0	12/26/04 01：14	15分
太平洋津波警報センター	8.0	12/26/04 01：14	15分
太平洋津波警報センター	8.5	12/26/04 02：04	1時間5分
西海岸・アラスカ津波警報センター	8.5	12/26/04 02：09	1時間10分
米国地質調査所	8.5	12/26/04 02：17	1時間18分
米国地質調査所	8.2	12/26/04 02：23	1時間24分
ハーバード大学	8.9	12/26/04 05：26	4時間27分
ハーバード大学	9.0	12/26/04 20：02	19時間3分
西海岸・アラスカ津波警報センター	9.0	12/27/04 15：34	36時間35分
太平洋津波警報センター	9.0	12/27/04 15：35	36時間36分

表2-3　仮想津波警報システムにより発表された（であろう）津波情報

（単位：m）

国	15分後（M8.0）	1時間5分後（M8.5）	4時間27分後（M8.9）	19時間3分後（M9.0）
インドネシア	3.31	8.27	7.83	8.02
マレーシア	0.07	0.41	0.75	1.20
タイ	0.26	1.11	2.47	3.77
ミャンマー	0.04	0.22	0.41	0.52
バングラデシュ	0.00	0.09	0.28	0.35
インド	0.32	1.11	1.83	2.12
スリランカ	0.36	1.04	2.08	3.37
モルディブ	0.29	1.30	1.47	3.15

（注）　□0.2-1.0m：津波注意報　▨1.0-3.0m：津波警報　■3.0m-：大津波警報

から15分後には，インドネシアに大津波警報が発表されることになる。インドネシアは震央に最も近い国であるため，この時点でのシミュレーションにおいても津波の高さが3mを超えている。しかし，それ以外の国では津波注意報程度であり，マレーシアやミャンマー，バングラデシュでは津波注意報さえも発表されていない。地震発生から約1時間後には津波警報が増えていき，約4時間半後にはすべての国で津波警報あるいは津波注意報が発表されることになる。そして，約19時間後にはタイやスリランカ，モルディブにおいても大津波警報が発表され，実際の被害に近い状況になる。しかし，これらの国には2時間程度で津波は来襲しており，残念ながら大津波警報は間に合わなかったと考えられる。

第2章　津波のメカニズムと特性

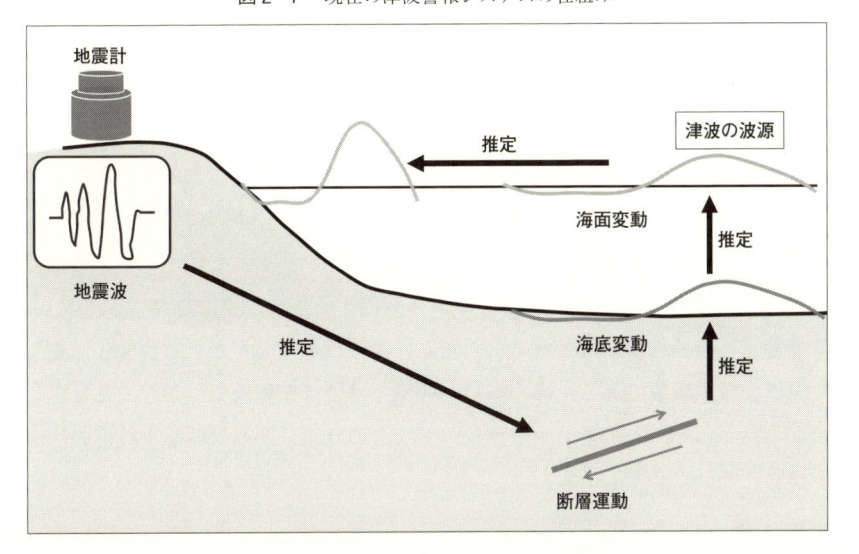

図2-7　現在の津波警報システムの仕組み

　このように津波警報が過小評価になる原因は現在のシステムが地震波のみを用いているためである。図2-7に現在の津波警報システムの仕組みを示す。海底下で発生した断層運動による地震波は陸域に設置された地震計で観測される。観測された地震波には断層運動に関する情報が含まれているため，逆に断層運動の発生メカニズムを推定することができる。次に断層運動から海底変動を推定し，それから海面変動を推定する。この海面変動がどのように沿岸へ来襲するかを推定し，津波警報・注意報を決定している。気象庁の津波警報システムでは，事前に10万通りを超える地震による津波のシミュレーションが実施されており，これらの結果はデータベースに格納されている。そして，地震が発生するとそのデータベースを検索し，最も近いタイプの津波を選び出している。したがって，津波を観測することなく，地震波のみから津波警報・注意報を発表することができる。この方法は通常の地震に対しては有効に働くが，あるタイプの地震が発生すると津波を過小評価してしまう危険性がある。その一つのタイプが東北地方太平洋沖地震やスマトラ沖地震のようなマグニチュード9クラスの超巨大地震である。さらに，津波地震といわれる地震動に比べて大

きな津波が発生するタイプの地震でもこのような過小評価が生じると考えられる。また，震源域の中ではすべて同程度のすべりが発生するのではなく，アスペリティーと呼ばれる大きなすべりが発生する場所が存在するが，これにより津波波源の不均一性が生じる。現在の津波警報システムではこのような不均一性は考慮できないため，津波が過小評価される地域が生じる危険性もある。

　これらの問題を解決するためには，地震波に加えて，実際に発生した津波も観測し，その情報を断層運動の推定にフィードバックする必要がある。最近ではGPS波浪計[3]などのように沖合で津波を観測する体制が整備されてきており，津波警報への利用が期待される。ただし，津波は数十kmから数百kmに渡る大規模な自然現象であるため，点での観測だけでは全体像をつかむことは難しい。したがって，人工衛星[4]や海洋レーダ[5]などのリモートセンシング技術の活用を検討していく必要もある。

3　津波に関する現地調査

　被災地の復興計画や将来的な防災計画の立案，また他地域における津波防災の再検討を行うためには，実際にどのような津波が発生し，どのように沿岸部へ来襲したのかを明らかにすることが必要である。そこで，東北地方太平洋沖地震津波合同調査グループが結成され，北海道から沖縄県に至る広い範囲において津波に関する現地調査が実施された[6][7]。合同調査グループには大学や研究機関，民間企業，行政など64組織が参加しており，実際に現地調査にたずさわったメンバーは299名にも及んでいる。また，それぞれのメンバーが所属している学会も土木学会や地球惑星科学連合など多岐に及んでおり，様々な専門分野の協力のもとに現地調査は実施された。

　災害調査を実施する際には調査地域や調査メンバー，カウンターパート，機材，移動手段など多岐にわたる検討と準備が必要となるが，実は最も難しいのは被災地に入る時期の決定である[8]。調査開始が遅くなると津波の痕跡が消失するとともに目撃者の記憶も曖昧になるため，精度や信頼性の高いデータを得ることが難しくなる。しかし，その一方で，被災地に早く入り過ぎると救出活動

や救援活動，捜索活動の妨げとなる危険性が高くなる。そのため，被災地において調査を開始する時期は現地の状況を踏まえて総合的かつ慎重に判断しなくてはならない。したがって，今回の津波災害においては，比較的被害の小さかった北海道や西日本などの地域においては津波警報解除後から迅速に現地調査を開始したが，岩手県や宮城県，福島県などの激甚被災地においては現地調査の自粛が必要であった。

　また，各研究者が独立して現地調査を実施すると，被害が甚大だった地域や被災形態に特徴がある地域に調査が集中してしまう傾向があり，救出・救援活動の妨げになる危険性が高くなる。さらに，津波災害の全体像を理解するためには広い範囲における外力の分布をつかむことが必要である。すなわち，高い津波が来襲した地域と同様に，津波が小さかった地域での現地調査も重要となる。そこで，被災地への負担を最小限に抑えながら，総合的な調査結果を得るため，合同調査グループを結成して調査地域や期間，人数などについて調整を行いながら現地調査は実施された。そして，各調査者の予定や調査結果についてはメーリングリストとWEBサイトを用いて逐次公開し，グループ内の情報共有が図られた。[9]

　こうして比較的被害の小さかった地域において現地調査を継続しながら，激甚被災地おいて調査を開始する時期についての検討も並行して行われていった。具体的には，東北地方の研究者および津波災害調査に関する経験が豊富な研究者が先遣隊として岩手県や宮城県をまわり，調査開始可能時期や地域などについての情報収集が行われた。そして，それらの情報を基にして検討が行われた結果，3月25日から現地調査が可能であるとの結論が得られている。ただし，第1期チームおよび第2期チームは災害調査の経験が豊富な研究者のみで小規模に構成し，調査期間は最長でも1週間までとして，被災地への負担に配慮して現地調査は開始された。このような小規模の現地調査を実施した後，地震発生から1カ月後の4月11日以降は各調査者の判断で現地調査を行うこととされた。ただし，調査メンバーや調査地点，調査期間，調査結果などの現地調査に関する情報の共有は継続し，被災地への配慮に重きをおいた現地調査が行われた。そして，震災から4カ月あまりたった7月16日に大阪で合同調査グループ

の全体報告会が実施された。報告会の前半では各地域の調査結果，後半では各学会および各機関の視点やアプローチからの調査・解析結果についての発表が行われた。報告会の予稿集および発表者のスライドの一部は合同調査グループの情報共有用サイト(9)からダウンロードが可能である。この全体報告会をもって合同調査グループとしての主な活動は終了した。

4 現地調査からわかった津波の特徴

合同調査グループ(6)による津波に関する調査結果を図2-8に示す。○が津波の遡上高，×が浸水高である。遡上高とは，津波が陸域に遡上し，最も高いところに達して止まった時の高さである。浸水高とは，津波が遡上している途中の高さである。いずれの高さも，津波が来襲しなかった場合の海面からの高さで表している。もともと津波は位置エネルギーとして沖合で発生しているが，海を伝わってくる途中では位置エネルギーと運動エネルギーが変換を繰り返しており，両エネルギーが混在している。遡上高は来襲した津波が最終的に位置エネルギーのみに戻った状態であるのに対し，浸水高は津波がまだ流速をもっているため位置エネルギーと運動エネルギーが混在している状態である。よって，一般的には遡上高の方が浸水高より高くなる。今回の現地調査でも，全体的にはこのような傾向が現れている。調査結果の中で最も津波が高かったのは岩手県大船渡市で40.1mの遡上高となっている。この地点から南北に離れるにしたがって津波の高さは低くなる。なお，合同調査グループの調査結果は合同調査グループの情報共有用サイト(9)からダウンロードが可能である。

以下，現地調査からみえてきた津波の特徴を述べる。

(1) 想定を超えた津波

宮城県においては，東日本大震災が発生する前にすでに津波ハザードマップが作成されていた。図2-9に南三陸町志津川地区における津波ハザードマップ(10)を示す。1960年に来襲したチリ地震津波により生じた実際の浸水域と宮城県沖（連動型）地震により想定されていた浸水域が示されている。宮城県沖（連

第2章　津波のメカニズムと特性

図2-8　合同調査グループによる東北地方太平洋沖地震津波の高さの分布（リリース2011 11 10版を使用）[6]

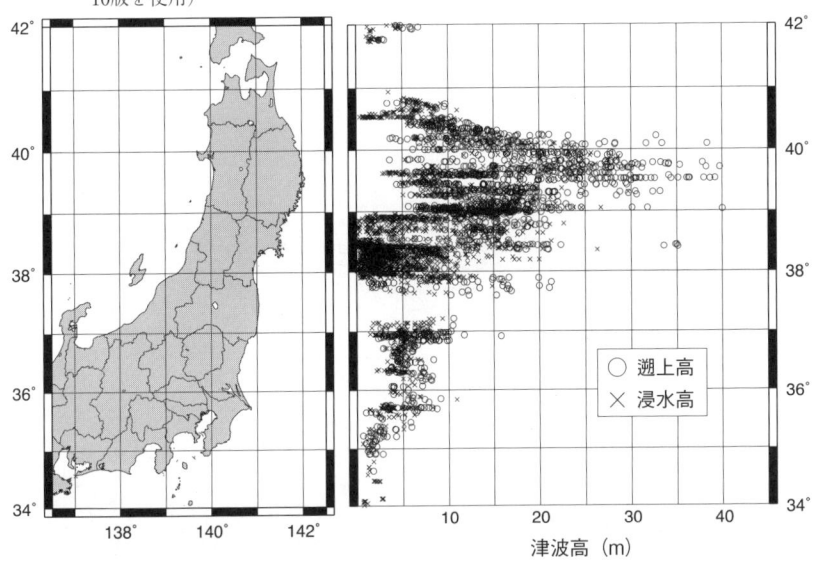

図2-9　宮城県南三陸町志津川地区における津波ハザードマップと調査地点

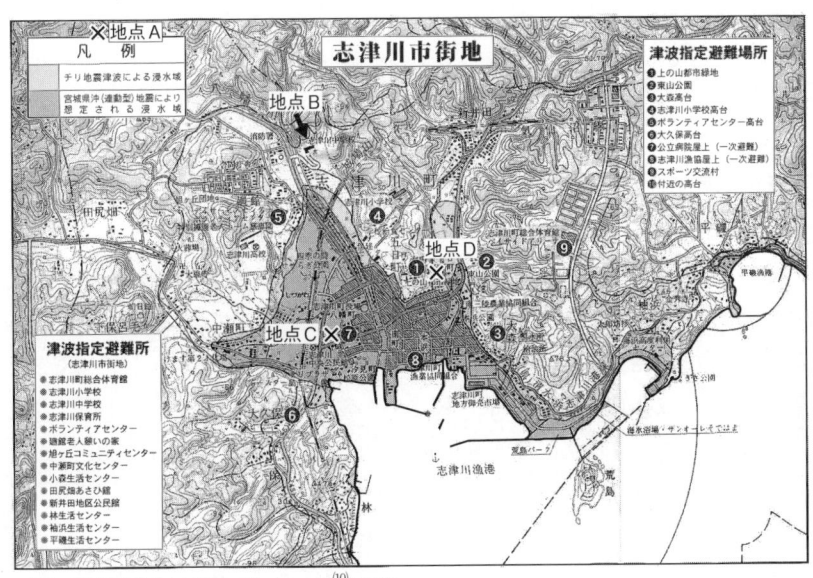

（注）宮城県が作成した津波ハザードマップ[10]に加筆。

第Ⅰ部　地震・津波・原発事故のメカニズム

写真2-1　津波の最高遡上地点

動型）地震とはこの地域で発生が懸念されていた地震である。

　志津川地区での現地調査から判明した津波の最高遡上地点を図2-9の津波ハザードマップ上に示したのが地点 A である。東日本大震災前に想定されていた浸水域を大きく超えていることがわかる。地点 A 付近での被害の様子を**写真2-1**に示しているが，津波は遡上する途中の家々を破壊しながら，それらの残骸を山の麓まで運んできていた。海から直接運ばれて来た船もみえる。

　地点 B は志津川中学校であり，高台となっている。この場所から市街地を見渡した様子を**写真2-2**に示すが，ほぼ壊滅状態であることがわかる。また，海岸付近の公立志津川病院（地点 C）は避難所に指定されていたが，4階まで津波が来襲しており（**写真2-3**），屋上に避難できなかった半数以上の入院患者が死亡している。また，市街地の東側にある3階建てビル（地点 D）では，津波により運ばれた車が屋上にまで打ち上げられていた（**写真2-4**）。

　このように宮城県南三陸町志津川地区では，想定を大きく超えた津波が来襲していた。

第2章　津波のメカニズムと特性

写真2-2　志津川中学校（高台）からみた市街地

写真2-3　公立志津川病院の被害

第Ⅰ部　地震・津波・原発事故のメカニズム

写真2-4　ビルの屋上に運ばれた車

（2）想定に近かった津波

　岩手県でも宮城県と同様に，東日本大震災が発生する前にすでに津波ハザードマップが作成されていた。図2-10に釜石市における津波ハザードマップを示す。1896年に発生した明治三陸地震津波，1933年に発生した昭和三陸地震津波，想定宮城県沖連動地震津波による最大の浸水範囲と浸水深が示されている。

　現地調査を行った地点の例として，地点Eにおける被害の様子を写真2-5に示す。津波は建物の1階部分に大きな被害を与えていたが，2階までに浸水していなかった。津波ハザードマップで想定されていたこの地域の浸水深は1m以上2m未満であり，それを著しく超えるほどの津波は来襲していなかったことがわかる。また，地点Fにおける被害の様子を写真2-6に示すが，ビルの2階まで津波が浸水している。この地域は津波ハザードマップによると2m以上4m未満の浸水深が想定されており，ほぼそれに近い状況が発生している。すなわち，釜石市のこの地域を襲った津波は，南三陸町志津川地区などのように想定を大きく超えることはなかった。

　この原因としては，最大水深63mの湾口に築かれていた釜石湾口防波堤（写真2-7）の効果が大きかったと考えられる。この湾口防波堤は津波により

第2章　津波のメカニズムと特性

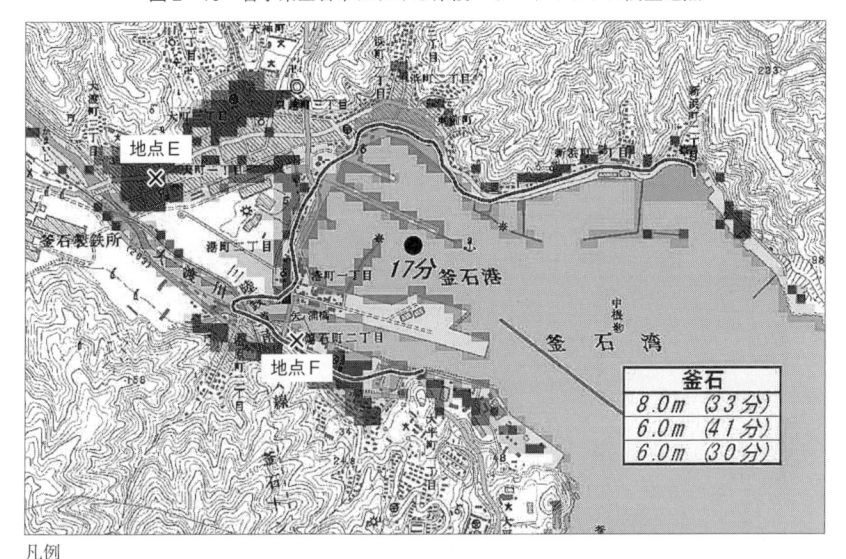

図2-10　岩手県釜石市における津波ハザードマップと調査地点

凡例
　□50cm未満　■50cm以上1m未満　■1m以上2m未満　□2m以上4m未満　■4m以上6m未満　■6m以上

（注）　岩手県が作成した津波ハザードマップ[11]に加筆。太線は1960年チリ地震津波の浸水範囲（実績）。

破損しており，海面上に出ている部分は歯抜け状態になっている（写真2-8）。しかし，上述したように津波は海底から海面までのすべての海水が運動するため大きなエネルギーを有しているが，湾口防波堤はそのエネルギーの多くが湾内に侵入することを阻止したと考えられる。また，壊れる過程においてもエネルギーを減衰させている。すなわち，湾口防波堤は市街地を襲う津波の高さを減じたとともに，市街地に達する時間も遅らせ，住民が避難することを助けてくれていたのである。

　津波防災の主役は住民であり，最も重要な防災対策は避難である。しかも，東日本大震災の直後は住民の危機意識や防災意識が高くなっている。しかし，5年後，10年後にも住民の危機意識が高いままであるという前提で防災を行っていくことは危険である。もちろん高い防災意識を維持していく努力が必要であるが，それと同時に避難を助けてくれるハードウェアの整備も同様に必要である。すなわち，ソフトウェアとハードウェアが連携した津波に強いまちづく

第Ⅰ部　地震・津波・原発事故のメカニズム

写真2-5　釜石市の市街地（地点E）における被害の様子

写真2-6　釜石市の市街地（地点F）における被害の様子

第 2 章　津波のメカニズムと特性

写真 2-7　釜石湾口防波堤（東日本大震災の発生前）

（出所）　Google マップに加筆。

写真 2-8　釜石湾口防波堤（東日本大震災の発生後）

りを考えていくことが重要である。

（3）自動車での被害と自動車による被害

　筆者はこれまでに10回以上災害調査を実施しているが，その多くはインドネシアやパプアニューギニア，バヌアツなどの発展途上国であった。発展途上国とわが国のような先進国における市街地を比べて，決定的に違うことがある。

第Ⅰ部　地震・津波・原発事故のメカニズム

写真2-9　東日本大震災後の釜石市街での渋滞の様子

それは街の中を走っている自動車の数である。

　写真2-9に示したのは東日本大震災後の釜石市街地の様子である。多くの自動車が渋滞を引き起こしている。実はこのような渋滞は地震発生直後，津波が来襲する前にも生じていたことが住民の証言からわかっている。多くの住民が自動車で避難しようとして，渋滞が発生してしまっていた。そして，そこに津波が来襲し，多くの住民が自動車ごと津波に飲み込まれていったのである。自動車による避難がいかに危険であるかを示した事例であろう。さらに，津波によって流された自動車は，次に漂流物となって街を襲うことになる（写真2-10）。すなわち，自動車で避難することにより発生する被害と自動車が拡大させる街の被害といった両面の特徴が存在していた。

（4）市街地での複雑な流れ

　写真2-11は東日本大震災後に撮影した釜石市街の主要道路である。わが国の市街地ではこのような主要道路に平行して，また交差して多くの道路が整備

第 2 章　津波のメカニズムと特性

写真 2-10　漂流物となって街を襲った自動車

写真 2-11　釜石市街の主要道路

第Ⅰ部　地震・津波・原発事故のメカニズム

写真2-12　釜石市街の主要道路と交差する路地

されている（写真2-12）。道路は人や自動車が通行しやすく作られているが，津波にとっても流れやすい場所であり，大量の海水が流入してくる。そして，様々な道路を流れてきた津波は合流し，また分岐し，複雑な流況が市街地では発生する。

（5）防災機能の付加

　東日本大震災が発生する前に作成されていた宮城県仙台市若林区荒浜付近の津波ハザードマップを図2-11[12]に示す。宮城県沖（連動型）地震により想定されていた浸水域が示されているが，海岸に沿った狭い範囲のみに津波が来襲すると予想されていたことがわかる。

　しかし，実際には数km内陸部まで津波は遡上していた。この地域では海岸線に平行して盛土された東部道路が走っており，津波はそこまで来襲している。この東部道路の周辺を調査してみると，東部道路の海側に位置する地点Gには津波によって運ばれて来た土砂や建物の残骸，自動車などが一面に溜まって

第 2 章　津波のメカニズムと特性

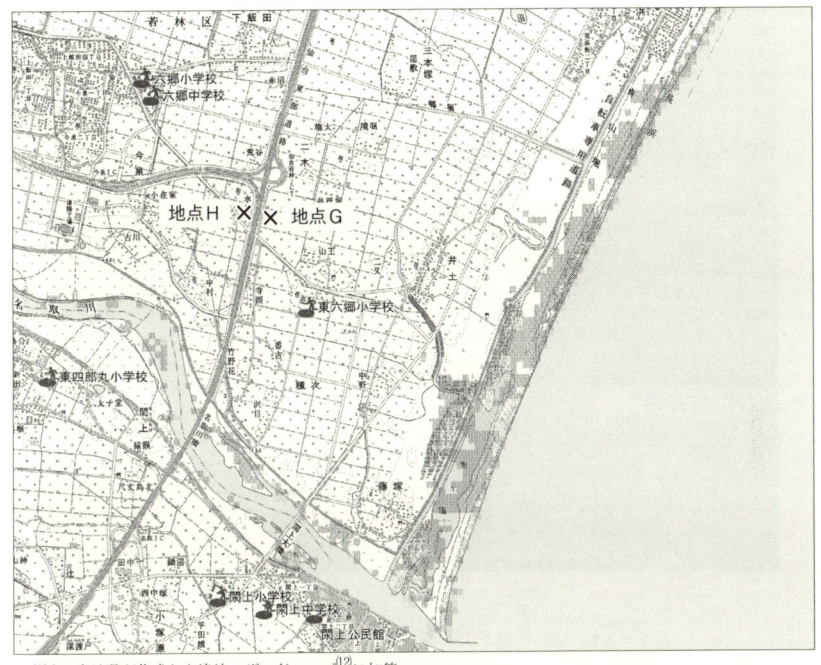

図 2-11　宮城県仙台市における津波ハザードマップ（一部）と調査地点

（注）　宮城県が作成した津波ハザードマップ[12]に加筆。

いた（写真 2-13）。一方，東部道路の陸側の地点 H では家を破壊するほどの浸水は起こっていない（写真 2-14）。すなわち，盛土された東部道路が堤防の役目を果たしていたことがわかる。もちろん，東部道路は津波に備えて盛土されていたわけではないが，通常の公共施設にも防災機能を付加できることを示した事例である。

　実はこのような事例は他の地域や津波でもみることができる。例えば，2004年に発生したインド洋津波はタイのプーケットを襲った。プーケットのカロンビーチにおける津波の高さは4.5m にも達しているが，海岸付近に建っていたリゾートホテルは被害を免れていた。ところが，同じカロンビーチでも南部に行くと多くの建物が全壊する被害が発生していた。このような被害の差が生じた原因は海岸線に沿って走っていた道路であった。北部のリゾートホテルの前面では道路が海岸線より高い場所を通っていたため（写真 2-15），防波堤の役

75

第Ⅰ部　地震・津波・原発事故のメカニズム

写真2-13　東部道路の海側（地点G）の被害の様子

写真2-14　東部道路の陸側（地点H）の被害の様子

第2章　津波のメカニズムと特性

写真2-15 背後のホテルを守ったプーケットの海岸道路

目を果たしていた。しかし，南部では道路が海岸線とほぼ同じ高さであったため，津波は背後の建物を直接襲い，大きな被害が発生していたのである。

このように通常の構造物であっても，設計を工夫することにより防災機能を付加することが可能となる。東北地方太平洋沖地震津波のように発生頻度が極めて低い超巨大津波に対して，従来のように海岸保全施設だけで備えるのは財政的に困難である。今後は様々な構造物を総合的に組み合わせて，街として災害に強い構造を考えていくことが必要である。その際にはソフトウェアとハードウェアをどのように有機的に連携させるかが重要となるであろう。

注
(1) 気象庁「『平成23年（2011年）東北地方太平洋沖地震』について」第28報，2011年3月。
(2) 高橋智幸・小沼知弘「2004年インド洋大津波が示した現在の津波警報システムの問題点」『海岸工学論文集』第54巻，2007年。
(3) 河合弘泰・佐藤真・永井紀彦・川口浩二「東北――四国沿岸のGPS波浪計ネットワークで捉えた2010年チリ津波」『土木学会論文集B2（海岸工学）』Vol. 66, No. 1, 2010年。
(4) 鈴木由美・児島正一郎・高橋智幸・高橋心平「人工衛星画像を用いた津波の発生

およひ伝播観測に関する検討」『海岸工学論文集』第52巻, 2005年.
(5) 高橋心平・高橋智幸・児島正一郎・小沼知弘「後方散乱強度を指標とした遠距離海洋レーダによる津波検知に関する基礎的研究」『海岸工学論文集』第54巻, 2007年.
(6) 東北地方太平洋沖地震津波合同調査グループ「2011年東北地方太平洋沖地震津波に関する合同現地調査の報告」『津波工学研究報告』第28号, 2011年.
(7) 東北地方太平洋沖地震津波合同調査グループ「東北地方太平洋沖地震津波に関する合同調査報告会予稿集」2011年.
(8) 河田惠昭・高橋智幸・今村文彦・松冨英夫・藤間功司・都司嘉宣・松山昌史「1998年パプアニューギニア地震津波の現地調査」『海岸工学論文集』第46巻, 1999年.
(9) 東北地方太平洋沖地震津波合同調査グループ「東北地方太平洋沖地震津波情報共有サイト」(http://www.coastal.jp/ttjt/ 2011年8月16日アクセス).
(10) 宮城県「津波ハザードマップ(南三陸町〔志津川〕)」(http://www.pref.miyagi.jp/sabomizusi/bousai/bou-ht5-1.html 2011年8月16日アクセス).
(11) 岩手県「岩手県津波浸水予測図」(http://www.pref.iwate.jp/~hp010801/tsunami/yosokuzu_index.htm 2011年8月16日アクセス).
(12) 宮城県「宮城県第三次被害想定調査津波浸水域予測図」(http://www.pref.miyagi.jp/kikitaisaku/jishin_chishiki/tunami/yosokuzutop.htm 2011年8月16日アクセス).

(高橋智幸)

第3章
福島第一原発事故とその影響

1　福島第一原発事故の発端

　2011年3月11日14時46分，マグニチュード9.0の東北地方太平洋沖地震の発生とともに茨城から宮城にいたる東日本一帯に設置されている原発のいずれも制御棒を全挿入し原子炉はスムーズに停止した。その後大津波の来襲によって福島第一原子力発電所では13台ある非常用ディーゼル発電機が空冷の1台を除き水没あるいは海水冷却不能になって，1号機から3号機では炉心冷却が不能になり，50年にも及ぶわが国の原子力開発の歴史上初めての水素爆発，炉心溶融といった甚大な災害に立ち至った。

　本章はまず原子力発電の概要と安全システム，事象の経過を概観し，今回の災害で問題となった事項，そして原発事故の及ぼす社会的な問題などについて述べる。

2　核分裂・原子力発電の概要

　現在，わが国の原子力発電所は沸騰水型原子炉（BWR），加圧水型原子炉（PWR）であり，いずれも軽水炉である。軽水炉では熱中性子が分裂性ウラン^{235}Uに衝突し，これがバリウム，クリプトンなどの原子に分裂して，同時に発生する高速中性子は軽水によって減速して熱中性子となる。余計な中性子は制御棒で吸収され，統計的に1回の分裂で発生した中性子が次の分裂を1回引起す状態（臨界）が維持されたものが原子炉である。この分裂によって莫大な熱エネルギーが放出されるため，原子炉の健全運転には冷却が欠かせない。原子

炉の基本的な構成要素として，燃料，減速材，冷却材，制御棒，そして放射線の外部への射出を防ぐための遮蔽が挙げられる。減速材の種類，冷却材の種類によって原子炉は分類され，上記のBWRやPWRは軽水減速・軽水冷却・熱中性子炉である。

核分裂によって発生した熱は炉心をめぐって循環する水によって冷却され，BWRでは炉心で，PWRでは蒸気発生器において蒸気を発生させ，タービン・発電機に供給される。

福島第一原発の1号機（BWR）の蒸気圧力は6.65MPaである。原発は工業熱力学的には飽和蒸気ランキンサイクルの範疇に入り，原子炉を化石燃料の燃焼室に置き換えれば，火力発電所も基本的には変わらない。ただし火力発電の場合，最新のものでは蒸気圧力31MPa，蒸気温度620℃にまで達し，その熱効率はガスタービン・蒸気タービン複合（コンバインド）発電の場合，ガスタービン入口温度を1500℃とすると低位発熱量ベースで60％程度にまで達している。一方，過熱蒸気を用いない原発は33〜35％程度にその熱効率が抑えられている。

熱機関においては投入したエネルギーに対して有効な仕事（電気エネルギー）に変換できるのはその一部である。福島第一の1号機では1380MWの発熱に対して出力が460MWで，残りの920MWの大部分は復水器を通じて環境（海水）に放出されている。海水の温度上昇幅は7K（℃）程度に制限したとしても，単純計算で1秒間に33tあまりの海水を復水器に投入しなければならない。このことが，日本では原発を内陸でなく海岸に置く理由の一つである。ヨーロッパや米国のように内陸部に火力や原子力の発電所を置く場合には，大気中に放熱することになり，大きなクーリングタワーを必要とする。また，設備容量が大きくなればこの冷却用海水量も増加する。

原子炉では核分裂反応とともに核分裂生成物（セシウム，ヨウ素など）が生成され，燃料被覆管内に閉じ込められている。核分裂生成物はα線やβ線を出して自然崩壊するが，半減期は物質によって様々で，ヨウ素131で8日，キセノン135で9日，セシウム137は30年程度となる。そしてこの崩壊の際に発生する熱を崩壊熱という。崩壊熱は原子炉停止直後には熱出力の10％弱，1分後には3％程度，

100日で0.2％，1年後で0.15％程度である。熱出力1380MWでは1年後においても2MW程度の発熱が継続する。この崩壊熱の存在が火力ボイラと決定的に異なる点で，たとえ原子炉が冷温停止状態であっても冷却が必要な理由である。

3　原子力開発の経緯

　原発の本格的な技術開発は1953年の米国大統領アイゼンハワーの国連における「Atoms for peace」演説から始まった。米国では独立行政機関として1946年に Atomic Energy Commission（AEC，合衆国原子力委員会）が設置されていた。1954年の原子力エネルギー法改正により，商用の原子力開発が可能になったと同時に，AEC は原子力の推進と規制を一手に担うようになった。しかし一方で推進と規制の両面を担うのは問題であるとして，AEC は1974年に廃止され，規制は Nuclear Regulatory Commission（NRC，合衆国原子力規制委員会）へ，そして推進は Energy Research and Development Administration（ERDA），後に United States Department of Energy（DOE，エネルギー省）に吸収（1977年）された。NRC は大統領に選ばれた委員が5名のコミッショナーの長としてスポークスマンをも兼ねる。また傘下に複数の研究所を有し，4000名に及ぶスタッフを抱えている（Haskin *et al.*, 2002, Mazuzan & Walker, 1984）。

　わが国も1955年に原子力基本法などいわゆる原子力3法を制定して翌1956年原子力委員会を発足させ，総理府内に原子力局を設置し，本格的な原子力発電技術開発に参入した。一方，米国では1958年から60年にかけて加圧水型原子炉（PWR），沸騰水型原子炉（BWR）の発電所が相次いで運転開始（運開）されたが，1961年には早くも Stationary Low-Power Plant No. 1 (SL-1) で暴走事故を起こしている。わが国では日本原子力発電が英国型ガス炉（コールダーホール型）を導入し，1965年に運開している。原子力3法成立とともに日本原子力研究所が設立され，原子力技術開発と安全研究を始めた。また1967年には動力炉核燃料開発事業団が設立された。本格的な発電用原子炉としては米国 General Electric Co.（GE），Westinghouse Electric Co.（WH）の軽水炉が1970年から1971年にかけて日本原子力発電，東京電力（BWR），関西電力

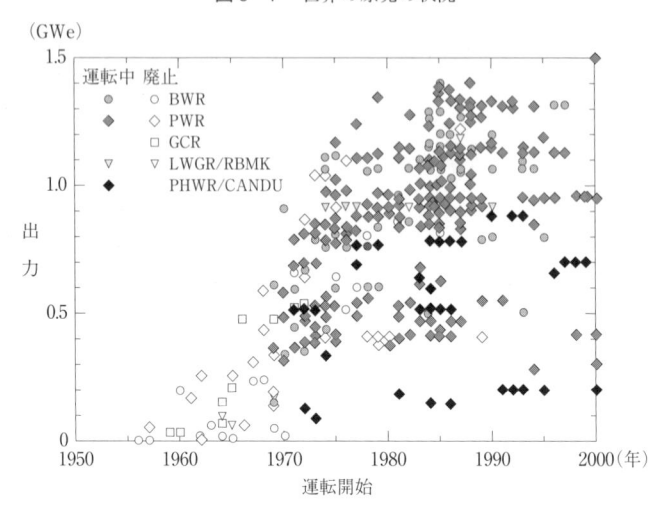

図 3-1 世界の原発の状況[1]

(PWR) に導入された。以降の原発の設置は急速で，現在では54機にまで達している。このような状況は図 3-1[1] に示すように世界的にも同様で，特に1970年以降急速にその容量が大きくなっており，現在では1400MW 程度にまで達している（日本原子力産業会議，2011）。

原子力の安全をめぐって，わが国でも1978年に原子力委員会から原子力安全委員会を分離し，現在ではともに内閣府に置かれている。原子力安全委員会は米国 NRC に似て5名の委員で構成されるが，内閣総理大臣に対する諮問機関として位置づけられる。なお NRC のように研究機関をもたないが，必要に応じて多くの専門委員を抱えることが可能となっている。しかし日本においては安全行政検査などの実務は，経済産業省に設置されている原子力安全・保安院がこなし，安全委員会はそれを監視監督することが日常業務であり，危機事象に対してリーダーシップを発揮して対応に当たるような権限はないとみるべきであり，米国の NRC と比較して対照的である。

米国では SL-1（1961年），Browns Ferry 原発火災（1975年）などを代表として事故が発生していたが，世界的にも大きくインパクトを与えたのは，Three-Mile Island 原発2号機（TMI-2）の当時史上最大といわれた冷却材喪失事故で

あった。比較的軽度のトラブルから出発してオペレータの判断ミスも加わり，原子炉安全の基本といわれる「止める」，「冷やす」，「閉じ込める」のうちの冷やす機能が損なわれ，炉心溶融（部分的）が発生し，周辺住民の避難にまで発展した。原発には，"Defense in depth"（多重防護）の標語のもと，Design Basis Accident（設計基準事故）を想定して，非常用炉心冷却系（ECCS）が設置されていたが，ヒューマンファクターによって容易にその機能が損なわれたことそのものが，原子力安全研究にも大きな影響を与えた。すなわち TMI-2 事故以降，小破断によるプラントや冷却材挙動に与える影響や炉心溶融を含む Severe accident（シビアアクシデント）の研究が盛んに行われるようになったのである（Collier & Hewitt, 1987）。

想定外事故であるシビアアクシデントについては米国では NUREG-1150[(2)]（U. S. NRC, 1990）を代表として多くの研究が行われてきた。また NUREG-6042（Haskin *et al.*, 1993, Revised Version 2 は 2002）には多くの実例とともに明確にシビアアクシデントについて記述され，基本的なテキストとしても非常によいものができ上がっている。

わが国におけるシビアアクシデント研究は原子力安全委員会による「安全研究年次計画（1983）」に基づいて本格的に開始されたが，大規模実験は米国 NRC に依存し，国内では原研を中心として要素研究的色彩の強い炉内燃料損傷や損傷炉心冷却性に関する実験・解析コード開発が行われた（日本原子力学会，1993）。日本原子力学会においても，シビアアクシデントに関する特集（日本原子力学会，1993）や，特別委員会（日本原子力学会，1999）において State-of-the-Art レビューを行い，要素還元的理解についてはかなりのレベルに達していたし，また解析コードについてもかなりの整備がなされていた。

原子力は特に大規模な実験が困難であり，また実績が世界的にみても440基程度で火力ボイラからすればかなり経験不足であるともいえる。しかし，原子炉や蒸気発生器における熱流動の過渡特性やシビアアクシデント研究が盛んに行われるようになった1970年以降はコンピュータの発達と計算技術の目覚ましい発展期に対応し，コンピュータシミュレーションによる安全解析に関しては非常に多くの成果が発表されている（赤川，2007）。言い換えれば原子力分野で

はコンピュータによるシミュレーションが中心的な柱をなし,過酷な事象もコンピュータ上に難なく実現できる。しかし一方で,事象の時間進行,程度,状況に実感が伴わない。現実から離れたところで計算が行われてきたといえば言いすぎだろうか。危機に対して実体験のあるなしは致命的な影響をもつ。

4　福島第一原発の仕様

　福島第一原子力発電所の原子炉の仕様の概略を表3-1[3]に示しておこう。原子炉はいずれもBWRで,最も古い1号機は第三世代の原子炉BWR-3であり,圧力容器を取り囲む格納容器はこれも初期のMark-Iと呼ばれる形式のもので,いずれも米国GE社が開発したものである。わが国においては,原子力分野に限らず航空機,大型舶用ディーゼル,大型火力ボイラ,ガスタービンなど多くの技術分野で,自主技術開発プロジェクトを進行させる一方で,まず米国など海外からの技術導入が行われ,順次国産化を図っていく手順がとられている。事実,2号機はGE社と東芝が共同して製造したもので,原子炉形式はBWR-4,以降順次設置された3号機～5号機は東芝,日立の日本企業が主契約者となった。6号機は格納容器がMark-IIと新しくなり,これも2号機と同様GEと東芝の共同となっている。

　1号機は電気出力460MW,熱出力は1380MW（おおよそ電気出力の3倍）である。炉心には直径10mm長さ10mmの燃料ペレットを多数封入したジルコニウム合金製の燃料被覆管を燃料棒とし,これを7×7の格子配列した燃料集合体400体（69tの燃料）が装荷されている。集合体数が増加すると熱出力も当然増加する。また制御棒は97本である。

　沸騰水型原子炉では圧力容器上部には汽水分離器などの上部構造物があるため,制御棒は圧力容器下部から押し込む形となっている。圧力容器は1号機で内径4.8m,高さ20m,容器厚さ160mmの鋼鉄製である。圧力容器を取り囲む格納容器は鋼鉄製の容器の周りをコンクリートで固めたもので,周囲にドーナツ型の圧力抑制プールと放射状にでた連絡管で結ばれている。この圧力抑制プールの水量は1号機で1750tあり,圧力容器減圧操作時の放出蒸気の凝縮に,

表3-1 福島第一原子力発電所の仕様[3]

設備概要	1号機	2号機	3号機	4号機	5号機	6号機
建設着工	1967	1969	1970	1972	1971	1973
営業運転開始	1971	1974	1976	1978	1978	1979
原子炉形式	BWR-3	BWR-4	BWR-4	BWR-4	BWR-4	BWR-5
格納容器	Mark-I	Mark-I	Mark-I	Mark-I	Mark-I	Mark-II
国産化率	56	53	91	91	93	63
主契約者	GE	GE・東芝	東芝	日立	東芝	GE・東芝
電気出力（MWe）	460	784	784	784	784	1,100
原子炉熱出力（MWt）	1,380	2,381	2,381	2,381	2,381	3,293
燃料集合体数	400	548	548	548	548	764
制御棒本数	97	137	137	137	137	185
圧力抑制プール水量(ton)	1,750	2,980	2,980	2,980	2,980	3,200
蒸気圧力（MPa）	6.65	6.65	6.65	6.65	6.65	6.65
圧力容器最大圧力(MPa)	8.24	8.24	8.24	8.24	8.62	8.62
圧力容器最高温度（℃）	300	300	300	300	302	302
格納容器最大圧力（MPa）	0.43	0.38	0.38	0.38	0.38	0.28
格納容器最高温度（℃）	140	140	140	140	138	171/105[1]
非常用ディーゼル発電機	2	2	2	2	2	3[2]
3/11時点でのプラント状況	運転中	運転中	運転中	燃料交換停止[3]	燃料交換停止	燃料交換停止

(注) 1) 171/ドライウェル，105/圧力抑制プール。
2) 内1台は空冷。
3) 全燃料が燃料貯蔵プールに移動。

また緊急時の炉心注入冷却水源となることが想定されている。またこのMark-I格納容器では，原子炉建屋上部に使用済み燃料プールを有している。

5　事象経過

福島第一原発1号機の事象経過をIAEAへの報告書（原子力災害対策本部, 2011）に基づいて時系列的に述べよう。[4]

3月11日14：46の地震発生による加速度を検知して直ちに原子炉スクラム，制御棒全挿入，タービントリップと予定通りの対応が始まった。地震によって

第Ⅰ部　地震・津波・原発事故のメカニズム

図3-2　BWR-3/Mark-Ⅰ原子炉の安全システム[5]

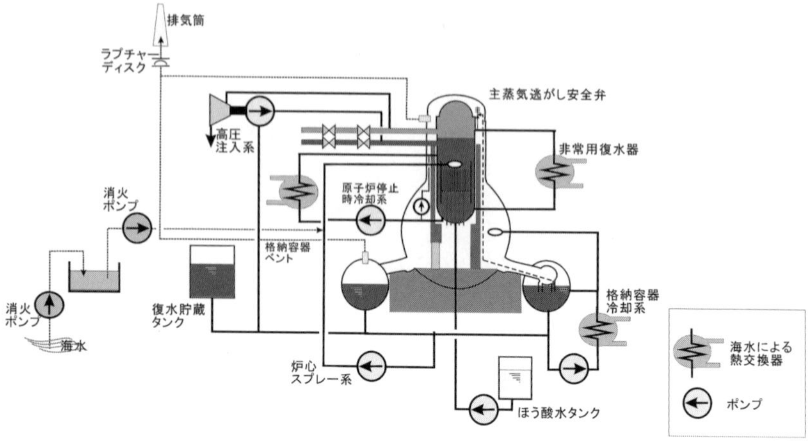

外部電源（系統電源）が止まり，直ちに非常用ディーゼル発電機が起動した。1号機には図3-2[5]に示すように非常時の安全装置として，非常用復水器，原子炉停止時冷却系，高圧注入系，炉心スプレー系（低圧），格納容器冷却系などが設置されている。高圧注入系，炉心スプレー系は圧力抑制プールの水および復水貯蔵タンクの水を直接炉心に供給するものである。一方，非常用復水器，原子炉停止時冷却系にはいずれも海水を用いた熱交換器が設置されており，当然，海水ポンプを必要とする。また原子炉停止時冷却系は水の循環注入にポンプが必要である。格納容器の圧力抑制プールの水も海水を用いた熱交換器によって冷却されるようになっており，15：10にはこの格納容器冷却系が起動した。ここまでは特に問題なく，フェイルセーフ機構としての非常用安全システムが順調に作動したようである。15：37に高さ約14ｍの津波が原発敷地に到来し，タービン建屋の1階に設置されていたディーゼル発電機およびおそらく配電盤が水没し，全交流電源喪失の事態に立ち至った。これを受けて15：42に原子力災害対策特別措置法[6]（原災法，1999年制定）の第10条に該当する事態に立ち至ったとの判断から，通報が行われた。

　16：36には水位確認不能のため注水状態を確認することができなくなり，原災法第15条事象（非常用炉心冷却装置による注水不能）に該当する事象が発生したとし

第 3 章　福島第一原発事故とその影響

て通報した。これはのちに一度水位が確認できたとして解除されるが，17：07に再び15条事態となる。3月12日0：49には格納容器内圧力が設計圧力を超えたとして15条通報，05：46にようやく消防ポンプによる淡水注入，さらに10：17にベント（格納容器の減圧操作）を開始した。一般に，減圧操作は原子炉圧力容器の主蒸気逃し安全弁を開放して圧力容器内の蒸気を圧力抑制プール内の水によって直接凝縮させるもので，抑制プールの水冷却が確保できなければ放出蒸気は冷却されず，格納容器内圧力が上昇することになる。格納容器の設計圧力は0.43MPaで，これを超すような事態になれば，弁やラプチャーディスクを開放して排気塔を通じて建屋外に蒸気を放出する。これをベントと呼んでいる。

　3月12日12：55の時点で圧力容器内水位は燃料棒の上端より1.5～1.7m下になっていたとするが，水位やその他圧力，温度などの計測の信頼性に大きな問題があったので，実際の数値は不明である。しかし1号機の崩壊熱を13.8MW（2時間後の設定）とすれば，単純な熱計算から蒸発によって1秒当たりおおよそ0.5mmずつ水位が低下することになる。これは1時間当たりに直すと1.8mに相当する。したがって実際にはずいぶん前から燃料棒の露出が続いていたと判断するのが妥当であろう。

　15：36に建屋内の上部で水素爆発が発生。蒸気―ジルコニウム反応によって形成された水素が，圧力容器の一部もしくは格納容器が破損していたためか，あるいは排気塔につながったベント配管とは異なる箇所からベントしたのか不明であるが，いずれにしても原子炉建屋上部に蓄積したためであろう。19：04に至ってようやく海水注入が実施され，その後ホウ酸水も追加的に注入された。日本政府が炉心溶融を認めるよりも以前の3月27日付レポート（Braun, 2011）でAreva社（フランスの有力原発メーカー）は炉心溶融が生じていたとの説明をしている。

　米国ではTMI-2以降盛んにシビアアクシデント研究が行われてきたことを述べたが，日本でも原子力安全・保安院の連携組織である原子力安全基盤機構は，BWR-4/Mark-I型原子炉を対象として行った全交流電源喪失時のシビアアクシデントの数値シミュレーション（原子力安全基盤機構，2010）を行い，炉心の冷却機能が失われてから約50分後には燃料棒が露出し，約2.4時間後に燃

料落下開始，約3.3時間後に原子炉圧力容器破損，約15.7時間後に格納容器の過温破損の予測をしている。このようなシビアアクシデント研究の成果が現場技術者，運転員，電力会社社員，経営陣，そして何より政府そのものの間で，共通認識としてもたれていれば，全交流電源喪失後もっと早い時期に圧力容器の減圧操作と海水注入に移行できたと思うが，どうだろう。今回のような非常事態対応においては「時間発展の速さ」（時定数）に対する認識が必須である。

　原災法によれば，原子力における緊急事態（15条該当事象）に対して内閣府に原子力災害対策本部を設置し，対策本部長は内閣総理大臣が務めることになっている。したがって，福島第一原発１号機における15条事象に対して法律上は総理の了承なくしては動けないことになる。原子力安全・保安院発表の資料[7]によれば災害対策本部が順次避難指示を出していたのは明らかで，このことは，災害対策本部において原災法に基づく指揮・命令が行われていたことを示している。現場と対策本部の間の情報の混乱が大きな理由かもしれないが，内閣総理大臣は周辺住民だけでなく原子炉そのものの処置に対しても責任をもっていたはずで，さすれば時間発展対応が遅すぎた（12日19：55，IAEAへの報告書では17：55に至ってようやく海水注入命令が出た）といわざるを得ない。また冷却用の淡水がなければ海水を用いるほかなく，しかし海水を用いることは即廃炉を意味する。事業者に一瞬のうちに廃炉の決断ができるかどうか，かなり疑問である。だからこそ住民の安全と健全な原子力技術の発展に責任をもつ最高権力者の立場から対応策（廃炉も含まれる）の決断ができるようにしたのがこの法律の趣旨だと思う。また原子力３法の成立以降，国が主導し，いわば国家的エネルギー戦略の一つとして原子力発電を促進してきたはずで，今回の事故について発電事業者の責任だけに押し込めるのはかなり無理がある。

　さらに災害対策本部の対応として大きな問題ありと思われる事項を指摘しておこう。一つは避難範囲の設定の順序である。つまり3km から始まって10km，20km と拡大する方向しかみえない。NRC の教科書ともいうべきレポート NUREG-6042によれば住民避難の目安は半径 $[km] = 0.016 P^{1/2}$，ここで P は熱出力で，kWt 単位で与えるとしている。熱出力 3000MWt の発電所では30km 弱という値となる。しかもまずは大き目に網をかけ，事態の推移をみな

がら安全と判断できる地域については順次緩和していくとしている。おそらく住民の被害感情を和らげるといった配慮も組み込まれているのだろう。逆に順次広げていくとその先には希望が見通せない。

　第2番目は，今回の原発事故の最終責任，つまり無限責任は当該事業者が担うべきとして，早々と政府が事業者を支援する側に回ってしまったことである。しかも政府は本稿執筆時点では，原子力災害に伴う損害賠償については，原発を有する電力会社（沖縄電力を除く9電力）の供託金と政府の拠出金で支えるという原子力損害賠償支援機構法案（2011年7月22日現在では野党の修正提案によって国の責任も明示的になるように修正されたが）を提案しその審議が始まろうとしている（筆者注：8月3日成立）。現状の原子力損害の賠償に関する法律（原賠法，1961年制定，最終改正2009年）についての議論やその第3条の但し書き「その損害が異常に巨大な天災地変又は社会的動乱によって生じたものであるときは」を何の議論もなく封じてしまった今回の内閣総理大臣主導の政府対応は禍根を残すと思われる。このような対応は，原発を有する電力会社と危険な状況をやむなく押しつけられた地元住民との対立構造という文脈では正当化されるかもしれないし，今回の災害の直接の当事者である電力会社が責任を取るのは当然といった多くの市民がもつある種の懲罰感情からすれば必然かもしれないが，法律によって行われるべき行政行為としては不当といわざるをえない。

6　福島原発事故が残したもの

　1700年代初頭から現在までの動力技術開発は100万倍にも達する出力増加を可能にしてきた。特に1950年以降の大型化が著しい（Ishigai ed., 1999）。これは単に蒸気動力だけの成果ではなく，機械工学，電気工学，材料技術，そして特に最近のコンピュータによる計算技術と制御技術の進展の成果である。わが国の発電用燃料は，終戦直後の石炭から始まって高度経済成長期の重油（石油）に重点が移され，1973年，1979年のいわゆるオイルショック期を経て，それまでの「経済発展はエネルギー資源確保に依存する」というパラダイムからローマクラブレポート「成長の限界」（Meadows et al., 1972）に代表されるよ

うに社会・経済発展の律速要件が人口や環境にシフトしてきた。原子力発電が大きく拡大したのはまさにそのころである。それとともに火力発電が担っていた発電量のかなりの部分をベースロードとして原子力が担うようになった。さらに石油に依存していた火力もその資源確保の安定性と高効率化さらには環境負荷低減を勘案して天然ガスへのシフトが図られてきた。エネルギー資源のないわが国においては,「エネルギーセキュリティ」という標語でうたわれるように,資源確保が基幹問題であることには変わりはない。そのため石炭,石油,天然ガスそして原子力の「ベストミックス」という文脈の中で,原子力は電力に関する限りおおよそその3分の1を担ってきたのである。

　私たちの現在の生活や産業は電力インフラに支えられている。戦後復興とそのあとの経済発展は結果的に大都市集中と過疎化の同時進行を生み出した。災害に対しては脆弱な社会となってしまった過疎地域とは異なって,都市に住む人びとにとっては,金融商品ともいうべき燃料の高騰にもかかわらず,不自由さを感じない高密度輸送と高度消費経済が依然として維持されている。原発はその一方の過疎あるいはそれに近い地域に多く設置され,そこから遠く離れた大都市を支えることになってきた。つまりいったん事故が発生したら原発に起因する健康被害を主として蒙る地域と電力不足のみにおびえる地域といった別の二極化が社会を覆うようになっている。そのことに思いを致すのはもちろん重要であるが,さればといって福島原発事故を受けて,第二次世界大戦後の一億総懺悔的な発想のもと,原発はすべて悪で自然エネルギーこそが善であるかのような思考停止状態に陥ってはいけないと思う。日本における人口,経済規模と消費電力量の絶対値が格段に大きいという事実を明示せず,スペインやデンマークでは電力の20〜30％を自然エネルギーで賄っているといったある大新聞を中心とした自然エネルギー礼賛キャンペーンはわが国のエネルギー施策を誤らせることにつながりかねない。筆者は自然エネルギーや再生可能エネルギーを無視しろといっているのではない。自然エネルギー,再生可能エネルギーはそのエネルギー密度の低さ,不安定性,消費(燃焼)時間と生産(成長)時間など時間スケールの大きな違いのゆえに,ベースロード向きではなく,また昼夜の大きな負荷変動を担う揚水発電やDSS (Daily Start and Stop)・変圧運

転火力のようにはなりえないことを知った上で，利用できるところはたとえ補助金をだしても（現状では補助金なしにはコストがかかりすぎでペイしない）推進すべきといっているのである。

　政府は福島原発事故を受けて，総理大臣の要請という形をとって事実上，中部電力浜岡原発を停止させている（2011年7月現在）。原子力安全・保安院による承認を受けたあとにもかかわらずの処置であった。同じく7月に入って九州電力玄海発電所のように地元の運転再開の了解が得られた直後に全国の原発について耐力試験（ストレステスト）が必要であるとの政府方針が出され，地元の運転再開が白紙撤回されるにいたった。すなわち官庁検査であるという問題はあるが原子力発電所の安全に関する監督官庁としての原子力安全・保安院とは別に，政府から直接的に安全に関する取組方針が出されるという大変な混乱状態にたちいたっている。このような状況の中で原発の地元では容易に運転の了解を与えるはずもなく（法令ではなく電力会社と地域との協定に基づいて），原子力のみならず東日本太平洋側のかなりの数の火力も運転中止状態である東電，東北電力はもちろんのこと，中部，関西，九州などにおいて大規模なピーク電力不足が懸念されている。電力は基幹インフラであり，人体に例えれば血液にも似ている。電力不足で従前の生産活動ができず，復興に支障をきたしているこの時期に，強制的ではないにしても方向転換を迫るような施策が行われれば，突如急カーブに遭遇した自動車のように転倒する恐れ大である。大きくパラダイムシフトを図るなら，表面上の発電様式だけでなく先にも述べたように，社会そのもの，崩壊寸前の農業や林業，都市の構造，生活様式など多面的に検討し，明確な長期展望の提示が必要である。エネルギー政策は重要な国家戦略の一つであり，短期的対応と長期的展望の両方が見えなければならない。

　日本政府からのIAEAへの報告（2011年）に対して，IAEAから保安院の経産省からの切り離しなど独立性確保の提案が出されているようであるが，単に切り離しても狙いとする独立性，さらに進んで第三者性が確保できるわけではない。産業用ボイラや船舶においては事故低減のための有効な社会システムとして第三者検査が定着している（第三者検査機構研究会編，1987）。日本ボイラ協会や日本海事協会，Lloyd's Register（ロイド船級協会）などがその代表で，長

年の蓄積の上に現在の状況がある。このような仕組みは核分裂の存在以外ボイラ技術などと大きく変わらない原子力においても当てはまる（総合研究開発機構, 1977）。原子力分野においても推進そのものは国が責任をもつのは当然であるが，その安全確保のための社会システムとしては，省庁から独立した第三者機関を構築するのが最も確実な方法であると思う（Ozawa & Shibutani, 2011）。それには長年の経験の積み重ねと適切な人材育成が不可欠である。

TMI事故のあと米国では原発建設が30年程度停滞した。わが国においても当面新規建設は難しいだろう。しかし一方で丁寧に維持管理し，実績を積み重ねること，そのための人材確保と養成，同時に技術者・スタッフがプライドをもって現場で働ける社会環境が不可欠である。ベースロードを担うエネルギー源なくして自然エネルギーもスマートグリッドもあり得ないのである。

注

(1) World Nuclear Association による WNA Reactor Database（http://world-nuclear.org/NuclearDatabase/Default.aspx?id=27232　2011年7月25日アクセス）から作成。

(2) 米国NRCの出版物，多くの研究レポートがNRCのウェブサイトから入手可能。

(3) 東京電力公表資料（http://www.tepco.co.jp/nu/fukushima-np/outline_f1/index-j.html　2011年7月25日アクセス）ならびに日本電気協会新聞部編（2010）に基づいて作成。

(4) 事象の時系列抜粋（原子力災害対策本部〔2011〕による）

　　3/11　14:46　原子炉スクラム（地震加速度大）
　　　　　14:47　制御棒全挿入，タービントリップ，外部電源喪失，
　　　　　　　　非常用ディーゼル発電機起動，主蒸気隔離弁閉
　　　　　14:52　非常用復水器自動起動
　　　　　15:10　圧力抑制プール冷却のため格納容器冷却系ポンプ起動
　　　　　15:37　14m程度の津波到来，非常用ディーゼル発電機停止，全交流電源喪失
　　　　　15:42　原災法第10条通報事象（全交流電源喪失）が発生・通報
　　　　　16:36　原災法第15条事象（非常用炉心冷却装置による注水が不能）に該当する事象が発生・通報
　　3/12　00:49　ドライウェル（D/W）圧力（最高使用圧力：427kPag）が600kPaを超過の恐れ
　　　　　　　　原災法第15条事象（格納容器圧力異常上昇）に該当と判断・通報

                04：15　D/W 圧力　840 kPa
                05：46　消防ポンプによる淡水注水を開始
                10：17　ベント開始
                12：55　原子炉水位：燃料域 A-1700 mm，燃料域 B-1500 mm
                　　　　D/W 圧力：750 kPa
                15：36　水素爆発（原子炉建屋上部）
                19：04　原子炉への海水（ホウ酸なし）注入を開始
                20：45　臨界を防ぐためのホウ酸を投入開始
        3/23　02：33　消火系＋給水系により外部注入（海水）量増加
        3/24　11：30　中央制御室照明復旧
        3/25　15：37　消防ポンプによる原子炉への注入を海水から淡水に切り替え

(5) 原子力災害対策本部（2011），Mohrbach（2011）および Braun（2011）に基づいて作成。
(6) 原子力災害対策特別措置法（抜粋）（平成11年12月17日，平成18年12月22日最終改正）
   第1条　この法律は，原子力災害の特殊性にかんがみ，原子力災害の予防に関する原子力事業者の義務等，原子力緊急事態宣言の発出及び原子力災害対策本部の設置等並びに緊急事態応対策の実施その他原子力災害に関する事項についての特別の措置を定めることにより，…（中略）…。原子力災害に対する対策の強化を図り，もって原子力災害から国民の生命，身体及び財産を保護することを目的とする。
   …（略）…
   第15条　主務大臣は，次のいずれかに該当する場合において，原子力緊急事態が発生したと認めるときは，直ちに，内閣総理大臣に対して，その状況に関する必要な情報の報告を行うとともに，次項の規定による公示及び第三項の規定による指示の案を提出しなければならない。
   …（略）…
   2　内閣総理大臣は，前項の規定による報告及び提出があったときは，直ちに，原子力緊急事態が発生した旨及び次に掲げる事項の公示（以下「原子力緊急事態宣言」という）をするものとする，…（中略）…
   第16条　内閣総理大臣は，原子力緊急事態宣言をしたときは，当該原子力緊急事態に係る緊急事態応急対策を推進するため，…（中略）…臨時に内閣府に原子力災害対策本部を設置するものとする。
   第17条　原子力災害対策本部の長は，原子力災害対策本部長とし，内閣総理大臣…（中略）…をもって充てる。
   　＊ http://www.bousai.go.jp/jishin/law/002-1.html　2011年7月20日アクセス。ならびに原子力防災法令研究会『原子力災害対策特別措置法解説』大成出版，2000年，98-124頁，「第15条〜20条逐条解説」を参照した。
(7) 2011年4月4日原子力安全・保安院，原子力安全基盤機構発表資料「2011年東北

地方太平洋沖地震と原子力発電所に対する地震の被害」「5．政府が講じた措置」より抜粋（http://www.nisa.meti.go.jp/oshirase/2011/files/230411-1-3.pdf 2011年4月20日アクセス）

- 3/11　21：23　内閣総理大臣より原災法に基づき第一原発から半径3km圏内の住民に避難指示，10km圏内の住民に屋内退避指示
- 3/12　05：44　内閣総理大臣より原災法に基づき半径10km圏内の住民に避難指示
- 3/12　07：45　内閣総理大臣より原災法に基づき第二原発から半径3km圏内の住民に避難指示，10km圏内の住民に屋内退避指示
- 3/12　17：39　内閣総理大臣より原災法に基づき第二原発から半径10km圏内の住民に避難指示
- 3/12　18：25　内閣総理大臣より原災法に基づき第一原発から半径20km圏内の住民に避難指示
- 3/12　19：55　福島第一原発1号機の海水注入について総理指示，20.05総理指示を踏まえ，原子炉等規制法第64条第3項の規定に基づき，福島第一原発1号機の海水注入等を命じた（IAEAへの報告書では17時55分に経済産業大臣が海水注入を命じたことになっている）。

(8) 原子力損害の賠償に関する法律（抜粋）（昭和36年6月17日法律第147号）最終改正　平成21年4月17日法律第19号

第1章　総則

第1条（目的）　この法律は，原子炉の運転等により原子力損害が生じた場合における損害賠償に関する基本的制度を定め，もって被害者の保護を図り，及び原子力事業の健全な発達に資することを目的とする。

第2章　原子力損害賠償責任

第3条（無過失責任，責任の集中等）　原子炉の運転の際，当該原子炉の運転等により原子力損害を与えたときは，当該原子炉の運転等に係る原子力事業者がその損害を賠償する責めに任ずる。ただし，その損害が異常に巨大な天災地変又は社会的動乱によって生じたものであるときは，この限りでない。

　＊http://www.houko.com/00/01/S36/147.HTM（2011年7月20日アクセス）を参照した。

参考文献

赤川浩爾『気液二相流研究史と関連技術——気液二相流研究史の私観』学術出版印刷，2007年，217-236頁．

(独) 原子力安全基盤機構「平成21年度地震時レベル2PSAの解析（BWR）」，JNES/NSAG10 - 0003, 2010.（http://www.jnes.go.jp/content/000017303.pdf　2011年4月16日アクセス）．

原子力災害対策本部「原子力安全に関するIAEA閣僚会議に対する日本国政府の報

告書—東京電力福島原子力発電所の事故について」2011年（http://www.kantei.go.jp/jp/topics/2011/pdf/houkokusyo_full.pdf　2011年7月20日アクセス）．

総合研究開発機構「原子力システムの分析と評価（原子力システム研究委員会最終報告書）」NRO-50-2-1総合研究開発機構自主研究，1977年．

第三者検査機構研究会編『我が国の第三者検査機構を語る』第三者検査機構研究会，1987年．

日本原子力学会「軽水炉のシビアアクシデント研究の現状」『日本原子力学会誌』35-9，1993年，762-794頁．

日本原子力産業会議『原子力年鑑 2011年版』2011年．

日本原子力学会『シビアアクシデント熱流動現象評価』1999年．

日本電気協会新聞部編『原子力ポケットブック　2010年版』2010年，182頁．

Braun, M., "The Fukushima Daiichi Incident", AREVA, 2011.（http://www.seyth.com/ressources/quake/AREVA-Document.pdf　2011年4月1日アクセス）

Collier, J. G., Hewitt, G. F. *Introduction to Nuclear Power*, Hemisphere Pub., 1987, pp. 23-27.（中西重康・小澤守・竹中信幸訳『原子力エネルギーの選択――その安全性と事故事例』コロナ社，1992年）

Haskin, F. E., Camp, A. L., Hodge, S. A., Powers, D. A., "Perspective on Reactor Safety" NUREG/CR-6042, Rev. 2, 2002.

Ishigai, S. ed., *Steam Power Engineering*, Cambridge University Press, 1999, pp. 16-38.

Mazuzan, G. T., Walker, J. S., *Controlling the Atom －The Beginning of Nuclear Regulation 1946-1962*, 1984. および Walker, J. S., *Containing the Atom －Nuclear Regulation in a Changing Environment 1963-1971*, 1992.

Meadows, D. H., Meadows, D. L., Randers, J., Behrens III, W. W., *The Limits to Growth-A Report for The Club of Rome's Project on the Predicament of Mankind*, Macmillan, 1972.（大来佐武郎訳『成長の限界』ダイヤモンド社，1972年）

Mohrbach, L., Linnemann, T., Schäfer, G., Vallana, G., "Earthquake and Tsunami in Japan on March 11, 2011 and Consequences for Fukushima and other Nuclear Power Plants: Status: April 15", 2011.（http://www.vgb.org/vgbmultimedia/News/Fukushimav15VGB.pdf　2011年7月1日アクセス）

Ozawa, M., Shibutani, Y., "Disaster Prevention in Industrial Society － Principal Feature of Disaster", J. of Disaster Research, Vol. 6, No. 2, 2011, pp. 193-203.

U. S. Nuclear Regulatory Commission, "Severe Accident Risks: An Assessment for Five U. S. Nuclear Power Plants", NUREG-1150, 1990.

World Nuclear Association, WNA Reactor Database.（http://world-nuclear.org/NuclearDatabase/Default.aspx?id=27232　2011年7月1日アクセス）

〔小澤　守〕

第Ⅱ部

復旧・復興の課題と政策

第4章

ライフラインの被害と復旧の課題
　　　──交通システムを中心に──

1　市民生活と社会・経済活動を支えるライフライン

（1）ライフラインの役割

　現代社会において，市民が健康で文化的な生活を営んでいくためには，その基盤となる一連の社会的施設（装置体系）が必要である。

　例えば，毎日の生活に必要不可欠な水道を例に挙げてみよう。全国2175の水道事業者（地方公営企業）によって供給される有収水道水の総量を給水人口で除してみると，2009年度の場合，1日1人当たりの平均水量は309ℓとなる。[1]人間は生存していくために毎日，水を飲用しなければならない。その量は年齢・体重によって異なるが，およそ1日当たり2〜3ℓとされている。近年は，飲料水としてミネラルウォーターの使用が増加しているが，それでもなお，わが国では圧倒的に飲料用には水道水が用いられている。それでは，上記の309ℓから飲用に使用される3ℓを差し引いた306ℓもの水道水は，飲用以外に何に用いられているのだろうか。結論を先取りしていえば，水洗トイレや洗濯，炊事，風呂・シャワーなどのために使用されているのである。つまり，洗浄力にすぐれた水は，衛生的で文化的な生活のために必要な生活用水として用いられているのである。換言すれば，水道水が絶たれてしまうと，人間的な生活を維持することは困難となるのである。

　水道を含む市民生活を支える装置体系はライフライン（lifeline）と呼ばれる。lifeline いう単語を英和辞典で引くと，「救命索」，「命綱」，「（輸送路などの）生命線」，「（手相の）生命線」などの訳語が出てくる。こうした語義のライフラインが市民生活を支える装置体系の意味で用いられるようになったのは，1971年

に米国・ロスアンゼルス近郊で発生した，ライフラインに大きな被害が出たサンフェルナンド地震の際のことである。これ以降，わが国へもライフラインという新しい用語が入ってきたが，それはしばらくの間は，耐震工学の研究者など専門家の間でしか使用されていなかった。しかし，1995年の阪神・淡路大震災の際に，この用語が頻繁にマスメディアに登場したことによって，わが国でも一般にもなじみのある言葉として定着することとなった。

ライフラインは，①電気・都市ガス・水道などの供給系，②道路・鉄道・港湾・空港などの交通系，③電話・郵便・放送などの通信系，そして，④下水道からなる処理系の4種に大別される。それらを管理・経営するのは，民営ならびに公営の事業者である。すなわち，インフラストラクチャー（以下，単にインフラという）の建設・維持管理，利用者に対する財・サービスの生産と供給，その対価としての料金の徴収などを行っているのは民間企業ならびに公企業である地方公営企業（地方公共団体が経営する企業体）である。ライフライン事業の多くは，長大な送配電網をもつ電気事業や給配水管網をもつ水道事業，道路網・鉄道路線網・航空路線網などを有する交通事業などネットワーク状に整備された施設・設備を保有している点に特徴がある。いわば，典型的なネットワーク産業といえるのがライフライン事業である。

ところで，ライフラインは単に市民生活を支える基盤事業というだけではない。例えば，電気（電力）は産業の動力であり，電力供給のひっ迫は経済活動に著しい支障をもたらす。停電ともなればコンピュータは使用できず，電車も止まってしまい，夜間だと照明のない暗闇の世界が出現する。つまり，ライフラインは，経済活動のための基盤施設，都市機能を支える基本的装置でもあるのである。

（2）自然災害とライフライン

ライフラインの大きな特徴は，前述したとおり，ネットワーク状に構築されたインフラ設備を経由して財・サービスの供給が行われる点にある。インフラ設備は電線網や電話線網，鉄道線路網（ただし，地下鉄など一部の鉄道網は除く）のように地上に敷設されているものもあれば，ガス管や水道管，下水道管など

第4章　ライフラインの被害と復旧の課題

表4-1　阪神・淡路大震災時の主なライフラインの被害と復旧

区　分	主な被害	復旧月日	
電　気	約260万戸が停電	1月23日	倒壊家屋等除き復旧完了
都市ガス	約84.5万戸が供給停止	4月11日	倒壊家屋等除き復旧
水　道	約127万戸が断水	2月28日 4月17日	仮復旧完了 全戸通水完了
下水道	被災管渠総延長約260km	4月20日	仮復旧完了
電　話	交換機系：約28.5万回線が不通 加入者系：約19.3万回線が不通	1月18日 1月31日	交換設備復旧完了 加入者系復旧完了
鉄　道	JR, 阪神, 阪急, 神戸電鉄等が寸断	4月1日 4月8日 6月12日 6月26日 8月23日	JR 西日本在来線復旧 JR 西日本山陽新幹線復旧 阪急神戸線復旧 阪神本線復旧 神戸新交通六甲ライナー復旧
高速道路	阪神高速, 名神高速などが損壊	7月29日 翌年9月30日	名神高速復旧 阪神高速全線復旧

(出所)　兵庫県「阪神・淡路大震災の復旧・復興の状況」2006年7月6日現在（http://web.pref.hyogo.lg.jp/pa17/pa17_000000002.html　2011年7月20日アクセス）。

のように地下に埋設されているものもある。こうしたインフラ設備が損傷すると，財・サービスの供給がたちまち困難となる。

　ライフライン施設を損傷させる代表的なものは，地震や台風などの自然災害である。特に規模の大きな地震が発生すると，ライフライン施設が著しく破壊されてしまう。地震によるライフラインの破壊は震度5強程度から始まり，震度7になると大半のライフラインは損壊する。

　6437人の死者・行方不明者を出した1995年1月17日の阪神・淡路大震災は，ライフラインの重要性をまざまざとみせつけた。大地震によって被災地域のライフラインは徹底的に破壊されたため，それらが復旧するまでの間，多くの市民は困難な耐乏生活を強いられ，また，都市機能も麻痺してしまった。特に，被災地に対する支援や被災地の復旧・復興は，物流システムを含む交通システムの復旧に大きく依存していることから，交通網の損壊は災害の規模をさらに拡大してしまった。

　ライフラインの復旧は，被災地の復旧・復興，住民の生活再建の基本条件となる。ここで，阪神・淡路大震災の際のライフラインの復旧状況をみておこう

(表4-1参照)。

　まず，関西電力がサービス供給を担っている電気は，発電設備の被害は少なかったものの送電・配電設備が被害を受け，神戸市や西宮市，尼崎市，芦屋市，伊丹市などを中心に約260万戸が停電した。しかし，地震発生の翌日中には約9割の家屋の停電が解消され，6日目には倒壊により送電が不可能となった家屋等を除き復旧が完了した。次に，大阪ガスが供給を行っている都市ガスは，地震直後，約84.5万戸が供給停止となった。地上の送配電線網を使って供給される電気と異なり，供給管が地下に埋設されている都市ガスの復旧は時間を要する。そのため，倒壊家屋等除き復旧が完了したのは，地震発生後約3カ月経った4月11日のことであった。また，約127万戸が断水した水道も同様で，地震発生から1カ月が経った時点でも約5分の1の家屋が断水したままで取り残され，最終的に全戸通水が完了したのは4月17日となった。下水道については，被害規模が他のライフラインと比較すると軽微であったが，それでも管渠延長約260kmなどが被害を受け，仮復旧工事が完了したのは4月20日になってのことであった。

　NTT（当時は分割前でNTTは全国1社）が経営していた電話は，当時は携帯電話が普及しておらず固定電話が一般的であったが，地震直後，交換機系で約28.5万回線，加入者系で約19.3万回線が不通となった。電話の復旧も比較的早く，1月18日に交換設備の復旧が完了し，1月31日には倒壊によりサービス再開が困難な家屋等を除き不通状態は解消した。

　一方，交通系についてみてみると，被害が酷かったのは鉄道と高速道路，そして港湾である。まず鉄道については，JR西日本，阪神，阪急，神戸電鉄，神戸新交通などが甚大な被害を受け，神戸～大阪間の都市間輸送や新幹線輸送が寸断された。それらが復旧したのは，JR西日本の在来線が4月1日，山陽新幹線が4月8日，阪急神戸線が6月12日，阪神本線が6月26日で，神戸新交通六甲ライナーの復旧は大きく遅れて8月23日となった。高速道路については，阪神高速，名神高速，中国自動車道などが損傷した。なかでも阪神高速神戸線は神戸市東灘区で635mにわたって高架橋が倒壊するなど大きな被害を受けた。名神高速が復旧したのは7月29日，阪神高速が全線で復旧したのは震災から1

年9カ月経った1996年9月30日のことであった。また，186のバースすべてが接岸不能になるなど神戸港も甚大な被害を受けた。神戸港の設備が震災前のレベルに回復したのは2年4カ月経ってからであった。なお，被災地に隣接した大阪国際（伊丹）空港ならびに関西国際空港については，両空港ともほとんど被害は受けなかった（当時は神戸空港は未だ建設されていなかった）。

2　東日本大震災とライフライン

2011年3月11日に発生した東北地方太平洋沖地震は，マグニチュード9.0とわが国観測史上，最大規模となる巨大地震で，岩手・宮城・福島の3県を中心に東日本の太平洋側地域に甚大な被害をもたらした。この地震により，沿岸部は大津波に襲われ，それによる浸水エリアは国土地理院によれば青森・岩手・宮城・福島・茨城・千葉の6県62市町村に及び，浸水面積の合計は561 km^{2}に達した。そのため，被災地では地震の揺れと津波の波力によって，広範囲にわたってライフライン施設が破壊され，市民生活と経済活動の基盤施設が失われた。交通ライフラインの状況については次節で詳述することとし，ここではそれ以外のライフラインについて被害と復旧の状況を概観しておく。

①電　気

わが国では，北は北海道から南は沖縄まで全国を10のエリアに分け，エリアごとに10の電力会社が発電から送電・給電までの事業をほぼ独占的に担当している（このほか，発電のみを行い10電力会社に売電している民営ならびに公営の電気事業者も存在する）。東日本エリアにおいて，東北6県を営業エリアとしているのは東北電力，また茨城・千葉・東京などの関東地域を営業エリアとしているのは東京電力である。

東北電力では，地震により女川原子力発電所が緊急停止したほか，新仙台や，原町などの火力発電所が停止するとともに，送配電線網が損傷した。そのため，同社管内の広い地域において，延べ486万軒の停電が発生した。その後の復旧状況についてみてみると，3月12日に秋田県ならびに山形県で復旧が完了したほか，地震発生から1週間が経った3月18日現在で約457万軒の停電が解消さ

れた。そして，6月18日に宮城県女川町を最後に停電設備の改修作業が完了したことで，復旧作業に着手可能な地域での停電はすべて解消された。ただし，住宅・公共施設などの流失により送電が不可能な需要家，あるいは不在等のために送電が留保されている需要家が岩手県で2万6046軒，宮城県で5万3299軒，福島県で2981軒存在し，さらに東京電力福島第一原子力発電所（以下，特に断らない限り福島第一原発と呼ぶ）の事故により設けられた立入制限区域内の需要家3万1316軒へは電気の供給は行われていない（6月17日現在）。

次に東京電力については，地震発生により福島第一ならびに第二原子力発電所が緊急停止するとともに，広野や鹿島，大井などの火力発電所や送配電線網も被害を受けた。このため営業エリア全域で地震発生直後，約405万軒の停電が発生した。この停電は1日でほとんどが解消され，停電軒数は3月12日午後3時までに茨城県内の約54万軒を含む約60万軒に減少した。その後，3月19日未明までには東京電力管内の停電はすべて解消された。

なお，地震と津波により福島第一原発の全電源が喪失したことによって，緊急停止した原子炉等の冷却に失敗し，燃料のメルトダウンや水素爆発による建屋の損壊など深刻な事故が発生した。このため，東京電力の発電能力が低下し，電力需給がひっ迫するという，これまでの震災でみられなかった新たな問題が発生している。[4]

②都市ガス

生活用ならびに業務用に用いられるガスには，導管（供給管）を使って需要家に供給される都市ガス（主として天然ガス）と，ガスボンベに詰められ，個別に搬送・供給されるLPガスとがある。都市化が進んだ地域では前者によるガス供給が，また人口密度の低いローカルエリアでは後者によるガス供給が行われる。ライフラインという場合，一般的には前者の都市ガス事業を指す。

東日本大震災では，製造設備や導管の破損等により8県19地域で都市ガスの供給停止が生じ，復旧対象戸数は約40万戸に及んだ。阪神・淡路大震災の場合は，前述したとおり84.5万戸の供給停止が発生したが，今回はその半数程度にとどまった。東日本大震災の被災地区はローカルエリアが多く，LPガスに依存した消費者が多かったことがこうした違いを生んだと考えられる。

第4章　ライフラインの被害と復旧の課題

　都市ガス事業には，全国で211の事業者（2010年7月現在）が存在するが，東京・東邦・大阪・西部の4大ガス会社で販売シェアの4分の3が占められ，残りを200余りの中小ガス事業者で分けあっている。今回の震災で最も被害が大きかったのは，津波の直撃を受けた釜石（塩釜ガス），気仙沼（気仙沼市ガス水道部），石巻（石巻ガス）の三つの中小事業者である。このうち，石巻ガスの被害と復旧の概況は以下のとおりである。

　製造工場や導管網が津波の直撃を受けた石巻ガス（震災前の需要家数は1万2755戸）では，供給エリア内の住宅のほぼ90％近くが水没し，導管の復旧工事はガレキや海水との戦いとなった。また，地盤沈下（約40～100cm）が著しく，復旧工事は潮の満ち引きとの兼ね合いで行われ，未曾有の難工事となったという。5月3日までに第一次分として6973戸が，また，5月18日までに第二次分として2856戸が復旧し，家屋流出により復旧が不可能な需要家を除いて全体で9828戸が復旧した。

　なお，被災地域で最大の需要家を抱えていた仙台市ガス局の場合，要復旧戸数は31万1144戸（需要家全体の約87％）であったが，全国のガス事業者から延べ4000名の応援要員の派遣があり，4月16日までに復旧を完了させている。[5]

③水　道

　水道は，次に述べる下水道と同様に，市町村を単位とする地方公営企業によって管理・運営されている（ただし，水道企業団という形態で複数の市町村を管理エリアに置いている事業者もある）。東日本大震災では，岩手・宮城・福島の3県を中心に，12県187の市町村において約160万戸の断水が発生した。ただし，津波による被害を受けた岩手・宮城・福島の3県や広域液状化が発生した茨城県ならびに千葉県を除いて他県での被害は軽微であったため，地震から2週間以内にこれらの県を除いて，ほとんどの地域で断水が解消された。

　その後も，全国の水道事業者の応援派遣もあって復旧が進捗し，3月28日には断水戸数は40万戸に減り，4月6日には20万戸を切った。4月7日，11日および12日の余震で断水戸数は再び増加したが，4月末には断水戸数は7.6万戸まで減少した。そして，7月29日現在，断水戸数は岩手・宮城・福島の3県で4.8万戸まで減少した。このうち，4.7万戸は津波により家屋等が流失した地域

における断水被害である。

　なお，復旧が完了していない地域は，津波被害が大きかった市町村と重なる。すなわち，岩手県では大船渡市・陸前高田市・釜石市・宮古市・大槌町・山田町，宮城県では仙台市・気仙沼市・名取市・岩沼市・石巻広域水道（石巻市，東松島市）・名取市・山元町・女川町・南三陸町，福島県では相馬地方水道企業団（相馬市，新地町）などである。

　④下水道

　良好な都市生活と衛生環境を維持するためには，毎日の生活や経済活動によって生じる汚水や雨水を適切に排除・処理していく必要がある。そのための，社会的施設が下水道である。わが国では，下水道の整備は新下水道法が施行された1960年代から本格化し，2009年度末には汚水処理人口普及率は85.7％に達している。ただし，人口５万人未満の市町村の場合は，普及率は71.0％と全国平均を下回っている。

　下水道システムは，地方公営企業によって管理・運営されており，全国には3635の事業者が存在する（2009年度）。東日本大震災では，１都11県において下水処理施設48ヵ所，ポンプ施設78ヵ所が稼働停止に追い込まれた。被害を受けた下水管渠の延長は約946kmに達した。特に，岩手・宮城・福島・茨城の４県の被害が甚大で，被害の大半がこれら４県に集中していた。すなわち，195の処理場のうち約半数の89が被害を受け，総延長下水管２万8235kmのうち，約３％に当たる846kmが被害を被った。その後，精力的な復旧作業が続けられた結果，６月６日現在，稼働停止中の処理場施設数は18ヵ所となった。なお，福島県の施設に関しては，原発事故の影響により，北泉浄化センターをはじめ10ヵ所の処理場の被災状況が確認できないという状態が続いている。

　今回，下水道の被害が大きかったのは，東北地方の処理場の多くが沿岸地域に集中し，しかも標高の低い場所に設置されていたことから，津波の直撃を受けたためである。なお，東北地方以外でも千葉県浦安市など，液状化現象により下水道網が寸断された地域も発生している。

　⑤電　話

　電話部門において阪神・淡路大震災当時との大きな違いは，携帯電話が著し

く普及をしたことである。2010年度現在，全国の加入契約数でみると携帯電話が約1億2329万件に対して固定電話（ISDNを含む）は約3957万件と，携帯電話が固定電話を大きく上回っている（総務省『平成23年版　情報通信白書』）。

　3月11日の大地震直後，携帯電話基地局の倒壊・流失，エントランス回線の切断，停電による電源の喪失などにより，NTTドコモ，KDD，ウィルコムなど通信会社合計で12万9000の基地局が停波した。このため，広範な通信障害が生じたが，4月末には基地局はほぼ復旧し，携帯電話の通話エリアは震災前と同等レベルまで回復した。一方，固定電話については，地震や津波による設備の損壊，電柱の倒壊，中継伝送路・架空ケーブルの切断，停電による電源の喪失などにより，NTT東日本，KDDI，ソフトバンクテレコムなど通信各社合計で約190万回線のサービスが影響を受けた。しかし，携帯電話部門と同様に，4月末には福島第一原発周辺の立入制限エリアを除いて，すべてのサービスが震災発生前と同レベルまで回復した。

⑥郵　便

　特殊会社（政府保有の株式会社）である日本郵政株式会社がサービス提供を行う郵便事業については，東北6県に所在する1932局の直営郵便局のうち，106局が被害を受けた。その内訳は全壊が61局，半壊が10局，浸水被害が35局であった。地震発生から3日後の3月14日時点で584局が営業を休止していたが，5月16日現在で営業休止局は96局まで減少した。また，648局の簡易郵便局のうち，被災した局は26局で，全壊が16局，半壊1局，浸水被害9局であった。その後，復旧が進み，営業休止局は10月20日現在，津波被害の大きかったエリアを中心に岩手県全308局中20局，宮城県全363局中28局，福島県全432局中26局まで減少し，郵便サービスのレベルは宅配便も含め基本的には震災前の水準に回復している。

3　交通インフラの損壊とその影響

（1）東日本大震災と交通インフラの損壊

　東北地方太平洋沖地震と併発した津波は，次のように東北地方の交通インフ

ラに深刻な打撃を与えた。

　まず，通行止め道路は，高速道路で15路線，直轄国道で69区間，都道府県等管理国道で102区間，都道府県道等で536区間であった[6]。幸いなことに，高速道路では落橋・倒壊等の大規模損傷はなく，路面亀裂や段差発生程度でおさまった。しかし，直轄国道では太平洋沿岸を走る国道6号線（東京〜仙台）と国道45号線（仙台〜青森）が広範囲に冠水し，ガレキで埋まった。国道45号では5橋梁の橋桁が流出した。地方道でも12橋梁が落橋および流出し，段差，亀裂，小規模崩落等は各所で多数発生した。

　運休した鉄道は，安全確認を含めて43事業者175路線にのぼった。ただ，そのうち110路線は翌日までに復旧し，19路線も1週間以内に復旧した。しかし，沿岸地域の鉄道被害は甚大で，三陸鉄道（第三セクター）の駅舎，橋脚，線路が流出したのをはじめ，橋桁流出4路線，線路流出5路線，線路内に土砂が流入して排除が容易でないのが7路線のほか，その他施設損傷多数が報告されている。

　空港は，東北地方の諸空港および茨城空港に羽田・成田・新潟空港を加えた13空港が被災した。ただし，津波に直撃された仙台空港をのぞいて当日から災害対策用として供用され，10空港では一般利用も再開された。

　港湾では，北海道から静岡までの50港でなんらかの被災が報告されているが，防波堤や岸壁，荷役機械等に大きな被害を受けたのは青森から茨城に至る諸港で，国際拠点港湾（以前の特定重要港湾，ここでは仙台塩釜港のこと）1つ，および10の重要港湾，18の地方港湾が含まれていた。

（2）交通インフラの復旧過程

　図4-1は，交通関係インフラにおける復旧状況の推移を示したものである。ここからわかるように，高速道路は災害対策用としては翌日から使用可能となり，一般用としても3月23日から利用できるようになった。一般道路では，「くしの歯作戦」と称して，南北を貫通する国道4号から沿岸の諸地域へのルート16本をいち早く啓開道路に指定し，翌12日には11ルート，14日には14ルート，15日には15ルートを確保した[7]。19日以降は啓開段階から一般車両も含めて通行できるようにする応急復旧の段階に入り，主要道路は速やかに復旧してい

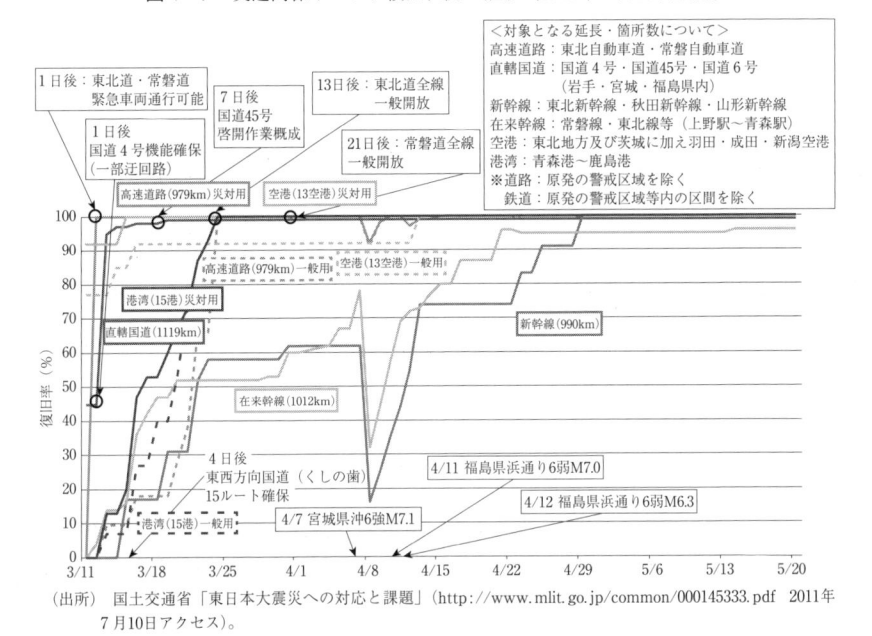

第 4 章　ライフラインの被害と復旧の課題

図 4-1　交通関係インフラ復旧状況の推移（2011年 5 月20日段階）

<対象となる延長・箇所数について>
高速道路：東北自動車道・常磐自動車道
直轄国道：国道 4 号・国道45号・国道 6 号
　　　　　（岩手・宮城・福島県内）
新幹線：東北新幹線・秋田新幹線・山形新幹線
在来線：常磐線・東北線等（上野駅〜青森駅）
空港：東北地方及び茨城に加え羽田・成田・新潟空港
港湾：青森港〜鹿島港
※道路：原発の警戒区域を除く
　鉄道：原発の警戒区域等内の区間を除く

（出所）国土交通省「東日本大震災への対応と課題」（http://www.mlit.go.jp/common/000145333.pdf　2011年7月10日アクセス）。

った。

　鉄道も，4 月 7 日時点で運休 7 事業者22路線にまでこぎ着けたが，7 日，11日，12日とM7前後の大きな余震があり，ふたたび運休を余儀なくされる路線も出た。余震で一進一退したものの，新幹線はゴールデンウィークに入る 4 月29日から全面復旧し，在来幹線も一部を除いてそれより前に復旧した。7 月 4 日現在なお運休しているのは 5 事業者12路線となっている。[8]

　空港は，いちばん被害を受けた仙台空港も，一般利用が 4 月13日に再開された。一方，港湾の復旧は最も遅く，水深4.5 m 以上の公共岸壁373バース中，46％に当たる173バースしか利用可能ではなく（7 月11日現在），その中には，吃水制限や荷重制限がかかっている施設もある。

　今回の震災では，阪神・淡路大震災並の震度 7 や 6 強の揺れに見舞われながらも，交通インフラの被害は総じて軽かった。これまでの教訓が生かされてそれなりに補強がなされてきた成果であったろうと思われる。被害が軽い分だけ，

復旧も速やかであったといえる。幹線道路，幹線鉄道が大規模に損壊された阪神・淡路大震災では，いちばん早かったJR東海道・山陽本線ですら2カ月半を要し，阪神高速神戸線にいたっては1年半以上かかったからである。

ただし，沿岸地域の道路・鉄道の復旧は容易ではない。JR東日本は，復旧への意思を示すと同時に，被災地のまちづくりと一体となった復旧計画を策定したいと国土交通大臣に要望している。中心市街地や行政機関の移転が考えられる上，津波対策の確実な実施が必要との認識からである。地域的にはともかく，全社的には強固な経営基盤をもつJR東日本ならば自力での復旧さえ可能であろう。だが，もともと経営基盤が弱く，開業当初のブーム期を別として，それ以後は年々乗客が減少し，赤字経営を余儀なくされてきた三陸鉄道（第三セクター）の復旧は容易ではない。震災復興計画の大きな枠組みの中での措置が必要となろう[9]。

なお，復旧に関して今回の震災における特異な点は，原発事故の影響があることである。立入制限区域内のJR常磐線はこの問題に目処が立たない限り復旧できないし，国道6号線や常磐自動車道もまた同様である。

（3）大震災と物流問題

幹線道路や鉄道の復旧が早かったため，被災地への物流はおおむね滞ることがなかった。とはいえ，未曾有の大震災が引き起こした問題は多面的であり，ここでは四つの局面に分けて物流問題をみることにしよう。

第一は，被災者や避難所に対して「必要な物を，必要な時に，必要なだけ運ぶ」という震災ロジスティクスである。道路インフラは，先にみたようにいち早く通行できるようになり，緊急物資の輸送は可能であった。しかし，災害対策基本法等で指定公共機関等に定められていたトラック事業者は，何よりまず燃料不足に頭を悩ませねばならなかった。震災直後は，輸送業者だけでなく自衛隊や米軍も一般物資輸送に携わり，燃料不足が落ち着くにつれ，一般企業の援助輸送も増加していった。だが，それら緊急輸送物資をどこに集め，どのように配るかでは大きな困難があった。倉庫や集配センター自体が被災して使えない，臨時に指定したセンターにはフォークリフトなどの荷役機器がないとい

う事態だったからである。苦労していくつかの小規模倉庫を確保し，食品，衣類，水，毛布などと役割を分担しても，トラック運転手には伝わらずに担当外の荷物も引き受けざるを得なかった。さらに，メディアにも取り上げられて話題になったのは，避難所に物資が届いていない，届いても水ばかり，といった事態であった。これは，集配センターに「今，何が必要か」という情報が入りづらく，当初は，避難所がどこにあるかさえわからなかったために生じた現象であった。物資は入ってきても，どこに，何を，いつ，どれだけ運べばよいのかという情報の不足が二次配送に大きな混乱をもたらした。これは一つには，被災地から遠い場所にセンターを設けざるを得ず，情報収集に苦労したためであり，二つには配送センターの指示系統や役割分担，入出庫ルール等が実情と合わなかったためである。

　以上のように，若干の混乱はあったものの，被災者への物流は基本的にその役割を果たした。しかし，震災ロジスティクスとしては不十分であったといわざるを得ない。そもそも，地域防災基本計画にロジスティクスの視点は弱い。現行計画は，災害時の「輸送」にはそれなりに配慮しているが，物流情報をふまえて「必要な場所に，必要な物を，必要な時に，必要なだけ」運ぶという計画はなされていないのである。その点は，物流事業者の事態発生当初からの活用なども含め，今後の教訓となろう。

　第二は，被災地での物流の復旧問題である。大手のスーパーやコンビニの復旧は早かった。ローソンは3月15日には東北と茨城の992店舗中772店舗で営業し，地震で壊れたり津波に流されたりした店も仮設や移動店舗を設けて営業できるようにしていった。イオンも同様で，3月19日には東北エリア235店舗中226店舗で営業し，仙台物流センターの機能も3月末には完全復旧した。セブン・イレブンでは，3月26日には1日3便の通常配送態勢に戻している。中小スーパーもそれに続き，なかでも地震マニュアルをもっていたCGCグループの復旧が早かった。物流業者も次々と平常営業に復帰していった。佐川急便は，3月17日に営業店止めの荷物を再開し，22日には青森・秋田・山形の3県で全域集配，24日には岩手・宮城・福島県でも一部集配を再開し，ヤマト・日通もそれに続いた。しかし，地元の物流業者は，被災して営業拠点とトラックを喪

失した上,荷主を他の事業者に奪われるという苦境に陥ったが,その渦中にあって,震災関連物流を担うようになっている。企業物流も,当初は,配送拠点の被災に加えてガソリン不足で混乱したものの,被災センター機能をグループ内で支援する,バイク便等を活用するなどして徐々に復活してきた。

第三に,被災地以外での物流の混乱である。震災直後からしばらくの間,消費者の買いだめにより首都圏で物不足現象が発生した。これは昨今のスーパーやコンビニでは多品目を揃えるため1品目当たりの在庫量が少なく,それを補ってきたジャストインタイム輸送がガソリン・軽油の不足で機能せず,品物があっても運べない状態になったからである。棚の空きをみた消費者がさらに買いだめに走るという悪循環も生じた。ただ,こうした状況は10日ほどで解消し始め,ほぼ3月中に収束した。また一時期,JR貨物の一部運行停止などで被災地を通過する物流に支障が生じていたが,他方で,築地市場のセリは毎日行われ,三陸産はなくとも他地域からの海産物で総量は不変という状況であった。

第四に,極めて深刻と受け止められたのはサプライチェーン(SC)の寸断に関わる問題であった。東日本の被災が日本と世界各地の生産を止めたのである。とりわけ,2〜3万の部品点数をもつ自動車産業の影響は大きく,国内工場の生産が止まるだけでなく,海外工場の稼働率も低下した。それ以外でも,「直流電動機ブラシ」の調達難によりJR西日本で間引き運転を余儀なくされたり,大分キヤノンでデジカメ生産が止まったりし,東アジアのハイテク産業にも影響が及ぶと懸念された。当初これは,「ギリギリまで在庫をしぼってきたツケ」だとしてジャストインタイム(JIT)生産の見直し論がみられた。しかし,時間の経過とともにJIT生産の見直しでなく,むしろSCの柔軟化で対応すべきだという意見に落ち着いていく。そもそも大規模災害に在庫で対応することは不可能であり,できたとしても平時の非効率が大きすぎる。「震災がくる前に潰れてしまう」のである。[10]だとすれば,非常時に供給を自由かつ迅速に組み替えうることが重要になり,平時からその準備のある柔軟なサプライチェーンが模索されることとなる。これが企業にとって現実的解決策であることはよくわかるが,地域にとってはどうか。世界のオンリーワン企業が特定地域にだけあることのリスクがいわれ,生産拠点の複数化や被災可能性が高い地域からの脱

第4章　ライフラインの被害と復旧の課題

出を迫られることになる。それが復興に与える影響を考えざるをえない。

4　交通ライフラインの復旧と今後の課題

（1）交通ライフラインの復旧と課題

　津波そして原発事故も誘発した東北地方太平洋沖地震は，ライフラインに甚大な被害を与えた。内閣府が2011年6月24日に公表した推計値（暫定値）によれば，ライフラインの被害額は阪神・淡路大震災の際の2兆8000億円を上回る3兆5000億円とされている。[11]

　前述したとおり，3月11日以降，災害対策基本法等に基づき，国は復旧費用の10分の8を負担するなどの支援措置を講じ，また，全国的な事業者間の復旧支援体制が組まれた結果，電気・都市ガス・水道・下水道・電話などのライフラインは順調に復旧が進展している。[12]こうした中にあって，復旧が大きく立ち遅れているのがローカル鉄道線を含む地域交通体系である。そこで，ここでは交通システムに焦点をあて，その復旧の課題を明らかにしておきたい。

　ライフラインの一つである交通体系は，大きく，①都市間やエリア間の人の移動とモノの輸送を担う幹線交通体系，②地域内の日常的な人の移動とモノの輸送を支える地域交通体系の二つから成っている。今回，特に甚大な被害を受けたのは，第3節で詳述したとおり，地域交通体系のインフラ施設である。すなわち，沿岸地域の道路は各地で寸断され，また，鉄道も三陸鉄道やJR大船渡線，山田線，気仙沼線などのローカル線が徹底的に破壊された。特に後者のJR線は，国土交通省に「点検困難」と評価されるほど被害がひどかった。もっとも，東北地方の交通機関別輸送分担率をみてみると，2008年現在で，自家用車のシェアが90.1％であるのに対して，鉄道は3.7％，バスは3.3％と，自家用車中心の交通体系が形成されていた（東北運輸局『運輸要覧2010』）。貨物輸送の面でも同様で，鉄道のシェアは極めて低く，地域の物流を担っていたのはトラックだった。

　一方，首都圏・西日本と東北地方地を結ぶ幹線交通手段は，①東北新幹線，②東北自動車道などの高速道路，③航空路，の三つである。これらの幹線交通

体系については、大きな被害を受けたものの、阪神・淡路大震災のケースと比較すると、前述したとおり、その復旧のテンポは迅速だった。新幹線や高速道路の復旧が迅速であったのは、阪神・淡路大震災後に新幹線施設の耐震構造基準が見直されたことや、2005年に始まった国土交通省の「新幹線、高速道路をまたぐ橋梁の耐震補強3箇年プログラム」などにより、構造物の耐震補強が実施済みであったことで施設・設備が重大な損壊を免れたことによるものと考えられる。

なお、日本の新幹線には、地震による被害防止を目的に、耐震列車防護システムが導入されている。これは、地震の初期微動（P波）を検知して主要動（S波）が到着するまでに列車を減速・停止させるもので、沖合を震源地とする海溝型地震に対しては有効なシステムである。今回、幸いなことに、東北や東海道、上越新幹線などを走行中の列車の脱線・転覆事故は発生しなかったが、このシステムは第1章で分析されている通り課題を残した。

インフラの耐震補強は莫大なコストがかかる。しかし、首都直下・東海・東南海・南海地震などの大規模地震に備え、引き続き減災対策を着実に進めていかなければならない。今回の大震災はそのことを明示している。ただし、ハード面での整備には限界があることから、例えば、大都市圏における帰宅困難者対策や、沿岸部を走る鉄道路線の場合は津波に備えた避難・誘導対策の拡充などソフト面での対策をも併せて進めていくことが重要である。

さらに、被災地の生活・経済再建のためには、道路網の復旧とならんでローカル鉄道の復旧が欠かせない。鉄道は、自家用車を使用できない人にとって必須の生活手段である。また、いち早く復旧した三陸鉄道・北リアス線の宮古～小本間が、津波によって車を失った田老町などの住民の宮古市への買い出しのための足となって活躍したという事実も想起されるべきである。とはいえ、新幹線のような幹線鉄道と違って、利用者の少ないローカル鉄道の復旧は前途多難である。例えば、1995年7月の集中豪雨で不通となった大糸線（長野県松本市～新潟県糸魚川市）の復旧・再開には2年4カ月が、そして2004年7月の集中豪雨により橋梁が流失した越美北線（福井県福井市～福井県大野市）の復旧には3年を要した。被災鉄道の復旧は、沿線市町村の街づくり・復興の進捗とも密接にかかわるが、復旧費用の国庫補助率の引き上げなど、国も特別な支援措置

第4章　ライフラインの被害と復旧の課題

を講じる必要がある。

（2）地域交通再生の課題

　ここでは，大震災からの復旧とその教訓をどう生かすかという課題をふまえ，これからの交通インフラの整備ならびに地域交通再生の課題について考察する。

　第一は，今後ますます重要になる，またならねばならない基本的視点は，「私たちの生活を豊かにする交通インフラとは何か」ということである。重要ではあるが生活の一面でしかなかった経済成長のみを至上命題としてきたインフラ整備は，もはや過去のものになった。米国の9.11（2001年9月11日）の以前と以後がまるで異なるように，日本の3.11（2011年3月11日）の以前と以後とでは，明確に時代が異なるという認識をもつことが必要である。民主党政権は「コンクリートから人へ」と訴えて政権を獲得した。その趣旨が惰性で続けられてきたムダな公共事業から「生活を守る」という点に焦点があった限りでは必ずしも間違いではなかったが，そもそも生活を守り，豊かにする施策には「コンクリートも，人も」いる。その視点に立って，交通インフラ整備を含む公共事業全般の何が必要で，何が不要かを，もう一度見直す必要があろう。その上で作ると決めたインフラを災害に強いものとすることは当然のこととなる。

　第二は，インフラ整備の課題として，道路なり鉄道なりが単にその機能を果たすということだけでは十分ではなく，整備に当たってそれが存在することで災害により強い社会になる，という課題を付加すべきだという点である。この点については，ネットワークの問題と交通インフラ自体の付加的機能という二つの側面がある。

　今回の震災では，沿岸部は津波で壊滅的被害を受けたが，道路のネットワーク機能が全面的に損なわれることはなく，損傷を受けた国道6号や45号を迂回することができた。しかし，これが仮に国道4号や東北自動車道まで長期間にわたって通行止めが生じるような震災であったらどうであったろうか。日本は，今回のようなプレート型だけではなく，全国いたるところに無数の活断層が存在する有数の地震国である。そうであればこそ，万一の場合にネットワーク機能が確保できるかどうかについて，より強い関心が払われる必要があるだろう。

ところで，一部には今回の震災をまだ繋がっていない高速道路整備の好機とみる向きもある。国土交通省のホームページには，「東南海，南海地震の津波影響範囲と高速道路のミッシングリンク」と題する図表があるが，ミッシングリンクという表現には，ただ繋げればよいというだけの発想しか感じられない。こうした地域には予測される津波被害から考えてとうていそれに耐えられない道路しかなく，それに耐えられる道路が必要などとの説明でもあればまだしも了解できるが，そうではない。敢えてそういう主張をするならば，今回の大震災で立証されたような災害に強い構造をもち，かつ，仙台東部道路のように盛土構造が津波被害を減災するような道路が必要というべきであろう。インフラ整備に当たって，その構造物が防災的観点からも評価できるものにならねばならないのである。

　また，地震対策としてネットワーク整備が急務というなら，既存の全国ネットワーク構想の不備も含めて提起すべきであろう。阪神・淡路大震災の際，中国自動車も阪神高速も分断されたため，長期にわたって東西を結ぶ物流が迂回を余儀なくされた。しかし，日本海側に代替可能な高規格道路はなく，四全総の1万4000kmの道路網構想にも含まれていなかった。あいだに名神高速をはさむ中国道と阪神高速神戸線との距離は，狭いところで10km程度の幅しかない。しかし，そんな地帯に六甲断層や西宮断層など，名前がついているだけで10いくつもの断層がある。「再びこの地で大きな地震が起こったら……」と，想像することが重要ではないか。

　ただし，それらの整備は，当面の復旧・復興の課題ならびに将来の「生活重視の政策構想」において，他の諸課題とのバランスを取りつつその実現が目指されるべきものであろう。けっして「震災を好機」として従来の延長線上で行われるべきものではないのである。

　第三に，復旧・復興を踏まえて，これからの地域交通政策体系を構想していかねばならない。地域交通の復旧は震災関連法で行うとして，その維持の仕組みまでをそれに任せるわけにはいかないからである。少なくとも長期の仕組みに関しては，全国的に共通な地域交通政策体系の中で構想する必要がある。そうした課題を処理する権限と財源などに関する制度設計は，場合によっては今

後の地方分権のあり方の中で考えるべきことなのかもしれない。

　第四に，これからの交通政策の柱の一つとして交通需要管理が大きな課題となることを忘れてはならないだろう。原発事故による電力需給のひっ迫は，はしなくも私たちの「豊かな生活」が，砂上の楼閣のようなものであったことを示した。日々のエアコンはもちろん，エネルギー効率に優れる鉄道にまで節電が呼びかけられるようになった。あらためて私たちは何を犠牲にしてよいかを考えねばならなくなっている。思えばこれは，すでに地球温暖化問題が提起していたことであった。しかし，私たちはその課題を原子力発電へのさらなる依存で切り抜けようとしていたのであった。もはやそこに逃げ込むわけにはいかなくなった今日，無内容な「一律〇〇％カット」などを迫られる前に，真剣にこの課題と向き合わねばならない。

　最後に，今回の大震災では多くの自動車が津波被害にあった。[13]「クルマ社会を襲った初の大津波災害」ともいわれている。避難時に自動車を使い，そのまま さらわれたという報告も数多い。避難中の渋滞が被害を拡大させるという懸念は，以前からあった。一方で，高台に逃げるのに自動車がなければとうてい不可能だったという人もいる。渋滞が考えられるルートでは自動車を使わない，渋滞すればすぐさま降りて歩くという教訓を徹底させる必要があるだろう。

注

(1) 総務省自治財政局編『地方公営企業年鑑　第57集』（http://www.soumu.go.jp/main_sosiki/c-zaisei/kouei21/index.html）。なお，309ℓは，工場や病院，ホテルなどの大口需要者を含めて除した１人当たりの水量である。厳密には，こうした大口需要者が使用する水量を除いて，一般家庭用のみで除してみると１人当たりの水量は，260ℓ前後となる。

(2) 国土交通省「東日本大震災における被災現況調査結果について（第１次報告）」2011年８月４日（http://www.mlit.go.jp/report/press/city07_hh_000053.html　2011年８月７日アクセス）。

(3) 以下，ライフラインの被災・復旧状況については，国土交通省・総務省・厚生労働省・各事業者等のホームページ，瀬戸山順一「東日本大震災における情報通信分野の主な取組──被害の状況・応急復旧措置の概要と今後の課題」『調査と立法』No. 317，2011年６月，などをもとに記述した。なお，被害状況については現在でもなおデータの改訂が行われており，確定したものではない。

(4) 福島第一原発の事故を契機に，他事業者・他エリアの原子力発電施設の点検・見直しが進められた結果，中部電力の浜岡原子力発電所の廃止決定を含め，各地で原子力発電所が運転中止したため，中部電力や関西電力など他の電力会社でも需給のひっ迫状況が生まれている。

(5) なお，簡易ガス事業（特定需要家へガスの導管供給を行う小規模ガス事業）では，岩手・宮城・福島・茨城の４県の団地で，導管の破損などにより約１万5000戸に供給停止が生じたが，４月22日をもって復旧が完了した。

(6) 主要道路は次々復旧していくものの，交通遮断カ所は５月13日時点でなお道路損壊による3970カ所，橋梁損壊による71カ所もあった（警察庁発表）。道路損壊の約４割が千葉県に集中しているのは液状化の影響によるものと思われる。

(7) 道路啓開とは，たとえ１車線だけでも，緊急車両が通れるように（迂回路も含め）ガレキを処理し，簡易な段差修正などにより救援ルートを開くことをいう。

(8) 在来幹線の復旧率は96％となっているが，残り４％の中には福島第一原発の事故に伴い設定された警戒区域内の常磐線66.8 kmは入っていない。

(9) 10月21日，国土交通省が提出した三陸鉄道や仙台空港鉄道など，第三セクター鉄道の復旧費のほぼ全額を支払い，鉄道事業者や地方自治体の負担軽減を図る第３次補正予算案が閣議決定された。

(10) 中ノ森清訓「ジャストインタイムに罪はない」『月刊ロジスティクス・ビジネス』第11巻３号，2011年６月号。

(11) 内閣府「東日本大震災における被害額の推計について」（http://www.bousai.go.jp/oshirase/h23/110624-1kisya.pdf　2011年８月１日アクセス）。なお，内閣府の推計では，「ライフライン施設」として水道・ガス・電気・通信・放送施設を挙げ，この被害額を約１兆3000億円，またこれとは別に「社会基盤施設」として河川・道路・港湾・下水道・空港等を挙げ，その被害額を約２兆2000億円としている。本章では，道路・港湾・空港・下水道はライフラインの一部として定義していることから，これら二つの項目を合算したものをライフラインの被害額とした（なお河川はライフラインではないが詳細な内訳が公表されていないため河川の被害額も含めてライフラインの被害額とした）。

(12) 例えば，下水道については，震災発生直後から７月２日までの間に，全国の地方自治体や日本下水道事業団などから延べ6575人の支援人員の派遣があった。こうした支援派遣は水道や電気，都市ガスなどでも行われた。

(13) 宮城県は沿岸部の浸水区域にあった世帯数と県内の世帯当たり保有率をもとに，約14万6000台という推計値を出した。同手法で試算すると，青森・岩手・宮城・福島の４県の自家用車の被害規模は約41万台になるという（『日刊自動車新聞』2011年４月19日付）。

（安部誠治・西村　弘）

第5章

日本経済への影響と地域経済復興

1　震災の影響が続く日本経済

　本章では，東日本大震災が日本経済に及ぼした影響について概観する。いうまでもなく，この震災の影響は，特に福島第一原子力発電所の事故については現在もまだ継続中であり，本章執筆時点では，本格的な復旧・復興のための事業が盛り込まれる第三次補正予算の成立見通しも立っていない。それらの動向は，今後の日本経済にも大きな影響を及ぼすことが予想され，現時点で震災の経済への影響を総括することは時期尚早である。とはいえ，この震災がその後5カ月の間にわが国にどのような影響をもたらしたのかをとりあえず整理しておくことは，今後の見通しを立てる意味では決して無駄な作業ではあるまい。

　本章では，震災の経済的被害について概観した上で，その特徴をまず論じる。その後，日本経済に与えた影響を，いくつかの統計によって明らかにする。その後，こうした状況における地域経済復興のための方策の一つとしてキャッシュ・フォー・ワークについて紹介することで結びに変えたい。

2　東日本大震災の経済被害の特徴

（1）被害の激甚さ

　東日本大震災がこれまでの大震災と異なる点の一つは，その経済的影響の激甚さである。

　まず，地震津波災害の被害額についてみてみよう。地震発生直後の3月23日に内閣府が発表した経済被害の試算では，直接被害額は約16～25兆円と発表さ

第Ⅱ部　復旧・復興の課題と政策

表5−1　東日本大震災の経済被害の推計

	東日本大震災 (内閣府〔防災担当〕)	東日本大震災 (内閣府〔経済財政分析担当〕)		阪神・淡路大震災（国土庁）
		ケース1	ケース2	
建築物等 (住宅・宅地，店舗・事務所・工場，機械等)	約10兆4千億円	約11兆円 (建築物の損壊率の想定 津波被災地域： 　阪神の2倍程度 非津波被災地域： 　阪神と同程度)	約20兆円 (建築物の損壊率の想定 津波被災地域： 　ケース1より特に大きい 非津波被災地域： 　阪神と同程度)	約6兆3千億円
ライフライン施設 (水道，ガス，電気，通信・放送施設)	約1兆3千億円	約1兆円	約1兆円	約6千億円
社会基盤施設 (河川，道路，港湾，下水道，空港等)	約2兆2千億円	約2兆円	約2兆円	約2兆2千億円
その他　農林水産	約1兆9千億円	約2兆円	約2兆円	約5千億円
その他	約1兆1千億円			
総　計	約16兆9千億円	約16兆円	約25兆円	約9兆6千億円

(注)　ストックの区分は内閣府（防災担当）の推計で用いたものによるものであり，推計により若干異なる。
(出所)　内閣府（防災担当）発表資料より抜粋。

れた。しかし，この被害額の推計は，実被害を積み上げて計算したものではなく，津波被災地に存在する資本ストックに，阪神・淡路大震災の事例などを参考にして設定された被災率を乗じて計算されたものであった。そのためその被災率をどう決定するかによって，大きく幅のあるものとなっている。

　その後，内閣府防災担当が，関係省庁からの被害の報告などに基づいて試算を行った結果によれば，被害規模は約16.9兆円と推計された（表5−1）。この試算はほぼ阪神・淡路大震災と同じ方法でまとめられており，被害規模の比較という意味では有益である。ただし，この値についても決して確定的なものではなく，今後被害の詳細が判明することによって変動はあり得るものとされている。

　これによれば，阪神・淡路大震災での9.6兆円に対して，約1.8倍の被害規模

ということになる。

（2）被害の不確定性

東日本大震災の経済被害の特徴のもう一つはその不確定性にある。福島第一原子力発電所の事故については、上記のいずれの推計にも含まれていない。

この不確定性が生じる要因は以下の通りである。第一に事故は現在も継続中であるということである。東京電力が示した工程表に基づき終息に向けた作業が進められているものの、原子炉の冷温停止状態に至るにはまだ数カ月の時間を要するとしている。第二に、放射線が及ぼす被害の範囲の特定が困難であるということである。例えば、7月に入ってから暫定基準値を超える放射性セシウムが検出された牛肉が全国に流通していることが明らかになった。これは、収穫後も水田に放置された稲わらが放射性物質に汚染され、その稲わらが飼料として全国に流通していたことが原因とされる。このため、福島県については牛肉の出荷制限と検査などの措置が採られることとなった。このように、放射性物質が放出されたことによる影響は、私たちの予想を超える範囲で表面化しており、これが今後どこまで広がるのかは現時点では断言できない。

第三に、被害がいつまで継続するのかという問題である。また水産物に含まれる放射性物質については、農林水産省によるモニタリングが継続されている。水産物については食物連鎖による放射性物質の蓄積の可能性も指摘されており、海水における放射性物質の濃度が下がれば水産物の体内から排出されるとされているが、いずれにせよ中長期的な影響評価の必要性は高い。

福島第一原子力発電所の事故による被害額は公式には発表されていないが、第二次補正予算においては、損害賠償のためのスキームとして、9月12日に設定された原子力損害賠償支援機構に対し、3兆円の交付国債の発行枠の設定や、金融機関に対して2兆円の政府保証を行うこととなった。だが、その金額で十分であるという確証はない。

（3）製造業の被災とサプライチェーンを通じた影響の波及

今回の地震津波被災地では、数多くの製造業が立地しており、サプライチェ

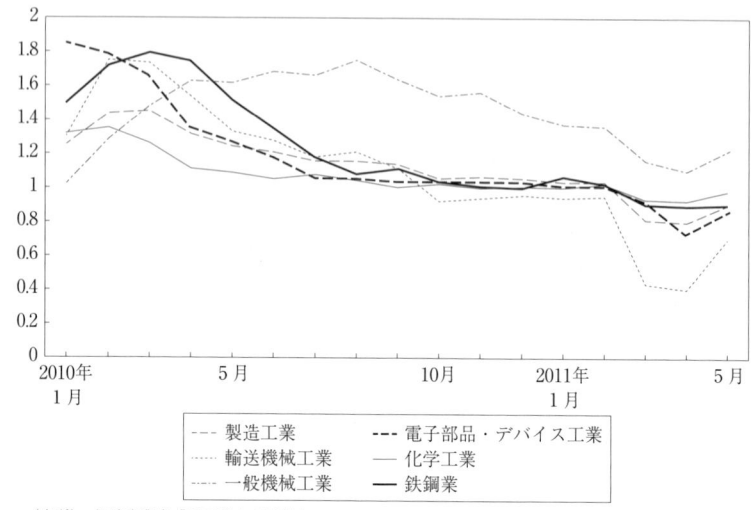

図 5-1　主要製造業の生産設備稼働率の推移（対前年同月比）

（凡例）
- 製造工業
- 電子部品・デバイス工業
- 輸送機械工業
- 化学工業
- 一般機械工業
- 鉄鋼業

（出所）経済産業省「鉱工業生産指数」。

ーンを通じた被害の波及が深刻化した。

　例えば図5-1は，主要製造業の生産設備の稼働率を示している。震災の発生した3月と，4月についてはほとんどの製造業において大きく落ち込んでいることがわかる。とりわけ，自動車産業などが含まれる輸送機械工業においてはその落ち込みは顕著である。

　わが国の産業構造は，特に上流の素材産業においても競争の激化により集約化が進んでおり，一部の素材メーカーや半導体メーカーに多くのメーカーの需要が集中するという，いわゆるダイヤモンド型の産業構造になっていた。このため，こうしたメーカーが被災して一時的に生産活動が行えなくなることによって，わが国の製造業全体に甚大な影響が発生したといわれている。

　しかしながら，この影響は当初の予想よりも早く解消されつつある。図5-1でもわかるように，5月にはほとんどの産業の稼働率は大きく改善している。自動車各社でも6月時点でほぼ震災前の生産水準へと回復をみせているように，部品の代替調達先の確保等によって，マクロとしての生産水準はかなりの程度回復をみせている。

（4）電力供給制約による影響

もう一つ，今回の震災の経済被害において無視できないのは，電力供給が制約されたことによる経済的影響である。

東京電力では，福島第一原子力発電所や第二原子力発電所の被害などによって3100万kWまで供給力が落ち込んだ。このため，地震直後には計画停電に踏み切るなどの措置が行われた。その後，火力発電所の再開などにより電力供給能力は上積みされ，7月31日時点での東京電力のピーク時最大供給量は5230kWとなった。電力使用制限令によって東京電力管内では一律15％の電力使用量の削減が義務づけられたが，これにより，現時点では東京電力管内での電力不足は回避されそうな見通しである。

ところが，定期点検などにより停止中の原子力発電所が再稼働できないという問題により，全国で電力供給が不足する危険性に直面している。震災直後に首都圏での電力不足を懸念して西日本に製造拠点を移した企業などもあり，日本経済全体にとっての深刻なリスクとなっている。[1]

3 マクロ経済への影響

今回の震災がマクロ経済に及ぼす影響を考えるに当たって最も重要な点は，日本経済の供給力がどの程度制約されているのかという問題である。

阪神・淡路大震災では供給制約はそれほど問題にならなかった。これはHorwich（2000）や稲田（1999）が指摘しているように，1995年1月当時の日本経済は不景気であったため，経済全体に余剰生産力が存在した。このため，被災した生産設備を他の生産設備に代替するなどが容易に行われたため，物価上昇圧力もほとんどなかったといわれている。

翻って，今回の東日本大震災はどうであろうか。経済がデフレ状況下にあるという意味では，今回の震災は阪神・淡路大震災と同じ環境下にある。内閣府の推計によれば，2010年末で経済全体に約30兆円のデフレギャップが存在している。先に述べた16.9兆円という直接被害のすべてを1年間に再調達したとしても，十分な供給力は日本経済にあるということになる。

こうしたデフレギャップの存在を前提とすれば，今回の震災が直ちに供給制約に結びつくとは考えられず，むしろ復興需要はデフレギャップを埋めるよい機会であるということになる。このため，政府は大規模な財政出動を行うと同時に，その財源は増税ではなく公債発行によって行うことが望ましい。増税はせっかくの有効需要を抑制してしまうことになるからである。また，マンデル＝フレミング・モデル（変動相場制と海外との資本移動の存在を前提としたマクロ経済モデル）に基づけば，大規模な復興需要は国内の金利上昇を招き，それが円高を誘発することによって経常収支が悪化する。このため，大規模な復興事業と同時に，日銀による一段の金融緩和が必要であるという意見も多い。その最も急進的な形は，日銀の直接引き受けによる公債発行を求める立場である[2]。一般的に日銀の直接引き受けによる公債発行は財政規律の低下を招き，ハイパーインフレへとつながる危険性が高い「禁じ手」といわれているが，日本経済に20～50兆円ほどのデフレギャップが存在している中では，20兆円規模の復興財源を日銀の直接引き受けによる国債発行で調達したとしてもインフレになる可能性はほとんどないと指摘する。

これとはまったく異なる立場として，震災以前の日本経済にはデフレギャップは存在しないという考え方も根強い。すなわち，物価水準の下落は有効需要の不足によるものではなく，海外からの安価な財の流入などによって引き起こされたものだというのである。あるいは，そこまで極端にデフレを否定しなくとも，今回の震災が引き起こしたサプライチェーンの被害や，現在も続く電力不足などによって，わが国の経済の供給力が大幅に制約されており，その結果マクロ経済の余剰供給力は，大規模な復興需要を満たすほど十分ではないという立場もある。

このような立場に立てば，大規模な復興投資は国内での物価上昇を招く危険性が高いことになる。いわんや前述のように，復興事業と同時に金融緩和を行うことは，激しいインフレを招く危険性が高いため，復興財源の調達はむしろ増税によって実施されるべきであるという主張になる[3]。

かように，震災後のマクロ経済運営において，経済の供給制約やGDPギャップの規模は，その如何によってまったく正反対の政策を指向することになっ

てしまうため，大きな関心が寄せられた。その中で，例えば大和総研は5月19日に発表したレポートにおいて，①資本ストック毀損のGDPギャップへの影響は限定的である，②稼働率低下の影響は大きく，GDPギャップが一時的にプラスに転じる可能性がある，③資本ストックの復元と稼働率の回復に伴ってGDPギャップはすぐに元の水準へ戻るため，供給制約の影響は中長期的な課題とならない，という三点を指摘した。

　この中で，資本ストック毀損は地震や津波などによる直接的な被害を表していると考えられる。稼働率低下は，電力供給不足とサプライチェーンによる部品供給の停止と考えることができる。また上記の③で，中長期的な課題とならないと指摘されているのは，資本ストックだけでなく稼働率も回復することが期待される前提であることに注意しなければならない。だが，現実の問題として直面している電力供給制約は，福島第一原子力発電所の事故という物理的被害ではなく，原子力の安全性に対する不信によって，定期点検等により停止した原子炉の運転再開ができない，という問題である。このため，電力供給不足は中長期的な課題になりつつある。三菱東京UFJ銀行が7月19日に発表したレポートによれば，来春には原発のもつ4896万kWの電力が失われることとなり，日本経済の潜在力を失わせる可能性が高いと警鐘を鳴らしている。

　このように，マクロ経済の動向については現時点でも不確実性が高く，経済政策についても十分なコンセンサスが得られているわけではない。もちろんその意見の不一致は，震災に起因する問題というよりは，平時のマクロ経済の認識の違いによってもたらされるものであるが，それにしても，被害の全体像ですら未だに定かでない中においては，こうした復興政策のスタンスが分かれることもある意味必然であろう。

　とはいえ，そのコンセンサスを得るまで無策であるというわけにはいかない。そこで，今度は被災地の地域経済に目を向けてみよう。

4 被災地の経済復興の課題

(1) 被災地の雇用問題

　被災地ではしごとの問題が顕在化している。厚生労働省によれば，5月20日時点で震災を理由に離職し，無業者で震災を理由として新たに就職活動をする「被災有効求職者数」は，被災三県（岩手・宮城・福島）で3万8474人である。ちなみに，阪神・淡路大震災では，震災失業者のうち約1万8000人が公共職業安定所に求職票を提出したとされているので，今回の震災はその倍以上になっている。

　すべての被災失業者がハローワークに求職票を出すわけではない。雇用保険を受けるために離職票の交付を受けた件数は，被災3県で11万1573件（3月12日～5月22日）となっている。さらに，被災してしごとを失った方々には自営業者や請負など雇用保険の適用がない人びとも少なくない。日本総研によれば，こういった方々も含めた被災失業者は14～20万人に及ぶという試算がなされている。[4]いずれにせよ，雇用問題の深刻さは阪神・淡路大震災をはるかに上回る規模になることは間違いない。

(2) 復興需要に安易な期待は禁物

　今後も日本経済は復興需要によって下支えされ，自律的な回復軌道を描くと期待している向きは多い。だが，それは一過性のものに過ぎず，それどころか復興需要が一巡した後は，深刻な不景気に見舞われたというのが，阪神・淡路大震災の歴史的事実である。もちろん，それは1997年に消費税の引き上げや財政構造改革などの引き締め政策が行われたことと無縁ではない。だが，被災地におけるGDPの落ち込みは全国以上であった。住宅やインフラの更新需要を先取りしたことで，復興需要の反動が大きかったからである。

　また，被災地は短期的な復興需要の恩恵すら受けられない可能性が高い。社会資本や企業設備の復旧は経済復興の大前提であるから，急いで行う必要がある。だが，復旧・復興事業を急ぐほど，その仕事は比較的被害の少ない他地域

の事業者の力を借りなければならない。そのことは，復旧・復興需要が被災地外部に漏洩することを意味している。

阪神・淡路大震災発生以降5年間に兵庫県内に追加的に発生した需要は付加価値ベースで7.7兆円であった。しかし県外純移出の増加により6.9兆円分が県外に漏出し，差し引き兵庫県内総生産はわずか0.8兆円しか増大しなかった。このことは，復興需要の9割が兵庫県外の事業者に漏出したことを強く示唆するものである。

マクロ的にみた場合には，たしかに復興需要はプラスである。しかし，被災した地域経済に限ってみれば，必ずしも期待するほどの効果は得られないのが現実である。

5　キャッシュ・フォー・ワーク（CFW）とは何か

被災地域の経済復興を促進するためには，被災地に復興資金が落ち，それが地域内に環流するする仕組みを構築しなければならない。そのために筆者が現在提唱しているのは，キャッシュ・フォー・ワーク（Cash for Work, 以下CFW）というプロジェクトである[5]。

CFWとは，「労働対価による支援」と訳される。被災者が復旧・復興に必要な事業に従事し，その労働の対価として現金を支給し，被災者の経済的自立と被災地の経済復興を支援する仕組みである。インド洋津波の被災地バンダアチェにおいてNGOらによって実施され，その後2008年ミャンマーで発生したサイクロンや2010年ハイチ地震の被災地でも実施され，大規模災害の被災者支援の方法として国際的には定着した手法である。フィリピンでは政府の復興支援プログラムにCFWが採用されているほどである。すでに，今回の震災でも山形国際ボランティアセンター（IVY）によって4月12日より約10数名程度の規模で実施されている。

被災失業者を公共事業によって雇用するというのは，終戦直後からわが国で実施された失業対策事業とも通じるものである。また公共事業による雇用吸収はケインズ経済学の影響を受け，世界各国において不況時には広く行われてき

第Ⅱ部　復旧・復興の課題と政策

た。したがって，CFW について特段目新しさを感じない方も多いと思われる。

　だが，CFW はこうした雇用政策とは全く別の文脈で発達を遂げてきたことは特筆に値する。CFW の前身は，フード・フォー・ワーク（Food for Work, 労働に対する食料支援，以下 FFW）であるといわれている。例えばエチオピアでは1972年に大規模な干ばつが発生し，大量の難民が発生した。これらの難民に対して速やかに食料を提供する必要性はいうまでもないが，同時に次の干ばつの発生を抑制するためには，土壌や水の保全，土地利用の改善や土地生産性の向上を行う必要があった。そこでエチオピア政府は，こうした干ばつ防止のための対策に参加した者に対して食糧支援を行うという方法を導入したのである。

　その後，1980年代に入ってからは，労働の対価として食料を提供することよりも，場合によっては現金で支給することの優位性が指摘された。例えば，地域で食料の販売が行われている場合，FFW で食料が提供されれば地元の食料販売は落ち込み，地域経済に悪影響が生じてしまう。また，食料の配給に比べれば現金を支給する方が，現地への運搬や労働者への提供も容易である。そして現金は自分で用途を選べるため，被災者の尊厳と福祉を高める効果が高い（Harvey, 2007）。こうしたことから，FFW に代わる難民支援の方法として CFW が実践され始めたが，近年では災害復興や紛争地域の復興にも用いられるようになってきている（Doocy et al., 2006）。

　このような文脈で考えると，CFW の原点は，FFW がそうであったように，地域の復旧・復興，そして将来的な被害軽減に向けたインセンティブを被災者に付与することにある。失業対策事業と異なり，雇用維持のためのプロジェクトではない。よりよい被災地の復興に対して被災者自らが立ち上がることを促す部分にこそ，CFW の本質があるといえよう。

　そのような観点でいえば，わが国で CFW の事例として最も近いのは，安政南海地震時の広村堤防の建設である。1854年に発生した南海地震（安政南海地震）で被害を受けた和歌山県広村で，醬油業を営んでいた濱口梧陵は，私財を投じて広村（現在の広川村）に巨大な防潮堤を築いたとされる。その目的は，二度と同じような被害を繰り返さないよう防災対策を行うことと，同時に津波被害により経済的に困窮した被災者にしごとを確保するということであった。

この広村堤防は1946年に発生した昭和南海地震において広村を津波の被害から守ることに大きく貢献したのである。現在では，広村は現在では広川町と名前を変えたが，広村堤防は国指定の史跡として，町民にとっても重要な文化財となっている。

6　日本型CFWの推進を

　しかしながら，途上国で実績があるからといってCFWをそのまま今回の災害復興に適用することは困難である。日本でも実績があるからといっても，それは江戸時代の話である。産業構造や人びとの生活スタイルも大きく異なっており。CFWの理念を実現するには，以下に述べるようないくつかの工夫が必要不可欠であろう。

（1）産業構造への配慮：肉体労働だけでなく事務労働でしごとをつくる
　これまで述べてきたCFWの事例はすべて肉体労働を対象としていた。しかし，今日の日本経済において，肉体労働に従事できる求職者は決して多くはない。このためCFWの対象となる事業を事務労働にも広めることが大事である。
　そもそも，復旧事業によって雇用を創造するというアイディアは1995年の阪神・淡路大震災当時にも存在した。「被災失業者の公共事業への就労促進に関する特別措置法」が制定され，災害復旧事業に一定割合の被災者を雇用することを義務づけていた。だが，この法律の適用があったのはわずか100人程度でありほとんど利用されなかったのである。
　その原因は，第一に対象となる職種が単純肉体労働に限定されていたことが挙げられる。阪神・淡路大震災で失業した人の多くは事務職を希望していたのに対し，求人は肉体労働に集中していたことが，被災者の就労を困難にしたのである（永松，2008）。

（2）ボトムアップでやりがいのあるしごとづくりを
　もう一つ重要な点は，やりがいのあるしごとを確保することである。そのた

めには，外部の企業や行政が一方的に企画したしごとだけではなく，被災地において本当に必要とされるしごとをボトムアップで作り上げていく試みも必要である。

阪神・淡路大震災の被災地では復興基金事業として，中高年の被災者を対象に「被災地しごと開発事業」として，月に10日ほど，ビラ配りやごみの分析，交通量調査などの軽作業を行い5000円の日収を得るという事業が実施された。引きこもりの防止などに一定の効果はあったものの，その作業が被災者にとって必ずしもやり甲斐のあるものではなかった。しかもキャリアアップや再雇用には結びつかず，事業終了と同時に再び失職した人が多い（相川，2011）。

すでにみたように，CFWの原点は地域の復旧・復興，そして将来的な被害軽減に向けたインセンティブを被災者に付与することにある。収入が確保できればそれでよいというのではない。地域の復興に自らが参加し，地域の復興につながるやりがいがなければならないのである。

例えば，気仙沼市では被災者による任意団体「気仙沼復興協会」が設立され，気仙沼市による緊急雇用創出事業の受け皿として機能し始めている。現時点では，被災高齢者住宅の片付けや腐敗した海産物の廃棄処理などのしごとが中心であるが，今後は彼ら自身が企画し，避難所の生活支援などの活動を展開していく予定であり，その内容が期待されるところである。

またこれ以外にも，緊急雇用創出事業を用いて被災経験のアーカイブ化に取り組もうとするNPOや，福島県いわき市では，草取りや土とりを行って地元の放射線量を低下させ，風評被害の払拭にも役立てようとするしごとを市民レベルで提案する動きがみられる。こうしたしごとづくりはいずれも将来の復興に貢献するしごとであり，働く側のやりがいも十分担保されるだろうと期待される。

また，今回新しい動きとして注目されるのは，福島県による「がんばろう福島！"絆"づくり応援事業」である。これは，避難所・仮設住宅等の運営体制を強化することにより，避難者同士や地域住民などとの絆づくりを図るとともに，雇用を通じた避難者・失業者への経済的支援を行うことを目的としている。特に画期的なのは，福島県を六つの区域に分け，それぞれの地域ごとに民間事

業者に委託して実施することであり，委託先は，民間事業者からの提案競争（コンペ）により決定されたことである。加えて，事業実施に当たっては地元NPOやボランティア団体など，すでに被災者支援に深く関わっている団体との連携が要望されていることも興味深い。福島県が掲げた雇用創出目標は2000人であり，7月20日時点で，600人がすでに採用されている。

7　「仮設」のしごととしてのCFW

　以上のように説明しても，所詮CFWはつなぎのしごとに過ぎない，本格的な雇用回復には役に立ちそうにないというため息が聞こえてきそうである。たしかにCFWはつなぎである。だが，つなぎであるから意味がない，重要性が低いとはいえない。

　例えば，今回の震災からの復興過程において大量の仮設住宅が必要になっている。仮設住宅は，当面の被災者の生活の場として必要なだけではなく，一時的に被災者が被災地域から離れることで，都市の面的整備を可能にする効果もある。

　また，これだけの大災害において，すぐに恒久的な住宅を手に入れようとすれば，ほとんどの場合被災地を離れる以外に選択肢はないだろう。だが，仮設住宅があることによって，被災者はまちの復興状況を見ながら，そこに関わり，どうやって生活を再建するかを冷静に考えることができるのである。

　しごとについてもまったく同じ事がいえる。これだけの大災害になれば，いたずらに早期の経済活動再開を目指すよりも，一から新しい経済構造を作り直すぐらいの発想があってもよい。例えば宮城県は養殖の漁業権を民間企業に開放する「水産業特区」を提案しているが，漁業者の同意は得られていない。こういった議論を冷静に行うためには，その間漁業者にしごとが保障されていることが大前提である。そうでなければ，復興の議論は当面の生活を守ることが優先され，保守的な結論にならざるを得ないからである。

　したがって，CFWが一時的なものであるというのは，決して弱みではなく，むしろ強みなのである。途上国の事例では，CFWによって支払われる賃金は

市場の相場よりも2割から3割程度低くして，CFWに依存しないような配慮がなされている。またCFWをボトムアップで企画する過程で，復興に向けた様々な事業アイディアが生まれ，そこから恒常的な雇用が創出される可能性もある。

8　持続可能な経済復興に向けて

　CFWは，今回の震災被害やそれに対してのマクロ経済政策のあり方とは独立である。すなわち，経済にデフレギャップが存在するか否かに関わらず，必要であるし実現可能な対策である。そういった意味では，巨大災害からの復興方策としては普遍性を有しているといえよう。

　ただし，CFWは繰り返すが一時的な雇用維持のための仕組みであって，それまでの被災地の経済が抱える構造的な問題を解決することはできない。この点について，東北の経済が抱える構造的な問題を一つ指摘しておきたい。

　それは，東北における賃金の低さである。2010（平成22）年賃金構造基本統計調査によれば，1カ月間に決まって支給する現金給与額は，全国平均が32万3000円であるのに対して，岩手県は25万7500円，宮城県は28万5300円，福島県は27万9800円と，どの県も全国平均を大きく下回っている。2009（平成21）年において四年生大卒かそれ以上の学歴をもつ人の比率は，岩手県11％，宮城県18％，福島県13％と全国平均22％を下回っている。

　東北三県については，しばしば大学を出ても地元で就職できないということがいわれているが，この数字はそれを裏づけている。東北に多くの製造業が立地していたのは，こうした低学歴・低賃金の労働力に支えられていたからである。

　しかし，低賃金を売りにした産業振興は，被災地域にとって一層の頭脳流出を促すし，あるいはより安価な海外の労働力との競争にさらされ，一層の低賃金をまねきかねず，持続可能な産業振興戦略ではない。こうした構造を改革し，より高度な知識と能力をもった人材が地域で活躍できるような産業構造にシフトしていく必要があるだろう。CFWによって生じた新たな地域の支え合いの

第5章　日本経済への影響と地域経済復興

仕組みが，そうした一助になることを期待したい。

注
(1) 「日本経済と電力問題について」『経済レビュー』三菱東京UFJ銀行，No. 2011-6（http://www.bk.mufg.jp/report/ecownew/review0120110719.pdf　2011年7月19日アクセス）。
(2) この立場の代表的なものとして，例えば岩田（2011），田中・上念（2011）などがある。
(3) 例えば野口（2011）がその代表的なものである。
(4) 株式会社日本総合研究所『大震災の雇用への影響と対応策──45〜65万人失業リスクへの対策パッケージ』（http://www.jri.co.jp/page.jsp?id=19615　2011年7月1日アクセス）。
(5) CFWについては永松（2011）でより詳細に論じられている。

参考文献
相川康子「コミュニティ・ビジネスの振興」ひょうご震災記念21世紀研究機構『災害対策全書（第3巻）復旧・復興』ぎょうせい，2011年，388-391頁。
稲田義久「震災からの復興に影指す不況──震災4年目の兵庫県経済」藤本建夫編『阪神大震災と経済再建』勁草書房，1999年，1-43頁。
岩田規久男『経済復興──大震災から立ち上がる』筑摩書房，2011年。
株式会社日本総合研究所『大震災の雇用への影響と対応策──45〜65万人失業リスクへの対策パッケージ』（http://www.jri.co.jp/page.jsp?id=19615　2011年7月1日アクセス）。
田中秀臣・上念司『震災恐慌──経済無策で恐慌が来る！』宝島社，2011年。
永松伸吾『減災政策論入門』弘文堂，2008年。
永松伸吾『キャッシュ・フォー・ワーク』岩波ブックレット，2011年。
野口悠紀雄『大震災後の日本経済』ダイヤモンド社，2011年。
Doocy, Shannon et al., "Implementing cash for work programmes in post-tsunami Aceh: experiences and lessons learned", *Disasters*, 30(3), 2006, pp. 277-296.
Horwich, George, "Economic Lessons of KobeEarthquake", *Economic Development and Cultural Change*, 48(3), 2000, pp. 521-542.
Harvey, Paul, *Cash-based responses in emergencies*. HPG Report 24. January 2007.

（永松伸吾）

第6章
住宅再建と地域復興

1　東日本大震災復興の意味

　2011年3月11日に東日本一帯を襲った地震は，私たちに想像を絶する被災態様を現実化してみせた。いや実際には被害量自体は，例えば首都直下地震や東南海・南海地震の想定量には達しておらず，その意味で思考の範囲内の災害であったわけだが（表6-1），空間としての破壊状況を目の前に示されると，やはり圧倒されるものであった。津波により沿岸部が壊滅的に破壊される様子，多くの人びとの命が失われる様子，同時にそこに住んでいる人たちの生活の場がなくなっていく様子，すべての光景自体が圧倒的だった。
　津波被害は，インド洋津波災害のインドネシアやスリランカの沿岸部と比較すれば同様である。地域の壊滅状態と被災の広さは，地震動と土砂災害による都市・農村集落の壊滅事例として中国の四川地震災害の方が量的に上回っている。台風による水害と津波災害の違いはあれど，現代都市が水の力により根こそぎ壊滅した光景としてはニューオーリンズの激甚被災地域と近似している。21世紀に入り，私たちは世界の災害において似たような光景を目にしてきたわけである。が，日本で，このような災害が実際に，これだけ近未来に起こるとは思っていなかった，というのが筆者自身の実感である。それゆえ，実際の被災地に足を踏み入れ，空間破壊の連続に，他の人と同様言葉を失ったのである。何度か見たことのある光景であるのに……。
　しかしながら，筆者を含め現在の時間を過ごしている者は，この場を再生する機会に直面することとなった。あらゆる知識と技術を投入し，実現可能な空間再生策を実行し，地域の復興を行い，それを通じて次の日本の防災の形を示

第 6 章　住宅再建と地域復興

表 6-1　東日本大震災被害と主要地震被害想定の数字の比較

災害名	東日本大震災[1]	阪神・淡路大震災[2]	首都直下地震想定[3]	東南海・南海地震想定[4]
死者数・行方不明者数	20423	6437	約1万1千	約1万8千
全壊・全焼棟数	約11.2万戸	約10.5万棟	約85万棟	約62万棟
最大避難所生活者数	約47万人	約31万人	約460万人	約500万人

(注)　1)「平成23年（2011年）東北地方太平洋沖地震（東日本大震災）について（第136報）（平成23年8月11日，消防庁）」より。
　　　2)「阪神・淡路大震災について（確定報）（平成18年5月19日，消防庁）」より。
　　　3)「中央防災会議「首都直下地震対策専門調査会報告」（平成17年7月）」より。
　　　4)「中央防災会議「東南海，南海地震等に関する専門調査会」（第14回）東南海，南海地震の被害想定について（平成15年9月）」より。

すことが求められる。20世紀の成長型社会から低成長・持続型社会への脱却を否応なくされる今，また大規模な地震発生が近い将来危惧されている今，今回の震災復興の最大の意味は，単なる被災地の復興というものでなく，日本全体が危惧し，真剣に考えなければならないチャレンジである，といっても過言ではないだろう。

　そのような中で本章は，これまで東日本大震災についてわかってきた住宅再建・地域再建の動きについて，主に内閣府および被災自治体が発表している数字に基づいて現状を考察するものである。いうまでもなく，被災地復興の主目的はすまい・産業・雇用・教育など個人および地域の活動の再建にある。本章では，その中でも特に住宅再建に関して分析を行っている。なおこれらの考察において，筆者の現地視察で得た情報や所感を含めて記述している点をご了解いただきたい。

2　住宅再建と地域再建：阪神・淡路大震災からの教訓

　分析に入る前に，住宅再建・地域再建における論点の整理を行う。現代の災害復興とまちづくりの転換点となったのは阪神・淡路大震災であることは間違いない。あの震災は都市型災害であり，この度の東日本大震災とは様相を違えるが，復旧・復興期のまちづくりから得られた様々な反省をもとに教訓が示されている。東日本大震災の住宅再建・地域再建の現在を検証する上で，今一度

振り返ってみる。

（1）地域コミュニティ継続の原則

なぜ地域コミュニティの継続が重要なのだろうか？　それは「地域コミュニティ継続」が，「地域の人が被災前のもとの地域に帰りたい」というある意味本能的欲求だけでなく，災害復興において様々な意味をもつからである。

阪神・淡路大震災では10万を超える世帯が家を失い，直後は全く先行きのみえない状況に陥った。ここから公的支援に基づき，自力住宅再建が困難な人びとは避難所・仮設住宅・公営住宅という「単線的」と称された過程に導かれた。[1] この過程で迅速性かつ公平性に重きを置き，被災地周辺の限られた土地を有効に活用しつつ，個々の世帯に対して順次住宅供給を行った結果，従前の地域コミュニティへの帰還が難しくなっただけでなく，被災前後の各段階で形成された人的ネットワーク自体が崩壊してしまったのである。そのことが結果として被災者の生活再建や地域再建にマイナスの影響を与えた，というのが反省であり教訓であった。

都市社会は高度にネットワーク産業が発達しており，人びとはその日常機能を享受している。しかし長年その地区に暮らしてきた人びとの生活は，高度なネットワーク機能よりむしろ根源的な地域づきあいや商店街との関係など，地域の人的ネットワーク機能によって支えられていた。災害はネットワークを一時的にすべて遮断するものであるが，即時に回復できるのは人的ネットワークである。しかし住宅再建過程で奇しくもその人的ネットワークを徐々に徐々に分断していってしまった。阪神・淡路大震災の教訓は，物理的ネットワークとともに人的ネットワークを再構築し維持することが重要であることを示唆し，その後の災害復興まちづくりにおいて最重要課題となった。

今回の被災地は，都市部にもまして近隣の人的ネットワークに支えられて生活してきた社会である。さらに地域の交通機関や道路網などの物理的なネットワークも人びとの生活に直結し，また複数路線や代替手段といった冗長性があるわけでもない。都市型災害よりも双方のネットワーク再建の重要性が指摘できる災害である。阪神・淡路大震災時にも指摘されたが公共復旧事業とともに，

地域の被災者のくらしや活動の再建にも注力していく必要性がある。

(2) 安全と再建のジレンマの発生

　阪神・淡路大震災の復興まちづくりにおける安全は，主に「地震火災」に対するものであり，またそれは戦後から日本の都市に掲げられてきた一貫した目的であった。つまり地域の安全を標榜した空間計画を構築する上で，対象としていた災害は「火災」であり，必要な要素は「空地」，「不燃構造物」，「延焼遮断物」である。古くからの木造低層建築物で密集していた市街地に，延焼火災抑止の要素をいかに創出して組み込んでいくのかが焦点であったといえる。当然，平面空間量が限られる中で，人びとの土地や建物，つまり個々人の持ち物を，地域のため，公共のために転用または制限することとなる。その過程で様々な利害関係の対立があったのはいうまでもない。地域の安全と個々人の再建がまさにその場で対立する。この解決に当たっては粘り強い話し合いが必要であるが，まちづくりのノウハウをもった専門家，実務家の存在なしに突破は困難であった。地域の協議会を支援するまちづくり専門家の存在が不可欠である，との教訓がそこにはある。

　今回の大震災では，これまでの都市火災対策とは異なった手法を用いて，阪神・淡路大震災時よりも多数の地区で，また広い範囲を持った空間再構築がなされるはずである。被害の激甚さを一つ一つの地区で見比べると，阪神・淡路大震災の火災延焼地区の様相と似ているが，範囲が広く，また津波安全対策と地域再建の両立の困難さは筆舌に尽くしがたい。しかしそこには共通点もある。それは，空間によって災害に対する安全を確保し，住民はまちづくりに関与することで，最終的にはまちの安全を向上させることができる点である。この過程においてあらゆる専門家・実務家の知恵が必要となるであろうし，その協働体制のあり方も問われてくる取組みである。その意味では，今回の災害復興は津波リスクと地域安全の関係を考え直すものとなるだけでなく，日本の現代社会が災害リスクとどのように向き合うか，空間をどのように組み立てるかを問うものとなるといえる。

（3）個人再建とまちづくりとの関係のあり方

　まちづくりの主体は，居住者であり，つまりは被災者である。彼らが個々人の生活再建を行い，まちの再建を行っていく過程で，いかに支援していくか考えるのが周辺の人間のできることである。阪神・淡路大震災の経験からすると，得てして生活再建とまちの再建は，時間が経つとともに分離していき，また被災者の生活再建の格差が広がるにつれ，まちづくりへの意識や活動が弱まっていく，といったことが指摘される。ここでは人びとが主体的にまた継続的にまちづくりに関わるような仕掛けづくりが必要となる。

　まちづくりは，空間構築だけではない。その過程において人的ネットワークをさらに強固にしていくことや，まち自体への関心を高めることが，結果として個人個人の満足度を高めることとなる。このためには，まちを再建していくプロセスを通じて，まちへの愛着をもつことが人びとの生活再建を支えるものとなる関係を作っていかねばならない。

　今回は，多くの場所で津波災害に対する地域集落の再生という現代社会における新たな課題を解かねばならない。まちの人びとの主体的な自力再建への取り組みとともに，まちに対する積極的な働きかけやそれにこたえる仕組みづくりをあらゆる知恵を結集して作り上げなければならないといえる。

3　被災者のすまい再建に関する動向：被災5カ月の検証

（1）住宅被害の特徴

　東日本大震災の全壊レベルの住宅被害戸数や最大避難所生活者の数は，阪神・淡路大震災と比べるとけた違いに大きな数ではない。しかしながら被災者の生活・住宅再建を考える上で以下の3点で違いがある。

　1点目は今回の震災の住宅被害の大半は津波による被害である点にある。津波の来襲した地域はほぼ壊滅的な面的被害が起こり，しなかった地域では住宅被害は皆無である。その境界には明確なコントラストがある（写真6-1）。これは阪神・淡路大震災の住宅被害とは様相を異にしている。阪神・淡路大震災の住宅被害は，地震動による揺れが原因で倒壊したものが多数を占めており，

第6章 住宅再建と地域復興

写真6-1 宮城県南三陸町の1ヵ月後の状況

2011年4月10日撮影。

この場合地域全体の壊滅被害という状況は起きにくい。その意味で,今回の光景は延焼火災地区や土砂災害地区と状況は似ている。くり返しになるが,阪神・淡路大震災では,地域全体のあらゆる構造物が使用不能になったという地区は,ほんの一部だけであった。壊滅的な地域被害が沿岸部に連なる東日本大震災と,阪神間という限られた地域の中で,非常に密集した市街地において全壊住宅が点在しながらも膨大な量となった阪神・淡路大震災。この違いが個々人の生活再建と関係する住宅再建,地域再建に関する支援や復旧・復興の形に決定的に異なる要素が必要になる理由となる。

　2点目は被害の広域性である。今回は住宅被害(全壊・半壊・一部損壊・浸水被害)が1000戸以上あった都道府県は10県にわたる[2]。また,太平洋沿岸の多くの沿岸市町村では,津波被害により本庁機能さえ失っている。当然,集落単位では壊滅的な被害を受けたところも数百存在している。さらに,本来市町村をバックアップする広域自治体(都道府県)も,あまりに多くの市町村が地震動

139

と津波，さらに原子力発電所災害が重なる同時被災に見舞われ，対応可能量をはるかに上回る業務をこなさなければならなかった。さらに，強く揺れた範囲が広域に及んだゆえ，東日本全体の物流・通信ネットワークが被害を受け，ライフライン途絶と重なったことで，緊急対応のみならず応急対応にも非常に広い範囲で困難な状況に陥った。激甚被災地が阪神間と淡路島にあり，その周辺の都市，特に大阪の機能が生きていた阪神・淡路大震災との違いは，特に発災1週間の被災者対応状況の差に表れているが，さらに今後の復旧・復興段階で様々な新しい課題を生み出していくことが予想される。

3点目は原子力発電所災害による避難指示地域の存在である。住宅被害とはいえないものの一定期間居住ができない可能性が指摘されており，住宅再建が必要な被災者として考えなければならない事態となっている。この課題は日本がこれまで扱ったことのない難しい課題にみえるが，住宅再建の類似性からみると噴火災害が近いといえる。ただし今回は量が膨大であり，また責任主体との関係が存在する。数万という単位の人びとを移転・再定住と帰還という選択肢を，国・自治体・事業者・被災者で意思決定していくという物理的にも社会的にも政治的にも非常に難解な課題を抱えているのは間違いない。

総じてみると，今回の災害被害は16年前に経験した阪神・淡路大震災と比較して，住宅再建や地域再建を考える上では，量的な問題より，むしろ質的な違いが大きい。そのため単に量的問題として対応するだけではなく，一つ一つの状況を読み解いていかなければならない。またその課題は時間が経つにつれて徐々に顕在化していくものと思われる。

(2) 避難所・仮住まいにみた本災害の特徴

今回の災害の避難所・仮住まいの段階における特徴を東日本大震災復興本部から公表されている資料に基づいて考察する[3]。被害状況の違いだけでなく，被災者の最初の再建段階においてもいろいろな課題が出てきており，ここでは特に阪神・淡路大震災との比較を通じて，今回の特徴を考えてみたい。

①避難所の状況把握と物流構築に時間がかかった

東日本大震災における避難者数の推移については復興本部資料（図6-1）で

第6章　住宅再建と地域復興

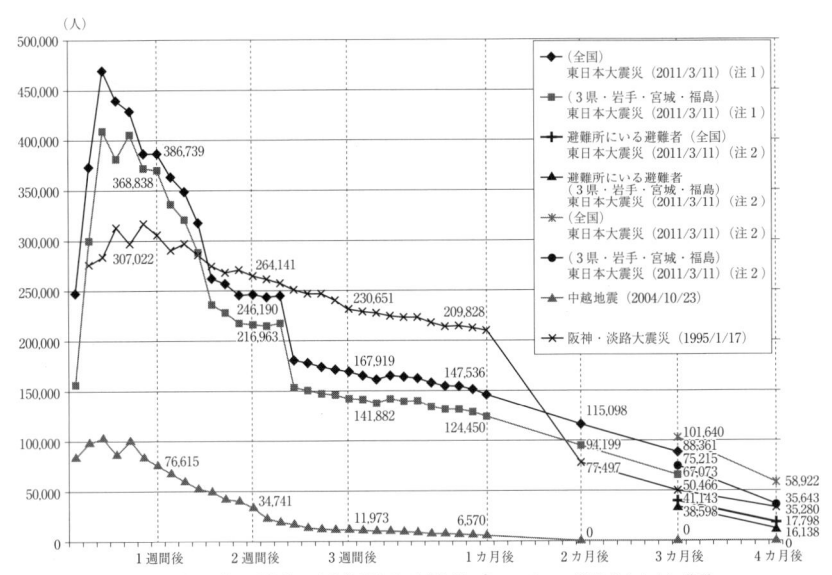

図6-1　避難所生活者の推移（東日本大震災，阪神・淡路大震災および中越地震の比較）

(注)　1：警察庁は「公民館・学校等の公共施設」及び「旅館・ホテル」への避難者を中心に集計。
　　　2：当チームは①避難所（公民館・学校等），②旅館・ホテル及び③その他（親族・知人宅等）を集計。
(出典)　東日本大震災に関しては警察庁の発表資料等（注1）及び当チームで行った調査結果（注2）を，中越地震に関しては新潟県HPを，阪神・淡路大震災に関しては「阪神・淡路大震災―兵庫県の1年の記録」を参照。
(出所)　内閣府：被災生活支援チームホームページより（http://www.cao.go.jp/shien/1-hisaisha/pdf/5-hikaku.pdf　2011年7月31日アクセス）。

阪神・淡路大震災や中越地震と比較されている。これをみると激甚な被災があった3県（岩手県・宮城県・福島県）について，避難者数・避難所数の4カ月時点をみると，阪神・淡路大震災時とほぼ同じスピードで減少していることがみて取れる（注：阪神・淡路大震災との比較をする上では，避難者数の数え方の点で警察庁ベースのデータが近い）。

しかしながら阪神・淡路大震災時には，避難所における救援物資配送の体制は1週間時点でほぼ整っており，3日後程度からほとんどの避難所で多くの物資を得ることができていた。これはやはり周辺の都市機能が生きていたこと，周辺との物流ネットワークが構築できたこと，被災地域内にも利用可能な資源が多数存在していたこと，が背景にあったことを今回痛感した次第である。

第Ⅱ部　復旧・復興の課題と政策

　東日本大震災の津波被災地域においては，まず地域内に使える資源が津波被害によりほとんど滅失し，ほぼすべてを外部支援に頼らざるを得ない状況に置かれた。そこに交通ネットワークの遮断，情報ネットワークの遮断といった物理的な障害により，避難所状況の把握に時間を要することとなった。ただ，実際には道路ネットワークが完全に途絶されたわけではなく，1週間程度経過した時には外部からも激甚被災地の多くの所へ行くことは可能であり物理的なネットワークは仮復旧していた。また，そのころには内陸部に多くの支援物資が集積しはじめ，また東日本全体を広域的に捉えると十分に供給可能な資源は存在していた。しかし，1週間たっても避難所において物資や支援が十分に行きわたる状況にはならず，また全体の状況把握も不十分なままであった。ここに「ガソリン（燃料）の欠乏」がもたらした非常に大きな影響が表れている。ネットワークのラインを仮復旧したものの，そこを流れるキャリアが動かない，のである。避難物資を積んだトラック等が全く動かなかったわけではない。最大の障害は，物資の行き来とともに流れる「被災地に関する状況情報」が動かなかったことと，毛細血管のように流れる小さな物流が機能できなかった点にある。今回の被災地は広い分，多くのトラフィックが必要となるはずなのに，それができなかった。つまりトラフィックの極小化が被災地への物資供給を遅らせたとともに，支援側に被災地自体の状況把握を遅らせることとなった。さらに「燃料の枯渇」という不安は東日本全体に広がり，本来なら支援者側として大量の物量を投入しなければならない支援地域の物流さえも困難に陥った。[4]「物はあるのに，また支援する意思はあるのに，動けない」という状況が，被災地内外に作り出された。この課題が解決するのに概ね震災から2週間かかっており，被災者への初期の支援が遅れる最大要因となったといえる。周辺からの物量作戦が可能であった阪神・淡路大震災時やその他のこれまでの災害とまったく異なる様相が垣間みえた点である。

　②避難者状況が岩手県・宮城県・福島県で異なる

　災害時に避難する被災者を完全に捕捉することは実は難しい。被災者が各自の意思で移動する行動を，地元自治体も受け入れ自治体も把握するしくみを日本は有していないからである。これまでの災害においても，例えば阪神・淡路

第 6 章　住宅再建と地域復興

図 6-2　全国の避難者数の推移（都道府県別・施設別／2011年 8 月11日現在）

1．避難所（公民館・学校等 A）にいる者は，約8,600人（前回〔7 月28日現在〕と比べ約4,300人減）。3 県以外では 9 都県で約1,300人。
2．住宅等（公営住宅・応急仮設住宅・民間賃貸住宅・病院等 D）に入居済みの者は，全国では約40,000人（前回と比べ約5,000人増）。3 県では82,866戸（前回と比べ6,843戸増）。
3．住宅等への入居者を除く避難者は，（A）＋（B）＋（C）で，約43,000人（前回と比べ約9,000人減）。
4．全国47都道府県，1,100以上の市区町村に所在している（前回と比べ11市区町村減）。

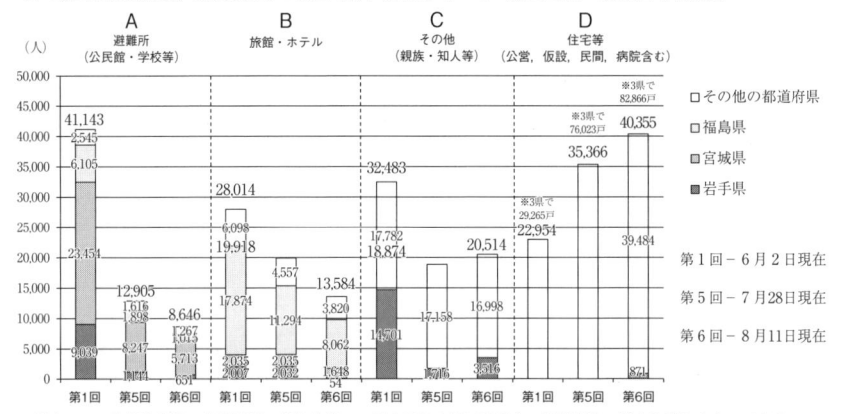

（注）　1：各都道府県・市区町村の協力を得て，平成23年 8 月11日現在の避難者等の数を集計したものである。
　　　 2：岩手県のその他（C）については，在宅通所者数を含む数値である。
　　　 3：3 県の住宅等（D）については，戸数のみ把握しており，入居者数は把握していない。
　　　　　なお，これとは別に，岩手県においては，宮城県と福島県から岩手県内の仮設等に入居している者の数871人を把握している。
　　　 4：その他の都道府県合計は61,569人（前回と比べ2,872人増）であり，福島県から49,890人（2,610人増），宮城県から6,880人（159人増），岩手県から1,346人（9 人減），その他・不明が3,456人（115人増）。
（出所）　東日本大震災復興対策本部ホームページを基に作成（http://www.reconstruction.go.jp/topics/110822hinansya.pdf　2011年 8 月22日アクセス）。

大震災において 5 ～10万人といわれる県外避難者の問題がクローズアップされてきた。東日本大震災ではこれらの災害経験を踏まえ，総務省が中心となり「全国避難者情報システム」を立ち上げ，また内閣府では避難者として避難所にいる人だけでなく，旅館・ホテルを使っている人や，親類等に避難している人などを調査し全体像の把握に努めている。

これら多様な避難者について内閣が行った調査の結果が図 6-2 である。ここから被害の甚大であった 3 県の避難者状況の違いがみえてくる。

岩手県では避難所および旅館・ホテルの避難者が震災後 5 カ月で終息しつつあることがうかがえる一方で，その他（在宅通所者，親族・知人宅等）に分類さ

れる避難者がこの2週間で大幅に増加していることがみて取れる。A・Bといった公的支援の性格の強い避難空間の縮小に伴い、Cの「私」レベルがもつ空間での避難に移行している点が特徴的である。これには、在宅通所だけでなく地域コミュニティにおける仮住まい空間の提供といった活動があることが指摘されており、地域の特徴的な動きとして考察できる。

宮城県は、初期の避難者数も非常に大きく、まだ震災後5カ月時点でもA・Bといった公的支援の性格の強い避難空間に多くの人びとが避難している状況である。宮城県からその他の都道府県における避難者数の推移をみても、2週間前調査から微増であり、主に学校や旅館・ホテルといった所における避難者解消にはまだ時間を要することが予想される。

福島県は、公的施設の避難所利用者よりも旅館・ホテルの避難者が多いことが特徴的である。双方の避難者数とも2週間前調査から大幅に減っておらず、解消にはまだ時間を要することが考察される。また3県以外のその他の都道府県の避難者数の合計は約6.2万人であるが、そのうち福島県からの避難者が約5万人であり、県外避難者が非常に多い点が特徴的である。この福島県が他の2県と違う点は、原子力発電所災害による避難指示が14市町村の約5.5万人に出されている点にある[7]。完全に住宅が破壊されている避難者だけでないことが、結果として避難者動態に影響を及ぼしていると考察される。

この避難形態の違いが、それぞれの県さらには市町村の復興状況にどのように影響を及ぼすかは今後の調査が必要であるが、いずれにせよ広域災害における避難者対応を全国レベルで考えることが重要であることを端的に示すものであるといえる。

③「みなし仮設」の効果と課題

今回の避難者動向が過去の災害と異なる様相をみせた一つの理由は、民間賃貸住宅を「みなし避難所」または「みなし仮設住宅」として活用する策を積極的に打ち出した点にある[8]。阪神・淡路大震災以降、避難所の解消策や仮設住宅の大量建設を抑止する策として国・自治体は民間住宅の活用策を検討してきており、近年の災害事例で数は少数であったが既存住宅を「みなし仮設」とする策がとられてきていた。今回は全国の賃貸住宅検索システムと連動し、国・自

第 6 章　住宅再建と地域復興

表 6 - 2　二次避難の状況（2011年 8 月11日現在）

(単位：戸)

	入居済又は入居者決定戸数	提供可能戸数
応急仮設住宅（8/11現在）〔国土交通省調べ〕	47,170（完成済）	49,866（着工済）
国の宿舎等（8/8現在）〔財務省調べ〕	8,163	36,640
公営住宅等（8/8現在）〔国土交通省・財務省調べ〕	6,671	23,560
民間賃貸住宅の借上げ（8/10現在）〔厚生労働省調べ〕	49,841	―
計	111,845	110,066

（出所）　東日本大震災復興対策本部ホームページより（http://www.reconstruction.go.jp/topics/nijihinan-ukeire.pdf　2011年 8 月22日アクセス）。

治体が家賃等に対する支援策を打つことにより，全国にある民間賃貸住宅が避難者用に供給可能な形をつくることができた。その結果，現在の二次避難の状況については表 6 - 2 にあるように，約11万戸の避難者用のすまい供給のうち民間賃貸住宅借上げ型が約 5 万戸を占めている。

　この「みなし仮設」の供給は，被災地にある避難所の避難者数の抑制および減少スピードを高める効果があったと考察される。また被災者にとって，ある程度自ら希望する場所で，また居住水準が保たれている空間で，一時的な仮住まいが経済的な心配をすることなく過ごせることは生活再建の第一段階としてプラス面が大きいといえる。阪神・淡路大震災で指摘された「単線的な住宅再建」という課題に対して一つの解を示したものであるといえる。さらに国・自治体側にとっても，避難所解消策として次の段階で必要な支援策である仮設住宅供給数が抑制され，これもこれまでの災害でたびたび指摘されてきた仮設住宅建設費用低減に一定の効果があった。

　しかし一方でこの民間賃貸住宅への移転は，被災者を個々の存在として際立たせるものとなる。被災地域における近隣居住関係を一時的に分断し，地域のかたまりではなく，避難時から個々の存在として行動することになる。数カ月程度の「避難」の意味合いであればそれほど問題はないが，移転場所で生活が開始され，日常生活が行われ「仮住まい」としての時間が経つにつれて，個と

第Ⅱ部 復旧・復興の課題と政策

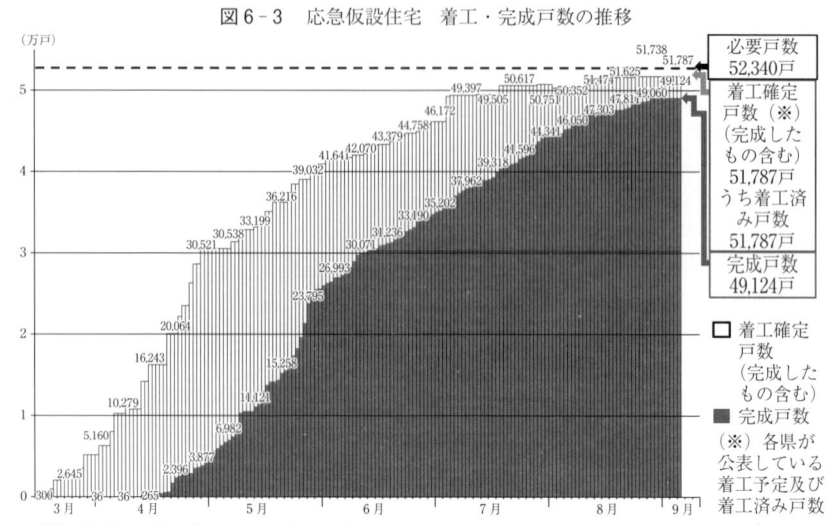

図6-3 応急仮設住宅 着工・完成戸数の推移

(注) 住宅局 平成23年8月30日10時00分現在。
(出所) 東日本大震災復興対策本部ホームページより（http://www.mlit.go.jp/common/000143900.pdf 2011年8月31日アクセス）。

しての意味合いが大きくなっていく。

　つまり先に述べたように，被災前の生活環境の中で人的ネットワークに支えられてきた度合いの大きい人ほど，時間が経つにつれて分離感・孤独感が大きくなる懸念がある。また，民間賃貸住宅支援も永久に行われるものではない。次の段階を考えるときに，旧来の地域の状況があやふやであるほど，彼らの不安要素は高まると同時に，旧来地域への帰還といった関係再構築の選択肢の幅は小さくなっていくと予想される。避難所・仮設住宅から地域再建という流れにおいて，旧居住地をある程度考慮してプログラムが組まれるのとは対照的に，最初から個々の自立的再建能力を問われるものであるといえる。全国各地に避難空間を求めた個々の被災者を，旧来の居住地域とどのようにつなぎ再構築するかという課題が次に立ちはだかっている。

　④阪神・淡路大震災と同等の仮設住宅の供給スピード

　東日本大震災における仮設住宅供給数の推移は図6-3の通りである。震災当初は，仮設住宅の数が7〜8万戸必要であるとの議論がなされ[9]，建設場所の確保や仮設住宅の供給力の限界から阪神・淡路大震災時よりも遅れる可能性が

指摘されたが，前述した策などにより結果として，概ね阪神・淡路大震災時と同数レベル，同等スピードで供給していることが見て取れる。

　仮設住宅における被災者の仮住まいの課題は，これまでの災害でもたびたび報告されており，今回はその対策を含めて部分的になされている。例えば，ある市町村では旧来の居住地の地域単位で仮設住宅団地の入居を行い，極力従前の社会的なネットワーク基盤を壊さないよう配慮する，仮設住宅内に集会所や福祉ケアのできる施設を設ける，商業店舗を設置することを許可する，などが行われている。また地域産業資源を活用し，木造仮設住宅の供給を行う事例が報告されており，ある程度長期的な「仮住まい」をするための様々な動きがみえてきている。仮設住宅は公的支援の産物であるが故，最低基準で公平・平等であり，また公的な施設として扱う，といった原則が根底にあったが，これまでの災害でたびたび批判されてきている点であった[10]。今回，仮設住宅の多様性を一部みることができるのはこれらの議論と取り組みの成果であるといえるが，一方で従来型の仮設住宅団地も数多くあるとみられ，今後どのような生活上の課題が出てくるか注視する必要がある。

⑤まちづくりの動きと住宅再建

　今回の災害において，震災から5カ月の時点で自力住宅再建の動きはほとんどみることができない。阪神・淡路大震災のような地震被害とは異なり，多くの場所が津波の再襲来危険地域であり，地域全体のまちづくり計画がある程度決定してからでないと個人の住宅再建を始めることができないからである。自らの再建の動きを止められている以上，ほとんどの被災世帯が「仮住まい」を行っていると捉えてよい状況である。阪神・淡路大震災被災地では，大半の地域はまちづくり計画に縛られることなく，個々の自力再建を行える環境にあった。住宅の再建能力をもつ世帯は早々に自らの住宅再建を開始し，またデベロッパーも開発余力のある土地を確保し集合住宅建設を行っていた。被災から5カ月の時点では，多くの場所で公共インフラの復旧や仮設住宅の建設といった工事だけでなく，マンションや戸建住宅の建設も行われていた光景を思い出す。東日本大震災の被災地とまったく異なる点といえるだろう。

　津波被災地のまちづくり計画の策定は困難を極めている。津波リスクや住宅

再建の問題だけでなく，地域産業・雇用・商業といった経済活動の基盤も失われており，さらに公的施設も壊滅的な被害である。つまり復旧・復興に際しては複合的な機能再生を必要とするため，従来の土地利用計画主体の復興まちづくり的な発想をより拡大させて，地域全体の活動再生計画と空間計画を組み合わせなければならない。実際には産業基盤の復旧の道筋もまだみえておらず，津波リスクに関しても議論の最中である。国・自治体・住民で議論はされているものの，利害関係者が多く存在するこの計画で共通理解と合意を得られるものを組み立てるにはいましばらく時間がかかるようにみえる。しかしこの計画がある程度決定しないと個々人の活動に入れない，というもどかしさがある。

4　住宅再建・地域再建の方向性

　東日本大震災における地域再建・住宅再建の現状を総合的にみてみると，阪神・淡路大震災以降取り組んできた国や自治体の対策や準備の成果の一部が表れているといえる。マクロ的な被災者支援の住宅関連の動きは，阪神・淡路大震災時と比べても遅れることなく，概ねシナリオ通りに進んでいるのではなかろうか。

　しかし，阪神・淡路大震災の地域復興を支えた最大の原動力は，圧倒的な住宅供給ニーズであったといえる。都市部の老朽家屋の被害が，密集市街地再編を加速させ，都市計画事業によるまちづくりが垂直的土地利用を後押しした。これらの方法が可能なのは，被災地の土地がもつ市場価値としてのポテンシャルであり，実際多くの土地に民間分譲住宅が建設され，販売されていった。被災地の人口は10年でようやく回復したが，住宅供給戸数は3年で減失戸数を大幅に上回っていた事実がある。多くの資本および多くの人びとが被災地の外から中へと流れていき，地域の復旧・復興に少なからず影響を与えてきたわけである。つまり，個々の住宅再建の動きが地域再建をけん引する形だったわけである。

　東日本大震災ではこのシナリオが成立するとは考えにくい。どちらかというと，北海道南西沖地震，雲仙普賢岳災害，新潟県中越地震，福岡県西方沖地震の被災地再建事例が近いだろう。小規模な集落単位の再建が，無数に存在して

第 6 章　住宅再建と地域復興

いる，と考えられる．従前の災害後の集落再建では，被災地の状況を鑑みて，様々な支援方法を組み合わせ，それぞれに見合った計画を作り実行してきたが，そこには国を含めた一連のバックアップが存在していた．被災規模が小さい分，地域再建や住宅再建支援に特別な措置を取ることができてきたといえる．今回の災害は，あまりにも地区が多く量も多い．その意味で，小さな計画の集合として解ききれるのかどうかは，現在の取組みをみるだけでは判断は難しい．

　しかし少なくとも被災地再建を支える上で，財政的制約が過度に地域の再建計画を妨げる環境をつくってしまうべきではないと考える．今回の災害でそれぞれの地域がどのような復興ビジョンをもつかは，今後の日本の地域計画を考える上で非常に重要な意味をもつ．地域の復興は5年10年と取り組まれていくが，この過程は被災地だけでなく日本全体の再生過程とリンクしてくる．この被災地が，どのように災害と向き合い，地域の再建を成功させて，一人一人の再建を成し遂げていくかは，首都直下地震や東南海・南海地震の発生が21世紀内に想定されている私たちにとっても他人事では決してないことを十分に意識しなければならない．また都市と農村の問題，エネルギー問題，人口減少，高齢化，様々な地域課題に向き合わねばならない現実がすぐそこにある．これを財政的な枠組みを先に当てはめて，再建過程を規定してしまうことは，日本全体の将来の地域像を危うくするものである．全く財政的な問題を考えずに復旧・復興すればいいといっているわけではない．まずは被災地における地域の将来ビジョンを描き，それを構築する上で必要な手段・方法を組み立てる際に，財政的な問題と向き合い知恵を出し合うことが重要であると指摘したい．

　現在，東日本大震災の被災地は「避難」から「仮住まい」という段階へとほぼ移行してきている．それは「住宅再建の道筋を具体化させる」という課題に踏み込んでいく時期となったことを示している．まだまだ被災地では数多くの問題が生じてくるだろう．阪神・淡路大震災とも，これまでの集落災害とも異なる領域は，実はこれからであり，専門家・実務家の英知を結集して取り組むことが求められる段階であるといえる．また同時に国内外の多くの支援が継続的になされることが必要であること，私たち自身が東北の復興を意識の中にしっかりともっておくことが大切であること，を記しておく．

第Ⅱ部　復旧・復興の課題と政策

注
(1) 平山は，阪神・淡路大震災の住宅再建支援策を「復興に向けた住宅政策は『単線型』計画とマス・ハウジングとして編成されたところに特徴がある」と論じている（平山，1999）。
(2) 「平成23年（2011年）東北地方太平洋沖地震（東日本大震災）について（第136報）（平成23年8月11日，消防庁）」より。
(3) 東日本大震災復興対策本部ホームページ（http://www.reconstruction.go.jp/ 2011年8月31日アクセス）に資料が掲載されている。
(4) 例えば，『日本経済新聞』の3月21日の記事で指摘されている（http://www.nikkei.com/news/headline/article/g=96958A9C93819691E0E2E2E29B8DE0E2E2 1E0E2E3E39C9CEAE2E2E2　2011年8月31日アクセス）。
(5) 阪神・淡路大震災復興フォローアップ委員会（2009）に詳しい。
(6) 総務省「東日本大震災等に伴い避難した住民の所在地等に係る情報を住所地の地方公共団体が把握するための関係地方公共団体の協力について（通知）」の発出（平成23年4月12日）（http://www.soumu.go.jp/menu_news/s-news/01gyosei02_01000014.html　2011年8月31日アクセス）。
(7) 福島県ホームページ：東日本大震災関連情報より。
(8) 厚生労働省社会・援護局総務課：東日本大震災に係る応急仮設住宅等について（その2）（平成23年5月24日）。
(9) 例えば，『朝日新聞』2011年4月9日付の記事で第一次補正予算として仮設住宅7万戸分の建設費を計上する方針が報じられている（http://www.asahi.com/politics/update/0408/TKY201104080586.html　2011年8月31日アクセス）。
(10) 日本建築学会（2009）など。

参考文献
越山健治「都市計画的視点から見た住宅復興の諸問題」『減災』Vol. 1，2007年1月。
阪神・淡路大震災復興フォローアップ委員会『伝える　阪神・淡路大震災の教訓』ぎょうせい，2009年。
神戸大学震災研究会『大震災100日の軌跡』神戸新聞総合出版センター，1995年11月。
神戸大学震災研究会『神戸の復興を求めて』神戸新聞総合出版センター，1997年5月。
岩波書店『世界　特集　人間の復興を！暮らしの復興を！』No. 820，2011年8月。
平山洋介「震災復興と住宅政策」『提言　大震災に学ぶ住宅とまちづくり』阪神・淡路まちづくり支援機構付属研究会，1999年。
日本建築学会『復興まちづくり』日本建築学会叢書8　大震災に備えるシリーズⅡ，2009年。

（越山健治）

第7章
被災者の心理的影響とストレスケア

1 東日本大震災の犠牲者と被災者

　今回の東日本大震災では，約2万人の人びとの命が失われた。岩手県，宮城県，福島県の3県における震災による死者の9割以上が，津波による溺死が死因であったという。これに対して，阪神・淡路大震災の犠牲者の多くは，木造家屋が倒壊して，その下敷きになった人たちだった。いうまでもなく，自然災害に見舞われたときに，最も重要なのは，自分たちの命を守ることである。震災後にメディアなどに登場し，注目される，いわゆる被災者とは，震災で命を落とさずにすんだ，生き残った人たちのことであり，被災者とは別に，命を失った多くの犠牲者が存在することを私たちは決して忘れてはならない。

　震災で命を失った人たちが，もしも声を発することができるとすれば，間違いなく，命を守ることの大切さを訴えるであろう。震災によって命を落とさないことは，何にもまして優先すべきことなのである。そのためには，例えば，災害に強い，できるだけ安全な場所を選ぶことや，耐震性能の高い家に住むことなど，根本的なハード対策が非常に重要である。大震災は，日本社会全体でみると，たびたび発生する出来事ではある。しかし，ひとりの人間にとっては，一生に一度経験するかしないかという，非常にまれな事象である。そして，自分の住むところを選ぶという行為もまた，人生の中で，それほど何度も経験することではない。だからこそ，住むところを選んだり，家を建てたりするときには，できるかぎり，災害のこと，自分の命を守ることを真剣に考える必要がある。ふだん何気なく，日常生活を送っていると，なかなかめったに起こらない災害のことを考えたり，万が一，自分が被災したときのことを想像したりす

ることは難しい。しかし，地震大国である日本に住んでいる以上，一生のうち，あるいは，自分たちの子どもや孫が，天寿を全うするまでの間に，大災害に遭遇する可能性は，非常に高いことを認識しなければならない。特に，日本は今，地震の活動期に入っているという指摘もあり，今後も，大規模災害が発生することが懸念されている。非常にまれな出来事ではあるが，命を落とすという取り返しがつかない犠牲を出すことを避けるためには，起こりうる最悪のシナリオを想定し，たとえそのシナリオが現実になったとしても，自分の命を落とさないですむ可能性を，できるだけ高くすることを心がけ，その準備をしておかなければならない。被災者の心理について考える前に，まずは，震災による犠牲者とならないこと，命を守ることの大切さをあらためて指摘しておきたい。

震災によって，たとえ命が助かったとしても，被災者には，様々な苦難が待ち受けている。東日本大震災のような想像を絶する大災害で被災したとき，私たちの心や体には，いったいどのような変化が起きるのだろうか。今回の大震災では，津波によって生命の危機にさらされる体験をした人も多い。あるいは，自分自身は無事であっても，目の前で生命の危機にさらされる人々を目撃し，しかも，どうすることもできないという経験をした人も多くいる。そして，被災直後には，無力感や戦慄，絶望や恐怖といった感情的な体験を多くの人びとがした。さらに，大切な人や家，場合によっては，自分の住んでいた地域そのものなど，自分にとって大切な人やものや場所を失った人も多数いる。また，被災後，生活環境が大きく変化し，非常に長期にわたって不自由な生活を強いられている人々が多い。特に，津波による甚大な被害を受けた地域や，福島第一原子力発電所の事故の影響を受けた地域では，避難所生活や仮住まいでの生活が長期にわたって続いている。

このような日常とはかけ離れた，人びとに大きな影響を与えるような状況は，惨事（Critical Incident）と呼ばれる。これまでの様々な研究によって，惨事に遭遇したときに，私たちの心や体にどのような変化が起きるのかについては，非常に多くのことがわかってきている。日本において，惨事を経験した人びとの心理的影響や心のケアについて注目されるようになったのは，1995年の阪神・淡路大震災や，地下鉄サリン事件などの発生以降である。現在では，

PTSDや心のケアという言葉は，一般の人にもよく知られるようになった。そして，東日本大震災でも，専門家による被災者の心のケアの重要性が指摘され，精神科医や看護師，臨床心理士などによって，実際に様々な対応がなされた。

　心のケアというと，多くの人が，医師による診断や，専門的なカウンセリングなどを思い浮かべるかもしれない。たしかに，災害の影響で，日常生活に支障をきたすほど深刻な状態になってしまった場合には，専門家による診断やカウンセリングなどの心のケアが必要である。しかし，被災したときに，私たちの心や体にどのような変化が起きるのかといった正しい知識をもち，そのような変化が起きたときに，どのように対処をすればよいのかという基礎的なことを理解することによって，深刻な症状になることをかなり防ぐことができることがわかっている。したがって，心のケアは，専門家に頼らなくても，自分たちの力で対応できることも多いのである。また，たとえ深刻な状況に陥ってしまった場合にも，専門家の力だけではなく，その人の周りにいる家族や友人や同僚などの力が必要になる。したがって，被災後に私たちの心や体にどのような変化が起きるのか，そして，そのときにどう対処したらよいのかについて知ることは，非常に重要なことなのである。

　実際に被災してから，自分に起きている心や体の変化やその対処方法について，現在進行形で理解することも重要である。東日本大震災では，学校教育の現場を中心に，心の教育とか心理教育と呼ばれる活動によって，このような基本的な知識の普及がされた。しかし，実は，被災者の心理的な影響やその特徴について，災害で被災する前に，事前に知っておくことは，被災直後のネガティブな影響をかなり軽減すると考えられるため，防災や減災という観点からも非常に重要なことであると考えられる。本章では，被災者の心理とストレスケアについて解説し，このような知識を知っておくことが，被災後の減災につながることを指摘したい。

2　惨事ストレスとしての東日本大震災

（1）惨事ストレスとは何か

　惨事とは，今回のような災害に限らず，ある問題や脅威に直面したときに，通常ならばうまく対処できるのに，通常の状況を越えてしまっているために，どうしてもうまく対処できなくなるような事態のことである。地震や津波の災害だけではなく，交通事故や火災や事故，深刻ないじめの被害や虐待などの経験も含まれる。しかし，今回のような大震災の場合には，交通事故や火災などほかの惨事と比べて異なる，いくつかの特徴がある。一つは，災害に遭うという直接的な被害体験だけではなく，それによって，大切な人やものや場所，思い出など多くのものを失ってしまうという喪失の体験を同時に受けることである。東日本大震災において津波による被害が大きかった地域では，たくさんの大切なものを失うという大きな喪失の体験をした人が多くいた。交通事故や火災でも喪失の体験をする場合もあるが，今回の被災による喪失の経験は，戦後日本が体験した中では，最も大きな喪失体験であろう。大震災では，自分自身の被災という経験と，大切なものを失うという喪失の体験を同時に経験することになるため，その心理的な影響は大きくなる。

　大震災のもう一つの特徴は，被災した後，余震が長い間続き，いつまでも安心できない，そして，不自由な避難生活が長期にわたって継続してしまうということである。また，被災地では情報不足のため，様々なうわさやデマが発生し，人びとを必要以上に不安にさせてしまう。したがって，東日本大震災では，他の惨事と比べても，被災者への心理的影響が非常に大きい事態であることが指摘できる。

　惨事によって非常に強いストレスを直接，あるいは間接的に受けると，その惨事の種類にかかわらず，共通する独特のストレス反応が起きることが知られており，それらは，総称して，惨事ストレスと呼ばれている（Everly, Flannery & Mitchell, 2000）。惨事ストレスの中には，近年，注目度も高く，かなり多くの人びとに知られるようになってきた，外傷後ストレス障害（PTSD, Post-

第7章　被災者の心理的影響とストレスケア

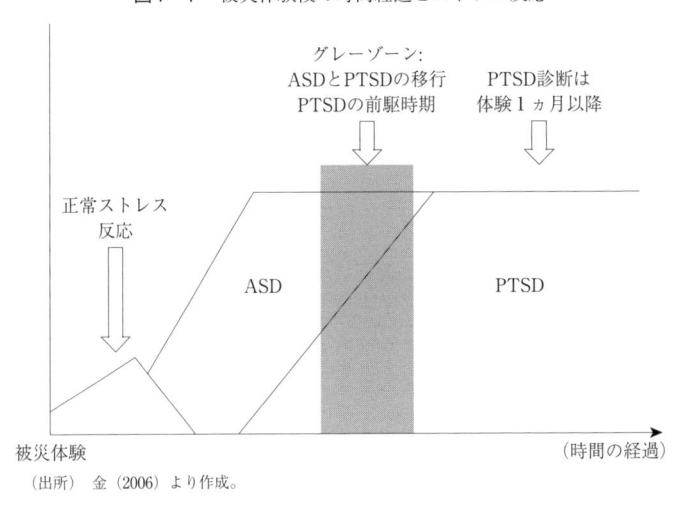

図7-1　被災体験後の時間経過とストレス反応

```
                    グレーゾーン：
                    ASDとPTSDの移行    PTSD診断は
                    PTSDの前駆時期     体験1ヵ月以降
                         ↓                ↓
  正常ストレス
     反応
      ↓
              ASD                PTSD

  被災体験                              （時間の経過）
```
（出所）　金（2006）より作成。

Traumatic Stress Disorder) も含まれる。しかし，PTSDやトラウマといった言葉は，一般的には誤解されている部分も多いと思われる。そこで，まずは，惨事を経験した後に，私たちの心や体にどのようなストレス反応が起きるのか，その内容や特徴について解説する。

(2) 被災後の正常ストレス反応

図7-1に，私たちに起きる可能性のある3種類のストレス反応について時間経過とともに示した。私たちが，大惨事に遭遇すると，その後しばらくの間は，ほとんどすべての人に「正常ストレス反応」が生じる。私たちの対処能力をはるかに上回る，非常にショックな事態に遭遇したわけであるから，一過性の反応として，心や体が何らかの影響が出るのは当然のことなのである。

正常ストレス反応は，①心理的（精神的）な影響，②身体的な影響，③行動への影響の三つに分けてとらえることができる。まず，心理的（精神的）な影響とは，不安や恐怖を感じたり，悲しみ，無力感，イライラなどを感じることである。このような精神状態になると，思考や，やる気なども影響を受け，しばらくは，集中力がなくなったり，記憶力が低下したり，判断力や決断力が低

155

下したり，ぼーっとしたりしてしまうのである。身体的な影響とは，眠れなかったり，食欲が落ちたり，疲れやすい，だるいなどの症状であり，場合によっては，吐き気を感じたり，動悸，震え，持病が悪化したりすることもある。そして，行動への影響とは，災害と関連する場所や人を避けたり，飲酒や喫煙の量が増えたり，涙が止まらない，過食や食欲不振，子どもの退行現象（赤ちゃんがえり）などの行動の変化が挙げられる。これらの反応のうち，すべてのストレス反応を経験する人もいれば，一部のストレス反応しか経験しない人もいる。人によって生じるストレス反応の種類や程度に違いはあるものの，被災者の多くの人が，上記に挙げたようなストレス反応を経験することになる。そして，惨事を経験した後のこのような反応は，決して病的なものではなく，健康な人間として，誰しもが経験しうる正常な反応であるということを知っておくことが大切である。

　一般に，惨事を経験した後の正常ストレス反応は，多くの人にとっては，時間の経過とともに減少し，問題のない状態にまで落ち着くことが知られている。そして，問題ない状況にまで回復するために最も大切なことは，惨事を経験した人が，安全な場所を確保して生活することであり，安心できるような空間を確保することであるといわれている。物理的な意味でも，心理的な意味でも，安全で安心できる空間を確保し，心を落ち着かせることのできる家族や友人などの中で過ごすことが，被災後のストレスの軽減には非常に重要なのである。

　しかし，今回の東日本大震災のような広域にわたる巨大災害の場合には，正常ストレス反応を落ち着かせるために最も重要な，安全で安心な空間を確保することは非常に困難であった。特に，被災地では，何カ月にもわたって余震が続いた。水害などとは異なり，地震には，余震が繰り返し続き，その影響が長期的になるという特徴がある。今回の地震の余震の中には，かなり規模も大きく，強い揺れを伴うものも何回もあり被災地域の人びとを不安にさせた。このような状況の中では，安全で安心できる場所を確保するということは非常に困難であり，ストレス軽減の観点からすると，残念ながら，非常に望ましくない状況である。また，過去に日本が経験したことがないほど被災地が広域にわたったために，被害状況の把握やライフラインの復旧にも多大な時間がかかった。

このため，飲料水や食料の確保や，支援物資の不足によって，長い間，安心できる空間とはかけはなれた場所での生活を強いられた被災者が多く存在した。

　被災すると，初期に生じる正常ストレス反応によって，ただでさえ，精神的，身体的な影響が大きいため，落ち着いた判断ができなくなってしまう。このため，惨事ストレスの軽減にとって最も重要な安全で安心できる場所の確保ということをそれほど重視せずに，ついつい無理をしてしまい，ますます精神的，身体的な影響が大きく悪化してしまうという悪循環に陥ることになる。被災直後の非常事態の中では，安全で安心な空間の確保というのは，非常に難しいだろうし，現実的には無理な場合がほとんどかもしれない。しかし，もしもそのような場所を確保できる可能性が少しでもあるならば，できるかぎり，そのような場所に移動して，心と体を休めることを積極的に行うことが本当は望ましい。おそらく，実際に被災したときには，このような判断や行動をとることはできないだろう。だからこそ，被災する前に，このような知識をもち，被災したときには，安全と安心の確保が何よりも重要なのだということが少しでも頭に思い浮かぶようにすることが重要なのである。被災する前に，このような知識をもつことによって，実際には難しいとしても，できる範囲で，安全で安心な空間を意識的に求めるようになり，それがストレス軽減に大きな効果をもつことがあるのである。

　このようなことを考えると，被災後に，不自由で，ストレスをますます増幅させるような避難所での生活をするのが当たり前というこれまでの被災後の対策というのは，現実的な対応としては仕方ないという部分もあるが，被災者の心理的影響を考えた場合には，非常に大きな問題を抱えているということが指摘できる。被災者は，自分の住んでいる場所の近くにい続けたいと思うだろう。実際，今回の震災後，東北地方だけではなく，被災地から遠く離れた日本中の都道府県で，被災者のための避難施設が提供された。しかし，その多くはなかなか被災者には利用してもらえなかった。自宅のそばにいる方が知っている人も多いし，勝手もわかっているし，地域への愛着もある。そして何より，長年住んできた自宅がどうなったのか，そして，これからどうなるのかがとても心配だからであろう。したがって，なるべく自分の住んでいた場所の近くの場所

に，かなりのストレスや不便を感じたとしても，そこにとどまることを選択する場合が多い。しかし，現在では，情報インフラが高度に発達し，物理的な距離に関係なく，自分の知りたい情報を様々な形で手に入れることができる環境が整いつつある。被災直後にそのような情報インフラを整えるのは難しいとしても，なるべく早いうちに情報伝達手段を確保し，離れた場所にいても，自分が知りたい情報がきちんと被災者のところに届けることができる環境を整える努力をすることは重要であろう。

　東日本大震災を含めこれまでの災害では，被災後には，不便で安心できない避難所に避難し，しばらくそこでストレスをかかえながら生活するというのが当たり前であった。しかしこのような考え方ではなく，被災後には，まずは，可能な限り安全で安心できる場所に被災者を移動させ，心と体を十分に休めることを最優先させるという対応を取ることを考えてもよいだろう。惨事ストレスの対処として，安全で安心できる場所の確保が最優先されるのだという知識を被災者がもっている場合には，被災者が，このような選択をする可能性は高くなると予想される。そして，このような震災後の対策を円滑に進めるには，被災した自宅から離れたとしても，それによって被災者に不安や心配を与えないような十分な情報や，その他様々なサービスを提供する対応を早い段階で整えることが求められる。このような対策は，現段階では，被災者の心理的にも，技術的にも難しいことが多いかもしれない。しかし，可能であれば，本来は望ましい対策の一つであり，このような対策によって，被災者の心理的影響を最小限にすることができれば，その後の被災地の復旧や復興へとスムーズにつなげることも可能になると考えられる。

（3）急性ストレス障害と外傷後ストレス障害

　正常ストレス反応が生じても，多くの人は，日常の生活をそれでもなんとか続けることができる。しかし，強いストレスを感じる人の中には，日常生活を送れないくらいの影響を受けてしまうこともある。日常生活や社会生活が送れないような状況になり，医学的な診断を受ける必要がある場合，それは急性ストレス障害（ASD, Acute Stress Disorder）とか，外傷後ストレス障害（PTSD）

と呼ばれる。

　PTSDの診断基準を**表7-1**に示した。診断のためには，まずその人の体験した出来事が，トラウマ体験であるかどうかを確認する。それが，Aの基準である。津波で生命の危機にさらされたり，または自分の周りでそのような人を目撃した場合，そして，それによって，強い恐怖や無力感を感じたりした場合には，該当するため，今回の東日本大震災で，Aの基準に該当する体験をした人はかなり多数いるはずである。そして，その上で，B，C，Dの三つの症状が続いているかどうかを確認する。

　Bは，再体験に関する症状である。トラウマ体験が反復的に思い浮かんだり，苦痛な夢を見たり，いわゆるフラッシュバックしたり，似たような出来事に対して苦痛を感じたりする。トラウマ体験は，人の記憶に深く関わるものである。私たちは，普通，様々な出来事を思い出として記憶している。例えば，遊園地に行ったことを思い出すことができるし，そのような思い出は楽しかったという感情と結びついていたりする。しかし，トラウマ体験は，非常に強い恐怖感情と出来事とを関連づけるために，自分が経験した衝撃的な出来事を，きちんと頭の中に記憶できていない場合が多いといわれている。そして，その出来事を思い出そうとすると，あるいは，頭の中に浮かぶと，非常に強い恐怖感情がよみがえってきて，どうにもならなくなってしまう。このため，過去に経験したはずの出来事が，まるでその場で起きているかのように感じられたりする。再体験のような記憶に関する症状は，侵入的で，自分ではコントロールできないものであるという。

　Cは，回避や麻痺に関する症状である。思考を避けようとしたり，出来事を想起させるような場所や人物，活動を避けたりする。また，感情がもてなかったり，疎遠感，重要な活動に対する無気力などが生じる。

　Dは，覚醒亢進症状と呼ばれるものである。なかなか眠れなかったり，イライラしたり，感情が爆発して激怒してしまいコントロールできなかったり，集中できなかったりする。

　B基準の再体験，C基準の回避や麻痺，D基準の覚醒亢進症状が継続し，日常生活や社会生活に明らかな影響が出てしまった場合には，精神医学的には，

表7-1　DSM-IV 診断基準

309.81　外傷後ストレス障害の診断基準

A．その人は，以下の2つが共に認められる外傷的な出来事に暴露されたことがある。
　（1）実際にまたは危うく死ぬまたは重傷を負うような出来事を，1度または数度，または自分または他人の身体の保全に迫る危険を，その人が体験し，目撃し，または直面した。
　（2）その人の反応は強い恐怖，無力感または戦慄に関するものである。
　　　注：子どもの場合はむしろ，まとまりのないまたは興奮した行動によって表現されることがある。

B．外傷的な出来事が，以下の1つ（またはそれ以上）の形で再体験され続けている。
　（1）出来事の反復的で侵入的で苦痛な想起で，それは心像，思考，または知覚を含む。
　　　注：小さい子どもの場合，外傷の主題または側面を表現する遊びを繰り返すことがある。
　（2）出来事についての反復的で苦痛な夢。
　　　注：子どもの場合は，はっきりとした内容のない恐ろしい夢であることがある。
　（3）外傷的な出来事が再び起こっているかのように行動したり，感じたりする（その体験を再体験する感覚，錯覚，幻覚，および解離性フラッシュバックのエピソード含む，また，覚醒時または中毒時に起こるものを含む）。
　　　注：小さい子どもの場合，外傷特異的な再演が行われることがある。
　（4）外傷的出来事の1つの側面を象徴し，または類似している内的または外的きっかけに暴露された場合に生じる，強い心理的苦痛。
　（5）外傷的出来事の1つの側面を象徴し，または類似している内的または外的きっかけに暴露された場合の生理学的反応性。

C．以下の3つ（またはそれ以上）によって示される，（外傷以前は存在していなかった）外傷と関連した刺激の持続的回避と，全般的反応性の麻痺。
　（1）外傷と関連した思考，感情または会話を回避しようとする努力。
　（2）外傷を想起させる活動，場所または人物をさけようとする努力。
　（3）外傷の重要な側面の想起不能。
　（4）重要な活動への関心または参加の著しい減退。
　（5）他の人から孤立している，または疎遠になっているという感覚。
　（6）感情の範囲の縮小（例：愛の感情を持つことができない）。
　（7）未来が短縮した感覚（例：仕事，結婚，子ども，または正常な一生を期待しない）。

D．（外傷以前には存在していなかった）持続的な覚醒亢進症状で，以下の2つ（またはそれ以上）によって示される。
　（1）入眠または睡眠維持の困難
　（2）易刺激性または怒りの爆発
　（3）集中困難
　（4）過度の警戒心
　（5）過剰な驚愕反応

E．障害（基準B，C，およびDの症状）の持続期間が1ヶ月以上。

F．障害は，臨床的に著しい苦痛または，社会的，職業的または他の重要な領域における機能の障害を引き起こしている。
　　　該当すれば特定せよ：
　　　　急性：症状の持続期間が3ヶ月未満の場合
　　　　慢性：症状の持続期間が3ヶ月以上の場合
　　　該当すれば特定せよ：
　　　　発症遅延：症状の始まりがストレス因子から少なくとも6ヶ月の場合

（出所）　The American Psychiatric Association, 1994／高橋他訳（2003）。

ストレス障害と診断される。その期間が，1カ月未満であれば，急性ストレス障害であり，1カ月以上にわたって継続すると外傷後ストレス障害と診断される。金（2006）によれば，大規模な震災などで，未治療のまま1年を経過した時点で，外傷後ストレス障害の診断基準を完全に満たす者と，部分的に満たす者との割合は，それぞれ10％程度であるという。

　日常生活や社会生活にそれほど大きな影響はないとしても，被災後に，ストレス症状として，再体験，回避や麻痺，覚醒亢進症状などが，比較的長期にわたって継続してしまう人は多い。同じような症状でも，日常生活に大きな障害がない場合には，同じ症状であっても，ストレス障害ではなく，ストレス反応と呼ばれる。このようなストレス反応が長期間持続してしまうのは，今回の震災のように，余震が続いたり，不自由な避難生活が続いたりして，安全で安心な空間の確保が難しいためであると考えられる。地震災害は，発生直後の被害に見舞われた瞬間だけが，トラウマ体験となるだけではなく，その後，長期にわたって被災後の生活環境における強いストレス状況が継続してしまうことが特徴であり，短い期間で，ストレス反応がなくなるわけではない。

　また，広域的な地震災害の場合，マスメディアによる報道は，被害状況の大きい，インパクトのある被災地の映像に偏りがちであり，それ以外の，いわゆる普通の被災地や被災者の状況はあまり注目されないことが多い。しかし，甚大な被害を受けた場所でない場所でも，トラウマを体験し，強いストレス状況にさらされている人は多くいる。ところが，このような状況にいる人びとは，自分だけが苦しんでいるわけではない，あるいは自分よりも苦しんでいる人がもっとほかにいるのだという意識をもちやすく，自分の苦しみやストレスを表面化させないようにする傾向がある。もともと，日本人は，心理的な問題で他者に援助を求めようとすることが少ないといわれている。震災後，自分と同じように，あるいは自分以上に苦しんでいる人が多くいるのだと思うときには，自分の感じているストレスや苦しみに対して援助を求めることを抑制する傾向がより強くなってしまうことも指摘できる。惨事ストレスに対する正しい理解は，援助が必要なときには，適切な援助を求めてもいいのだという認識や理解を被災者に与えるはずである。このような観点からも，被災者の心理的影響に

ついての正しい知識を広めることは重要であろう。

　PTSDの予防においても，安全で安心できる環境の確保というのは，最も重要であるといわれている。強いストレスをかかえたまま我慢を続けて，それが悪化し，ストレス障害が表面化してから，専門家の援助を受けるというのはやはり望ましくない。被災後なるべく早い段階で，安全で安心できる空間を確保し，自分の心や体に起きていることは正常な反応であり，時間が経てばそのような症状は回復することを認識し，ストレスを軽減することがPTSDの予防につながる。そのためには，災害が起きる前に，ここで述べたようなストレス反応について理解した上で，とにかく，大切なことは，可能な限り早く，安全で安心できる空間を早く確保することなのであるということを認識し，そのような状況を積極的に作ることを心がけることが必要である。

3　ストレスケアの基本

　被災とその後の避難生活の中で，ストレスを感じてしまうことは避けることはできない。このため，ストレスに対して適切なケアをすることは非常に重要である。自分に起きている状況を客観的にとらえて，被災後に自分に起こる心の変化や体の変化などストレスについてきちんと理解し，それにきちんと対処していくことは重要である。被災時ではなく，日常生活においても，人びとは多くのストレスを感じていて，それについて対処していくことが必要となる。このように，ストレスを理解し，それに対して上手に対処していくことをストレスマネジメントと呼ぶ。私たちは，気分転換やストレス解消という言葉はよく使うが，自分のストレスを客観的にみて，積極的にストレスをマネジメント（管理）していくという考え方はあまり意識してもっていないように思える。日常生活では，それほど意識的にストレスを管理しなくてもよいかもしれない。しかし，被災時には，非常に大きなストレスを長期にわたって感じるため，ストレスマネジメントを積極的に行う必要がある。ストレスマネジメントにおいて，まず重要なことは，自分のストレスについて知ることである。前述したように，今回の災害が起きた後には，特に学校関係者の間では，被災後のストレ

スについて知るという心理教育活動が広く行われた。そして，それと同時に，ストレスケアの基本として，いくつかのリラクセーション法の普及も行われた。

　これまで，災害予防や防災教育として，ストレスの理解やストレスケアについての知識を普及させることは少なかった。しかし，この震災を機に，ストレスに関する知識とストレスケアに関する知識の習得を防災教育の枠組みの中に入れることは重要であろう。

　ストレスマネジメントにおいても，やはり最も重要なことは，ストレスから解放され，安全で安心できる空間を確保することである。しかし，現実には，被災直後から，しばらくの間は，安全で安心できる空間の確保というのは困難な場合が多いであろう。したがって，安心できる空間が確保できないような状況でも，一時的にでも安心を感じることができるストレスケアが求められる。そのための方法が，リラクセーションである。日常生活の中でも，リラックスしたいときはあると思うが，その方法は，それぞれの人が独自に経験的に使っているものであり，リラクセーション法を学ぶ機会というのはそれほどないと思う。ここでは，代表的なリラクセーション法である呼吸法と漸進性弛緩法について簡単に紹介する。

（1）呼吸法

　これは，いわゆる深呼吸である。呼吸は常に私たちが無意識に行っていることであるが，意識的に呼吸をすることはリラクセーションに効果がある。姿勢を正し，呼吸を整えて，心を落ち着かせて，深呼吸をすると緊張をほぐすことができる。一般に，強く吸ってから，ゆっくりと息を吐くとよいとされている。できるだけ快適な環境を整えて，好きな音楽を聴きながら，あるいは安心できる人たちと一緒にすることによって，より効果があると考えられる。

（2）漸進性弛緩法

　漸進性弛緩法は，いくつかのバラエティがあるが，基本的には，筋肉の緊張と弛緩を繰り返し行うことによって心理的な緊張を和らげる方法である（Jacobson, 1929）。スポーツ選手のメンタルトレーニングなどにも使われている。ま

ず，できるだけ落ち着ける場所で，ゆったりとした姿勢になる。そして，手首に力を入れてぎゅっと曲げて，その後に力を抜く。次に，腕に力を入れて，また力を抜く。今度は，肩をすぼめて力を入れて，その後に力を抜く。このような動作を何度も繰り返して，体中の各部分の緊張をほぐしていくのである。私たちは，体の力を抜いてといわれると，どうしていいかわからず，なかなか力が抜けない場合が多い。しかし，いったん意識的に一部の筋肉に力を入れてみると，力を抜くという感覚がつかめるようになる。このことを利用して，体中の緊張を取り除いていくのである。このように，全身の筋肉の緊張と弛緩を何度か繰り返すことによって，心理的な緊張もときほぐすことができると考えられている。

　以上のようなリラクセーション法は，被災時でなくとも，日常生活で経験するストレスの軽減に役立つ。したがって，日常生活でもストレスマネジメントを積極的に行い，普段からストレスケアとしてリラクセーションを生活に取り入れておくと身につきやすく，よいと考えられる。そして，このようなリラクセーションの知識やスキルを身につけておくことが，災害で被災したときの心理的なストレス軽減に非常に役立ち，被災者の心のケアにとっても有効に働くのである。

4　防災・減災としての心理教育とストレスケア

　本章で紹介した被災後のストレスに関する知識やストレスケアとしてのリラクセーション法などについては，東日本大震災の後，インターネットや配布用のパンフレットやブックレットなど，様々な形で被災者に伝えられた。特に，大人たちよりも傷つきやすい子どもたちのサポートをする立場にある教育関係者や保護者に対しては，積極的な情報提供が行われ，大きな効果があったことが指摘できる。しかし，本来，このような知識やスキルの習得は，被災する前に知っておくことが望ましいといえる。被災前に，このような知識を持っておけば，被災時にも積極的に安全で安心な場所を確保し，ストレスの軽減を心が

け，深刻な事態に陥ることを防ぐことができるからである。

　これまでの防災教育では，災害リスクの認知や，被災時の緊急対応訓練，防災準備品に関する知識の普及などが中心に行われることが多く，被災者の心理的影響やストレスケアについての教育が行われることはほとんどなかった。今後の防災教育では，被災時のストレスについての理解を目的とする心理教育や，ストレスマネジメントの対処法としてのリラクセーションなどについても教育し，被災者の心理的な悪影響をできるかぎり小さくするように努力すべきである。

参考文献

金　吉晴「トラウマ反応と診断」金吉晴編『心的トラウマの理解とケア（第2版）』じほう，2006年，3-15頁．

The American Psychiatric Association, *Diagnostic and Statistical Manual of Mental Disorders, 4th Edition* (*DSM-IV*), 1994.（高橋三郎・大野裕・染矢俊幸訳『DMS-IV　精神疾患の分類と診断の手引き（新訂版）』医学書院，2003年）

Everly, G. S., Flannery, Jr. R. B., & Mitchell, J. T. "Critical incident stress management (CISM): A review of the literature", *Aggression and Violent Behavior*, 5, 2000, pp. 23-40.

Jacobson, E., *Progressive relaxation*, University of Chicago Press, 1929.

（元吉忠寛）

第8章

広域災害時の被災者に対する健康支援活動

1　被災者に対する健康支援活動のはじまり

　震災と被災者への健康支援活動は，1923（大正12）年に関東一円を襲った関東大震災に始まる。都市の貧困者に対して行われたボランタリーな巡回看護活動が医師を含めた救護活動としてはじまった。被災者の巡回診療と訪問看護活動が組織的に取り組まれた。医師，助産師，看護師からなる班が編成され，被災家庭における病人，妊産婦，乳幼児を優先的に訪問がされたと記録されている。当時は地域の公的看護活動は存在せず，また保健師も存在していない時代であった。震災救護活動が終わった後は，災害時の巡回看護の発展にまではいたらなかった。

2　災害時の被災者に対する健康支援活動の確立

　わが国は過去繰り返し自然災害にさらされてきた。1995（平成7）年に発生した阪神・淡路大震災は大都市直下型の地震であり，兵庫県に限局していたのに対し，2011（平成23）年3月11日に発生した東日本大震災は岩手県，宮城県，福島県および周辺都県を含む広域災害であった。東日本大震災は，地震，津波に原子力発電所災害も加わり，これまでの災害と比べて，災害の種類，地域の特性に合わせた被災者に対する多様な健康支援を新たに考えていかなければならないという課題を突きつけるものであった。災害時の健康支援活動としては，医療，保健，生活衛生に関するものがある。阪神・淡路大震災が医療，保健，生活衛生の保健予防活動を再構築していく契機となった。広域の救命救急体制

の整備,避難所管理や支援,仮設住宅入居者に対するコミュニティづくり,サロン事業などや孤独死予防の取り組みもなされるようになっている。被災者に対するボランティアによる多様な活動も活発になっている。阪神・淡路大震災によりはじまった被災者に対する自助,共助,公助の様々な支援が,その後の災害支援の中でより発展してきているように思われる。

3 災害時の被災者に対する医療支援の確立

(1) 災害時の救命救急医療活動,災害派遣医療チームの役割

広域的な大災害においては医療施設の損壊とライフラインが停止するため,地域の医療活動が低下し,災害によって生じる医療需要との間に不均衡が生じることになる。外部からの医療支援が必要となるが,道路網の寸断などにより,通常の被災者の救出・搬送活動を行うのは難しく,迅速な救命救急を行うためには,災害に備えて医療支援を行える訓練された医療チームを準備しておくことが必要と認識された。特に,阪神・淡路大震災の折には1984年に設立された民間の AMDA (Association of Medical Doctors of Asia) が存在していたが,公的に被災地を支える緊急援助を行う医療支援チームは存在しなかった。阪神・淡路大震災において,広域的な救急医療が提供されていれば,救命できたと考えられる「避けられた災害死」が500名存在したと報告されている。消防,警察,自衛隊と行政組織が連携し,現地における救助活動と並行し,後方から災害現場に派遣され,医療活動を行う医療チームが必要と認識された。2004(平成16)年に災害派遣医療チームとして東京都により DMAT (Disaster Medical Assistance Team) が設立された。その後,厚生労働省の働きかけにより日本 DMAT が2005(平成17)年4月に発足した。災害派遣医療チームは,医師,看護師,業務調整員(救急救命士,薬剤師,放射線技師,事務員等)で構成されている。地域の救急医療だけでは対応できない大規模災害や事故の発生の折に,現地に急行し,医療支援を行う。阪神・淡路大震災の後に起こった新潟県の中越地震において,発災後の超急性期に全国から42チームの DMAT が駆けつけ,トリアージ,病院支援,救急車やヘリ搬送,現場活動などの組織的な活動が行

われた。DMAT本来業務にとどまらず、「医療対策本部」を立ち上げ、「避難所の医療支援」といったことも試みられ、災害医療の形が整えられてきている。DMATには、日本DMAT、都道府県DMATがある。日本DMATは大規模災害時に全国から派遣され、広域医療搬送・ステージングケアユニット（SCU）・病院支援・域内搬送・現場活動などの活動を国内で行う。都道府県DMATは災害時において都道府県内の医療活動を行う。都道府県DMATは最初に東京DMATが発足し、他の道府県でもつくられてきている。域内の災害発生時に消防署と連携して活動する。消防の判断によりDMAT指定医療機関に対しDMAT出動要請が出され、要請を受けた指定医療機関はDMATを編成して待機する。消防にDMAT連携隊が組織されている地域で、連携隊を利用して出動する場合、消防は医療機関へ連携隊を派遣し、DMAT隊員は連携隊の専用車両で発災現場に出動する。一方、DMAT連携隊が組織されていない地域、もしくは連携隊を利用しない場合は各病院の保有する救急車等で発災現場へ出動し災害医療を行うことになっている。大規模災害の際には被災地の都道府県から他の都道府県、さらに厚生労働省、文部科学省、国立病院機構などにDMATの出動要請をすることになっている。

（2）災害派遣医療チームの活動

大規模災害発生のニュースが流れると、非被災地の災害拠点病院を中心とする災害医療組織群は早速情報交換を行う。被災地と被災状況がほぼ判明すれば、救援の要否を判断し、準備に入る。阪神・淡路大震災以降、各地において災害拠点病院組織の強化が図られている。被災地と被災地に近接する地区の災害医療組織群は、被害が集中する区域が判明した時点で、急性期の救援のあり方を検討して準備し、設定する。災害時には、4通りの救援活動を想定されている。①被災地に近接する医療組織から被災地へ医療チームを早期派遣する、②被災地に近接する災害拠点病院による被災地から搬送される重傷者の受け入れとそれに対する救命治療の実施、③遠隔地から被災地へ入る日本DMATその他の専門災害医療チームの派遣、④個人的医療ボランティアの呼びかけ、である。最初の窓口となるのは被災地の都道府県災害対策本部、現地の市町村災害対策

第8章　広域災害時の被災者に対する健康支援活動

本部である。大規模災害の折には災害対策本部において情報が集約できていない事態になっている。指揮命令機能も混乱し，被災地へのアクセスの状況も現地に行ってみないとわからない。その折には災害拠点病院に駆けつけて，そこで指示を仰ぐことになっている。

（3）急性期から亜急性期における医療支援

　急性期（発災後48時間以内）の救命救急活動の後，急性期から亜急性期にかけて，住民ニーズの変化に対応した包括的な医療支援活動を被災地おいて行うことが必要である。亜急性期の時期には，都道府県や市町村の災害対策本部がほぼ立ち上がっているはずであり，また多くの被災者が避難所に存在するようになっており，保健医療活動の場は避難所へと移っていくことになる。また非被災地から多数の医療支援チームが入ってくるようになって，その調整が必要となる。要援護者や障がい者などに対し，保健・医療・福祉に関連する諸機関と連携した医療活動が必要となる。高齢者に対する介護予防，小児科領域の対象者に対する医療，精神科領域の対象者に対する保健医療など，個別性の高い医療需要にも対応していくことも必要となる。ライフラインの途絶が続くとトイレやゴミなどによる生活環境の悪化，埃や粉塵による健康影響，被災者における精神的外傷の発生，感染症の流行の予防など，医療支援内容が変化していくことに合わせて動的な対応が必要となる。亜急性期の後は，地元の地域医療活動への引き継ぎを考えていかなければならない。

①災害医療コーディネーターの配置とその検討

　災害時に全国から被災地に集まった医療チームを効率よく避難所に配置するため災害医療コーディネートを整備することが検討されている。新潟県の中越地震の折に，新潟県は被災地で医療需給の調整等を行う災害医療コーディネーターとして保健所長を位置づけ，医療チームを避難所や施設に配置し，きめ細やかな巡回診療等を実施したことが知られている。災害医療コーディネーターは，医療救護班数を把握し，医療チームとのミーティングを定例的に行い，医療救護班を割り振り，避難所に対する巡回診療等を実施するなど，被災者に対する適切で，統制の取れた医療活動を保証する役割を担っている。東日本大震

災では，医師や看護師らでつくる医療チームが続々と被災地に入ったが，現地に調整役がいなかったために，一つの避難所で複数の医療チームが鉢合わせになる，医療チームがいない避難所が生じるなどしたことから，災害医療コーディネーターを配置する制度が必要と考えられている。どこの避難所に，どんな患者が多いのか，応援に入った医療チームが適切に医療活動を行えているのか，調整が重要である。災害医療コーディネーターは，災害直後に重傷者の救急治療にあたる災害派遣医療チーム（DMAT）の活動を引き継ぎ，中長期的に避難所で救護活動を行う医療チーム，および病院を支援したりする医療チームの調整を担うことが期待される。

②災害医療本部の設置

災害医療は当初DMATが担うが，発災後48時間を目途に災害医療コーディネーターに引き継がれることが求められる。被災地での医療活動は災害医療コーディネーターのもとで応援・派遣医療救護チームの関係者なども参加した連絡調整を行って進めていくことが理想的である。災害医療本部の役割として，避難所への医療チームの派遣の調整，医療救護班ミーティングの開催，県災害対策本部への医療チーム，医薬品等の要請，市町村との連絡調整，地元医師会および薬剤師会との連絡調整，保健師，心のケアチーム等との連絡調整，マスコミ対応などがある。被災地には全国各地から多くの医療救護班が支援に駆けつけてくる。しかし各々の医療救護班が調整されずに無秩序に活動すると被災者が混乱することになる。応援や派遣の支援医療班や保健師を交えたミーティングを開き，避難所情報や医療ニーズの共有化を図ることが求められる。避難所の常設医療救護所の設置，そうでない避難所や高齢者施設などに対する巡回診療を行う。災害時に被災地の医療を守るのは最終的には現地の医療者となる。地域の事情に詳しい地域の医療機関と顔のみえる関係づくりをつくっていくことは災害医療には欠かせないものである。平時から関係する保健医療機関同士が連携し，災害時の実践的なシミュレーションを繰り返していることが必要である。そのためには，地域の保健医療機関同士が役割分担を協議しておくことが大切である。災害医療本部と災害医療コーディネーターとは，セットで準備される必要がある。

（4）病気の予防，慢性疾患を有する人びとに対する健康支援

①感染症の流行予防

　避難所での集団生活では，下痢等の消化器系感染症や，風邪やインフルエンザ等の呼吸器系感染症が流行しやすくなる。避難所の生活者や支援者は，こまめに手洗いを励行するよう心がけさせる。できれば擦り込み式エタノール剤やウェットティッシュを世帯単位で配布するのが望ましい。発熱・せきなどの症状がある場合は，避難所内に風邪・インフルエンザを流行させないために，軽い症状であっても，マスクを着用させる。下痢の症状がある方は，脱水にならないよう水分補給を心がけさせる。また，周囲に感染を広げないように，手洗いを励行させる。これらの症状がある方は，できるだけ速やかに医師の診察を受けさせる。可能であれば，入院を含む避難所外での療養をすすめる。また，けがをした場合には，そこから破傷風に感染するおそれがあるので，土などで汚れた傷を放置せず，医療機関で手当を受けさせる。

②生活環境の衛生管理

　一酸化炭素中毒の恐れがあるので，屋内や車庫などの換気の良くない場所や，窓など空気取り入れ口の近くで，燃料を燃やす装置（発電機，木炭使用のキャンプストーブなど）を使用しない。一酸化炭素は無臭無色であり，低い濃度で死亡する危険があるため，暖房を使用する場合には換気に心がけさせる。また，家屋などが倒壊すると，コンクリートや断熱と耐火被覆に用いられた壁材などが大気中へ舞い，土砂などが乾燥して細かい粒子となる。これら粉じん等を吸い込むと気道へダメージを与えるため，防じんマスクのような特殊なマスクで身を守らせることが必要である。解体作業等は，装備を調えた上で行わせる。

③エコノミークラス症候群や心身機能低下の予防

　食事や水分を十分に取らない状態で，車などの狭い座席に長時間座っていて足を動かさないと，血行不良を起こし血液が固まりやすくなる。その結果，血の固まり（血栓）が足から肺や脳，心臓にとび，血管を詰まらせ肺塞栓や脳卒中，心臓発作などを誘発する恐れがあり，エコノミークラス症候群と呼ばれている。狭い車内などで寝起きを余儀なくされている人に対しては，定期的に体を動かし，十分に水分をとるように心がけさせる。アルコール，コーヒーなど

は利尿作用があり水分が体外に出てしまうので注意が必要である。ゆったりとした服の着用が体の負担が少ない。また，禁煙はエコノミークラス症候群の予防に重要である。胸の痛みや，片側の足の痛み・赤くなる・むくみがある方は早めに救護所や医療機関の医師に相談させる。また，災害時の避難所生活では，体を動かす機会が減り，お年寄りの場合は筋力が低下し，関節が固くなるなどにより，徐々に「動けなく」なるので注意が必要である。動かないでいると，身体機能だけでなく心も沈みがちになる。身の回りのことはできるだけ，自分で行うようにし，側面的なサポートが大切である。時には，積極的に体を動かす機会をつくってあげることも大切である。

④歯と口の清掃・入れ歯の清潔管理

避難生活では，水の不足等により，歯・口・入れ歯の清掃がおろそかになりがちである。食生活の偏り，水分補給の不足，ストレスなども重なって，むし歯，歯周病，口臭などが生じやすい。特に高齢者では，体力低下も重なり，誤嚥性肺炎などの呼吸器感染症を引きおこしやすくなる。できるだけ歯みがきを行い，歯みがきができない場合でも，少量の水でできるうがいを行うことを勧める。また，支援物資には菓子パンやお菓子も多いが，食べる時間を決めるなど，頻回な飲食を避けさせ，規則正しい食生活を心がけさせる。入れ歯の紛失・破損，歯の痛みなどで食べることに困っている者もいるので，歯科サービスのサポートも必要である。

⑤こころのケア

大変重いストレスにさらされると，程度の差はあっても誰でも，不安や心配などの反応が表れる。休息や睡眠をできるだけとるようにする。これらの不安，心配の多くは時間の経過とともに回復することが知られている。心配で，イライラする，怒りっぽくなる，眠れない，動悸，息切れで，苦しいと感じる人などについては，身近な人や，専門の相談員に相談するように声をかける。普段からお互いに声を掛け合うなど，コミュニケーションを取る習慣をもっておくことが大切である。

⑥慢性疾患を有する者に対する支援

治療の継続が特に欠かせない慢性疾患を有する者がいる。人工透析を必要と

第8章 広域災害時の被災者に対する健康支援活動

する慢性腎不全，インスリンを必要とする糖尿病等の方は，治療の継続が必須である。医療機関を受診できるようにサポートする必要がある。高血圧，喘息，てんかん等の慢性疾患の者は，治療中断が続くと病気が悪化する恐れがある。医師・保健師・看護師等に相談できるようにする必要がある。なお，被災者が健康保険証をもっていない場合でも，災害時には医療機関の受診が可能であることを周知する。

⑦精神科疾患を有する者への支援

統合失調症など既往精神疾患を有する者は災害により増悪することもある。また医療機関の被災による断薬に注意が必要である。阪神・淡路大震災の折には精神科医療救護所が設けられた。精神科領域の投薬に当たっては，入眠剤・抗不安薬は心的依存傾向を生じさせることもあり，原則として頓用で与えることが望ましい。

⑧妊婦，産褥婦，乳幼児の健康支援

妊婦，産後まもない産婦と乳幼児は，清潔，保温，栄養をはじめとする健康面への配慮や主治医の確保について，保健師がサポートする必要がある。また，災害により受けたストレスや特殊な生活環境は，母子に様々な影響をもたらす可能性がある。そのため，特に産前産後のお母さんの心の変化や子どものこれまでと異なる反応や行動に気を配る必要がある。また，授乳時などに短時間であってもプライベートな空間を確保し，話しかけやスキンシップを図ることが大切である。このための空間を設けることが大切である。なお，母乳が一時的に出なくなることがあるが，不足分を粉ミルクで補いつつ，おっぱいを吸わせ続けることで再び出てくることがある。乳児にはおむつとミルクが不可欠である。ミルクを作るためのお湯と消毒物品を支援する。物流が回復するまで，離乳食やお尻拭きが不足しないように注意が必要である。粉ミルクを使用する際の水は衛生的なものを用意し，哺乳瓶の煮沸消毒や薬液消毒ができない時は衛生的な水でよく洗って使わせる。幼児や学童では，お絵かき用の紙やクレヨン・色鉛筆・パステルなどや他に，ブロック，積み木，ぬいぐるみなど感情表出用の遊具を提供してあげることも必要である。

⑨要介護高齢者に対する健康および介護支援

　阪神・淡路大震災の際，高齢者などのケアが不十分で，「災害関連死」が相次いだのを教訓に在宅の要介護高齢者らを対象に，専門の介助員を配置した福祉避難所が設けられるようになってきている。これは阪神・淡路大震災において車いす用のトイレやスロープがない避難所で生活できず，倒壊しそうな自宅に戻ったり，避難所で孤立したりする障がい者や高齢者がいたことから，1996（平成8）年に福祉避難所の構想が出され，2007（平成19）年3月に発生した能登半島地震で初めて設置された。厚生労働省は小学校区に1カ所程度を指定することを求めている。福祉避難所は，地震災害などで長期の避難生活が見込まれる場合，健常者と同じ施設では生活が困難だったり救援物資が十分に行き渡らなかったりするために障がい者や高齢者，妊婦を対象として，既存の福祉施設のほか，一般の避難所の一角などに都道府県や市町村が開設することになっている。

4　大規模災害時の全国の自治体からの保健師派遣

　被災者の健康支援活動として阪神・淡路大震災ではじめて全国からの保健師の派遣支援がなされた。1995（平成7）年の阪神・淡路大震災時は，災害救助法の適応となった自治体の保健所管轄数は12カ所と広域におよび，被災地全体で1100カ所を超える避難所が設置され，1カ所当たりの避難者人数も4000名以上に達する規模であった。全国規模の保健師の県外派遣支援が行われたのは阪神・淡路大震災がはじめてであった。保健師の全国からの派遣は，多数の被災者が避難所での生活が長期化していく可能性が高く，巡回健康相談などの保健活動を行うことが必要であると兵庫県，神戸市，厚生労働省の保健師人事担当者が現地で協議して決めたものである。1995年1月26日付（被災10日目）で厚生省（現厚生労働省）の保健師業務を所管している保健指導官名により，各都道府県保健師所管課長あてに保健師の派遣を要請したことにより全国の自治体から多数の保健師の派遣がなされた。県外保健師は被災後15日目から総延べ人数9732人派遣され，避難所における被災者の巡回健康相談，仮設住宅入居者に

対する訪問指導，被害が甚大な地域の家庭訪問指導などを中心に被災者の健康生活支援が展開された。2004（平成16）年10月23日17時56分に発生した新潟県の中越地震では土砂崩れや家屋の倒壊などにより全村避難を余儀なくされた村もあり，最も多い時には10万人を超える避難者が発生した。震災後3週間を経てもライフラインが途絶え避難勧告が継続していた地区もあった。このため，阪神・淡路大震災以来の全国からの保健師の派遣要請がなされた。県外から被災地に保健師が入る時期が早まり，地震発生後の4日目の10月27日から派遣保健師が入り始め，12月26日までの期間，延べ5585名の保健師が派遣された。災害支援の経験が積み重ねられてきて，エコノミークラス症候群，ノロウイルス，熱中症，廃用性症候群，クラッシュ症候群，PTSD，孤独死等などの二次的健康課題にも取り組まれるようになってきている。

5 都市型災害と地方型災害における保健師活動の特徴

阪神・淡路大震災時の，神戸市内の1行政区に当たる東灘保健所（当時）では，管内人口約19万人のうち，避難者数のピーク（被災後7日目）は6万人以上，避難所数140カ所（最大4000人規模）である。さらに，避難所の推移は，被災後1カ月後100カ所（1万6330人），2カ月後97カ所（9528人），6カ月後70カ所（2341人）であり，被災後半年を経過し仮設住宅への移行がはじまっても，多数の避難所および避難者が存在した。避難所内に設置された救護所が閉鎖された時期は，東灘保健所では神戸市内の他区の被災地に比べ最も早く被災後2.5カ月後の3月末であった。被災地自治体の保健師数は12名，被災後15日目から県外から派遣されてきた保健師数は1日当たり10～12名（5～6カ所の自治体）であった。そのため派遣保健師による支援が開始されたときでも避難所内において保健師が常駐体制で被災者支援を行うことや，保健師のみのマンパワーで在宅者への全戸訪問調査などを実施することはできなかった。在宅全戸訪問調査の実施時には，一般ボランティアなどを含む多数の職種の協力を得て，安否確認を行う中で支援が必要でありそうな世帯の把握に努め，それらの世帯を優先的に保健師が訪問を行った。避難所を含めた地区活動については，保健師の地

区分担地域を基準に，区内を3カ所に分け（4保健師担当地域），被災地の保健師4名と県外派遣保健師3～4名がチームとなり，その地域内にある避難所，在宅，仮設住宅への支援が行われた。一方，2004年の新潟県中越地震の地方型災害に対する県外派遣保健活動においては，被災地の人口規模が少ないにもかかわらず全国から多数の保健師の動員がなされたため，一定以上の規模のほとんどすべての避難所に派遣保健師が2名以上常駐する配置をすることができた。

住宅が密集している都市部や，地域の土地の状況に詳しい保健師による訪問であれば1日当たり20～30世帯が可能であるが，住居が点在している地域や，土地が不案内なところでは訪問は1日当たり10～20世帯位が，過去に示された派遣保健師の訪問の目安となる。阪神・淡路大震災以外の地震災害においては，被災地における避難所1カ所当たり避難者数は数十人～数百人という比較的小規模なものが多数設置された。地方型災害であり派遣保健師の要請規模をどうするかは，被災地自治体で判断することは容易ではない。都市部，農村部などにより，地域のコミュニティの自助，共助，公助の状況のあり方は様々であり，被災直後から必要とされる保健活動の活動形態（体制）が異なる。

6　被災者支援における保健師の役割

災害により，被災者はそれまでの生活が突然奪われることになる。避難所においては食事，運動，清潔，衛生，湿度，騒音の対策や，高齢者や要援護者に対してはリハビリテーションや療育等の生活支援が必要となる。放置すると災害関連死や健康状態を悪化させる者が多くなる。保健師は様々な避難者に対する保健ニーズに対応する役割を担っている。発災直後より保健ニーズは医療ニーズと混在して存在している。避難の長期化に伴い保健ニーズが変化する。保健師による支援活動内容は直接的支援だけではなく，ニーズ集約や調整，施策関連などの支援などの間接的なものも大切である。保健師の被災地における支援活動には，被災者の安否確認や健康支援の関わりだけでなく，孤立防止など人びとが支え合う環境づくりもある。保健ニーズの把握には，被災者への全戸

訪問を行うことも必要である。被災者支援者が活動を行うに当たっては，被災地で現地の保健医療関係者との情報交換を行う場が必要であり，活動記録類の準備を行っておく必要がある。大規模災害の場合には保健ニーズが大幅に増大し，多くのマンパワーが必要となる。しかし，外部からの突然の応援を得ることになった場合，受け入れ体制について不安を感じ，準備ができないと抵抗を感じるものである。そのため応援を受けるために平時から準備をしておくことが大切である。市町村の防災計画に保健活動の位置づけを盛り込んでおくことが必要である。災害時に支援が必要となる対象者の把握をどうするのか，その支援をどのような役割分担で行っていくのかを明確にし，場合によっては地域の組織や関係機関の協力を得る準備をしておくことも必要がある。大規模災害の発生に備えて，受け入れ可能な応援保健師数を想定しておくことも必要である。派遣保健師は被災地の職員からの指示待ちがなくても活動ができるような準備をして支援に入ることが望ましい。被災地の保健師と一緒に考える機会をもつことも必要である。そのために，派遣保健師の活動の目的，目標や支援内容を明確にしておき，被災地保健師とのコミュニケーションに心がける。被災地で行った活動内容については被災地の保健師に報告し，記録を残す。現地の職員は被災者であることも多く，被災している自治体職員や保健師をサポートすることも大事な仕事である。派遣終了時期の見極めは難しいが，被災者の生活（住居）の見通しが立ち被災者の生活が安定してくる，避難所数が減少する，被災地保健師が派遣者なしでやれる状況となってきている，定例の保健事業が平常化してきている，被災地および被災地周辺の医療機関が機能しはじめている，在宅ケアシステムが復旧・平常化する，被災対応の人員配置のめどが立つ，受け入れ市町村が通常業務に復旧してきているなどが判断の目安となる。

7 その他の対人保健サービスを行う職員の派遣

阪神・淡路大震災以来，全国の自治体による保健師派遣が知られているが，行政組織以外にも様々な保健活動に関わる職員が，医療機関，専門職団体や協会から派遣されている。以下に主なものを挙げる。

①看護職

社団法人日本看護協会や，都道府県の看護協会に対して看護師の災害派遣要請がなされる。被災地に対する健康管理支援として，避難者が多い一般避難所で応援・派遣保健師と協力しての健康管理活動，また，要支援者が避難する福祉避難所，緊急入所者の増加により職員が不足する特別養護老人ホーム等では，介護福祉職と役割分担し，健康チェック，健康相談，生活支援などの看護業務を担う。健康福祉ニーズ調査，被災者の戸別家庭訪問の支援もある。地域の医療機関から派遣された看護師による一般避難所と要支援者が避難する福祉避難所での看護活動の支援が行われている。また，看護系大学等の看護師・保健師養成学校の看護系教員による支援活動も行われている。

②福祉介護専門職

高齢者施設や福祉避難所において被災要援護者の利用が多く，入所者等の処遇維持や職員の負担軽減等のための交代要員の確保が必要となる。要援護高齢者の福祉避難所への誘導等の支援，避難所における要援護者の支援等，緊急入所などの支援が必要となる。

③栄養関係職

被災者等に対する栄養・食生活支援活動を行うための，保健所や市町村に配置されている管理栄養士・栄養士は少ないため，多数に及ぶ被災者への避難所等の巡回栄養指導・相談活動などの支援を継続して円滑に実施するためには外部からの管理栄養士等の応援が必要となる。

④心理職，精神保健福祉職

阪神・淡路大震災や新潟県中越地震以来，臨床心理士の全国職能団体である日本臨床心理士会や日本心理臨床学会，各都道府県臨床心理士会が協力して臨床心理士を現地派遣することが行われている。全国の精神保健福祉士の協会員に対する情報提供，精神保健福祉士による被災地における巡回活動が行われている。

⑤薬剤師

医薬品のふり分けに重要な役割がある。

8　発災後の保健師の時期別の活動ポイント

災害の起こる場所，規模により，一様ではない。大まかに三つくらいのフェースに分けられる。

①フェース0～1（発災～2日目まで）

初期には，打撲・切り傷などの応急救護をはじめ，断水により不衛生になっている手洗い場・トイレ等の衛生管理，高齢者の移動・排泄介助などの対応がある。さらに長期化する避難生活に備え，生活リズムづくりや集団生活のルールづくりの支援が必要となる。不安への対応，感染症・食中毒予防，熱中症・脱水症予防，エコノミークラス症候群予防，食事摂取量の管理など，予防を含めた種々の健康課題にも対応する。避難所における健康管理を調整・総括するための定期的な情報交換の場の設置や避難所ミーティングを定期的に実施する。

②フェース2（発災後3日目～4週間目まで）

避難者数の多い避難所には，保健師や看護師を常駐配置する体制をつくる。避難者が少ない避難所は巡回体制とする。しかし見守りが必要な要支援者が多く避難している避難所では保健師の常駐配置を継続する。また，一般避難所での避難生活が困難な虚弱高齢者・妊産婦・乳幼児などに対して健康状態の確認や緊急避難体制が整った福祉対応の避難所等への移動勧奨を行う。心のケア，食事・栄養指導，口腔ケア，運動指導，子どもの保育などに係る各分野に専門職が派遣し，それらの支援が必要な避難者を各専門職につなぐ。

③フェース3（発災後4週間目～派遣終了まで）

復旧・復興期への移行時期となると派遣保健師と被災地保健師間で現状や課題の共有化を行うことが可能となる。被災地の保健活動状況，健康課題，今後の活動などについて意見交換を行い，平常時に向けた調整をはじめる。派遣保健に依存する体制から，被災地自治体保健部門の地区担当保健師や地域包括支援センターの保健師が中心となる体制とし，避難所中心の活動から，地域の保健活動の再開や，仮設住宅入居者支援へと活動の内容を転換していく。仮設住宅入居者の家庭訪問，地区担当保健師と連携した地域の要援護者世帯に対する

家庭訪問，集会場などを利用した健康相談を行い，通常の保健事業への移行を行う。仮設住宅に被災者が移ってからは孤独死予防など，新たな状況に対応した健康支援活動が重要となる。

9 被災者に対する健康支援活動の法的な基盤

わが国の防災・災害対策の枠組みは1961（昭和36）年の災害対策基本法によりつくられている。しかし，1961年の頃とは対人保健サービスにおける国，都道府県，市町村の役割は大幅に変化している。また，高齢社会に対応し変化してきている地域の保健や福祉の制度の変化，市町村業務の生活支援活動の充実や制度変革の状況が災害時の被災者支援の防災計画の中に十分取り入れられているとはいえない。保健活動のマニュアル作成に当たっては被災者に対する保健活動に関する災害対策基本法，災害救助法，地域保健法の整合性を検討する必要がある。災害時の保健活動のマニュアルの基本的な理念としては，平時からの住民の生活支援体制の充実を基本とすることが大切である。

（1）市町村を基盤とした災害時の保健活動の強化

震災時において被災者の避難所を対象とした巡回健康相談活動，また被災地で生活する在宅の住民に対する保健活動は，市町村の保健師が中心となって実施されることになっている。阪神・淡路大震災のときは，神戸市は政令指定都市であり各区に保健所を設置していたため各区の保健所保健師が中心となって保健活動が行われた。しかし震災前の市町村の地域防災計画をみる限り，保健活動の位置づけはほとんどなされていなかった。災害対策基本法が施行された1961年当時，住民の生活を支える保健業務と保健師がほとんど市町村に位置づけられていなかったため，地域防災計画に盛り込むことはできなかった。1978（昭和53）年から，地域の保健師の市町村保健師の一元化，保健センターの設置，市町村の保健事業が位置づけられるなど，住民の保健活動は市町村を実施主体に位置づける施策が進められてきている。1982（昭和57）年に成立した老人保健法の保健事業は市町村に位置づけられた。また，福祉サービスについても

第8章　広域災害時の被災者に対する健康支援活動

1990（平成2）年の福祉関連法の改正により実施主体が市町村に統一された。さらに1994（平成6）年には保健所法が改正され成立した地域保健法により基本的な保健福祉サービスは市町村とすると明確に位置づけられた。これらの保健福祉サービスの制度改革により市町村が作成する地域防災計画において被災者の生活を支える保健・福祉活動を盛り込むことが可能となっている。つまり，市町村は自ら作成する地域防災計画の中に，被災後，地域に生活する住民，避難所における生活者，仮設住宅入居者に対する基本的な保健福祉活動の準備を行うことが求められている。

　市区町村の保健師数は増加してきているが，その反面，保健所保健師は減少傾向にある。1994（平成6）年の自治体の常勤保健師総数は2万2757人（都道府県8955人，市区町村1万3802人），2009（平成21）年は3万1769人（都道府県5058人，市区町村2万6641人）である。地域保健法の下で保健所，市町村の位置づけが変わり，住民に対する基本的な保健福祉サービスは市町村により実施されることとなったためである。そのために，保健所数は1994年の847カ所から2009年には510カ所に減少している。特に都道府県の保健所数は大幅に減少し，94年の625カ所から2009年には380カ所に減少している。保健所の医師数も94年の1312人から2006（平成18）年856人に大幅に減っている。わが国の保健体制は市町村を基盤とする形に変革されたことになるが，わが国の市町村の実状をみると，その約半数は人口1万人未満で，高齢化率は著しく高く，その財政力指数も低い弱小自治体が圧倒的に多い状況にあり，また住民に対する保健活動の拠点となる市町村保健センター（必置義務はない）の設置もあまり進まず，市町村間の格差は次第に拡大してきている。東日本大震災の被災自治体の保健所，市町村の体制は，平時における住民サービスに対してもけっして十分なものではなかった状況であった。

（2）災害時の多様な保健活動を保証する保健所の機能

　災害が発生した時に適切な対策が実施できるかどうかは，被災者の多様で深刻な被害の実態に対して，いかに実効性のある保健活動を展開できるかにかかっている。これらの活動は県内からの応援や，県外からの応援者によって支え

られる。被災者の支援者として、保健師、医師、理学療法士、臨床心理士、栄養士、作業療法士、歯科医師、歯科衛生士、精神保健相談員、看護師、薬剤師などがいる。災害の発生規模や時期、場所により、被災者に対して必要とされる保健活動は多様である。保健所は市町村の活動に対し、不足している課題への対応や広域的な対応が必要とされる活動などを、支援者の協力などを得て、組織化する役割がある。これらの活動もまた、日頃の生活を支える市町村と保健所の重層的な事業展開という基盤があってこそ可能となる。また、災害は、被災者に対する傷病など直接的な影響のほか、飲食物、下水、空気、廃棄物、破壊された環境は人びとの健康に影響する。避難所の生活環境実態調査を実施し、弁当の保管管理や消費期限の遵守、消毒液の散布、寝具の乾燥作業、動物衛生業務など、避難住民の生活環境の向上に結びつけることに加えて、入浴施設や飲食店の状況の調査と支援を実施する役割がある。保健所は、被災者の健康支援、および健康に影響を与える生活衛生対策の両者をあわせて、総合的な対策を実施する地域の公衆衛生の専門機関としての役割を果たしていくことが求められる。

（3）都道府県の役割

防災対策の実施主体は、市町村であり、被災者の生活支援の担い手も市町村である。しかし、現実の災害は市町村域を越えることも多く、また被災に伴い市町村機能が平時に比べ大幅なダメージを受ける。こういった状況の中で、災害により増大する行政ニーズに対応することには多大の困難が伴う。このようなことから、災害救助法において外部からの応援のための職員や医療従事者の派遣について明記されている。また全国の大都市の間には災害時に相互に応援する協定が結ばれており、今回の震災時においても仙台市に対しては大阪市、京都市、東京都から多くの職員の派遣がなされている。このように災害が発生した市町村をサポートするには市町村間において相互に協力しあう必要もあるが、その直接的な役割は都道府県にある。都道府県が市町村を支援する機能は、広域的に、また安定的に、被災者を救援・支援するシステムとして極めて重要である。都道府県は、市町村の被災状況を把握し、必要に応じて人的支援、物的支援を行う後方支援の要の役割がある。

（4）広域の自治体連合の誕生と期待

　広域的な激甚災害は，都道府県を超えることにもなり，災害の対応は都道府県だけでは対応が困難となる。その折には国が間に入り，都道府県への支援を行い，都道府県間を調整することが必要となる。全国の都道府県からの応援も必要となる。各都道府県は，自らの防災計画の策定に当たって，自らが被災した時の計画と併せて，隣接府県など，他府県において災害が発生したときの計画を併せて準備しておく必要がある。

　関西の2府5県が結集し，2010（平成22）年12月1日に関西広域連合が設立されている。府県域を越える広域課題として「関西広域防災計画」の策定を行い，東南海・南海地震や近畿圏直下型地震等の発生による広域災害に備え対応方針や具体的な連携体制とその体制の構築を行うことが進められている。広域災害発生時においては，被災府県の応援要請を集約し，府県間調整を担って応援や支援を行うことが目指され，東日本大震災において，関西広域連合として，各構成府県が担当する被災県を決めて支援するカウンターパート方式による支援が行われた。このような広域の自治体連合の災害時の対応は，大規模災害に対応するための必要な体制づくりであり，今後の発展が望まれる。

10　放射線災害と新たな災害時の健康支援活動への課題

　東日本大震災は，自然災害に加えて，福島第一原子力発電所による放射線災害をもたらしている。放射線災害に対する健康支援体制については，これまでも1999（平成11）年に茨城県東海村の核燃料加工工場（JCO）で「臨界事故」が起こっているが，地域保健の中で住民に対する健康支援にどのような活動が必要となるのかについては経験が乏しい状況にある。福島県南相馬市は地震，津波，原発の複合災害に見舞われたところである。南相馬市は福島県の太平洋沿岸北部に位置し，「平成の大合併」における鹿島町，原町市と小高町の3市町合併により2006（平成18）年に誕生した市である。「いわき市」と「仙台市」の中間に位置する。福島第一原子力発電所の災害により，市内は30km以遠の一般地域（鹿島区），緊急時避難準備区域（原町区），計画的避難区域（原町区など

の一部),警戒区域(小高区)に分けられた。福島第一原発から半径20キロ圏内の警戒区域の住民は避難させられたが,半径20～30キロ圏内の緊急時避難準備区域には1万人を超える生活者が存在し,原発状況が小康状態となるにつれ,市外に避難していた者も地域に戻りはじめ6月には2万人あまりになっている。しかし,子どもを市外に預けている家庭が多く,家族分離の状況が生じている。また緊急時避難準備区域(20～30キロ圏)においては,緊急時に迅速避難のため入院患者数が制限され,同区域での入院は原則として認められていなかった。入院は脳疾患に限り最大5人までとされ,脳疾患以外で入院が必要なものは,圏外の病院に転送させられた。また,南相馬市は,地震・津波の被災地であるが,緊急時避難準備区域であるために県内外からの保健師などによる保健活動支援がなされない状況におかれていた。市や県の保健師などの職員も被災者であり通常より人数が少なくなる中で被災者支援の業務を強いられていた。緊急時避難準備区域で生活している人が多数存在しながら,それらの人びとに対する保健医療サービスの提供体制が低下している事態は,住民や被災者の健康支援の点からは異常な事態であり,今後の重要な検討課題として残されている。

11　今後の災害時の健康支援活動の検討課題

(1) 被災地における災害支援公衆衛生チームの創設

　東日本大震災においては,自治体や医療機関の機能を喪失したところも多く,また保健所の統廃合などにより保健所機能が低下したところが多かった。保健師,栄養士,公衆衛生医師,行政職員がばらばらに支援に入ると,現地の負担を増すことにもなり,また独自の活動を行えないことにもなる。公衆衛生活動のチームとして,被災地に入ることにより,独自に情報収集し,被災地での活動計画を策定し,実施するとともに,後方において活動に必要なサポートを行い,被災地における活動がしやすくなる。ところで,公衆衛生とは,地域の組織された努力(活動)を通じて,疾病を予防し,寿命を延ばし,健康を増進し,保護するような科学でありアート(実践活動)であるとされている。そのため公衆衛生活動の目的の達成には,組織的な活動が必要である。その意味で公衆

衛生活動の支援チームを派遣することは当然のことである。公衆衛生関係者がチームとして支援に入ることにより，被災住民のニーズを明確し，地域の保健医療福祉機関を動員した被災地の人びととの支援ができると期待される。

（2）被災地における官公民協働の支援体制の構築

　阪神・淡路大震災以来，災害時のボランティア活動が活発になってきている。東日本大震災においても，災害救援ボランティア活動が大きな力を発揮し，ボランティア活動が果たす大きな役割の一つとなっている。社会福祉協議会により災害ボランティアセンターがつくられ，ボランティア団体やNPOなど，ボランティアの志ある人びととが被災者や被災地の支援活動に取り組みやすい状況ができつつある。被災者の公衆衛生活動も，被災地において，ボランティア活動とも協働した災害支援，公民協働（private-public partnership）の活動の促進が必要となっている。今後の課題としては，一般市民のボランティアと，医師，保健師，看護師，栄養士，ソーシャルワーカーなどの応援や派遣がばらばらになされるのではなく，被災地において協働して被災者に対して支援を行っていく実践知を積み重ね，被災者に対する包括的で社会的な支援を行っていく努力を積み重ねていく必要がある。

参考文献
大国美智子『保健師の歴史』医学書院，1973年。
大阪大学医学部公衆衛生学教室『大震災下における公衆衛生活動』1995年。
奥田博之・宮崎美佐子・井伊久美子「自然災害発生時における保健師の派遣協力の実態と今後に向けての課題」『保健師ジャーナル』63(9)，2007年，810-815頁。
奥田博之「新潟県中越沖地震，県内2度目の全国保健師派遣支援の実際」『保健師ジャーナル』64(4)，2008年，314-318頁。
全国保健師長会「大規模災害における保健師の活動マニュアル～阪神淡路・新潟中越大震災に学ぶ平常時からの対策～」平成17年度地域保健総合推進事業「大規模災害時における保健師の活動に関する研究」報告書，2006年。
全国保健婦長会兵庫県支部・阪神淡路大震災保健婦活動編集委員会『全国の保健婦に支えられて　阪神淡路大震災の活動記録』1995年。
高鳥毛敏雄「災害時の公衆衛生と保健婦──阪神・淡路大震災から保健行政が学ぶこと」『保健婦雑誌』52(8)，1996年，600-605頁。

第Ⅱ部　復旧・復興の課題と政策

　高鳥毛敏雄「現代の防災計画　公衆衛生の立場から」『公衆衛生』1996年，238-244頁。
　高鳥毛敏雄「防災計画を策定する際に必要な情報」『公衆衛生』1997年，730-734頁。
　多田羅浩三・高鳥毛敏雄他・厚生省健康政策局計画課・指導課監修「災害時の地域保健医療活動」第2章災害時の保健活動．新企画出版，1996年，48-87頁。
　多田羅浩三・高鳥毛敏雄・近藤健文編『地域における健康危機管理の推進』新企画出版，2002年。
　坪川トモ子「新潟県中越沖地震派遣受け入れ状況及び活動」『平成19年度広域的健康危機管理対応体制整備事業災害時の保健活動に係る広域連携のあり方に関する報告書』2008年。
　新潟県福祉保健部「災害時保健師活動ガイドライン―新潟県―」2005年。
　平成19年度地域保健総合推進事業，地震災害時における効果的な保健活動の支援体制のあり方に関する検討会報告書，財団法人日本公衆衛生協会，2008年。

　　　　　　　　　　　　　　　　　　　　　　　　　　　（高鳥毛敏雄）

第Ⅲ部

大震災と行政・企業・市民の対応

第9章

東日本大震災と消防

1 消防における広域応援

　2011（平成23）年3月11日（金）に発生した東日本大震災は，福島原子力発電所の事故も併発し，わが国に多大な被害をもたらした。岩手県，宮城県，福島県，青森県，茨城県，栃木県，千葉県，東京都の1都7県のおよそ230の市区町村が災害救助法の適用を受けた。極めて広域的な災害であったといえる。

　特に，津波で大きな被害を受けた岩手，宮城県の多くの市町村では，行政も被災をし，消防機関も例外ではなかった。元々消防は，他市町村の消防機関が被災地消防の応援に向かう広域応援の制度が他行政分野よりも進んでおり，また歴史も長い。

　それを代表するのが，全国の消防本部が消防庁に事前登録をしておき，大規模自然災害や事故発生時には国の出動指示の下，被災地に各都道府県で部隊を編成し駆けつける緊急消防援助隊の制度である。今回は，全都道府県の部隊が被災地に出動するという事態となった。緊急消防援助隊は，市町村消防の部隊が事実上，国の手足になって動くという，ある意味良くできた制度であるが，他行政分野に類をみない制度ともいえる。

　近年，地方行政においては，小規模自治体の救済という側面から，それらの自治体のできない部分は国や都道府県が補完する垂直補完や，あるいは同じ市町村レベルで補完をするという水平補完という補完性の原則という考え方が出てきている。

　消防行政においては，従来，相互応援協定を事前に交わしておき，いざ災害が発生した場合には協定に基づき個々の市町村消防が被災地に出動するという

広域応援の制度があった。これは，まさに市町村消防間の水平補完の制度である。ところが緊急消防援助隊は，前述の通り国の出動指示の下，事実上の国の実動部隊として，市町村消防は出動することとなる。それに必要な装備も国から配備され，かかった費用も国から費用弁償される。つまり緊急消防援助隊の制度は，市町村消防が被災地市町村の応援に駆けつけるという水平補完の要素と，実質上国が消防組織法上規定された被災地における消防責任を果たすための実動部隊となるという垂直補完の要素を併せもつ融合型補完の制度といえる。

ただ国が，別組織である市町村消防を，事実上動かすという融合型補完は，中央地方関係の問題が絡んで難しい部分もある。

本章においては，東日本大震災において，主に消防行政における被災地市町村に対する融合型補完，中央地方関係，そして垂直補完や水平補完がうまく機能したのかを検証し，今後解決していかなければならないどのような課題が生じたのかを，消防の広域再編の動きも絡め明らかにしたい。

2　今回の震災において消防が果たした役割

（1）経　過

まず，経過から概観したい。今回の震災に対する消防の対応としては，3月11日14時46分に震災が発生した後，15時40分に消防庁長官から緊急消防援助隊に対し出動指示が出されている。震災が発生してから4日目の14日午前には，緊急消防援助隊の制度ができて以来初めてとなる，全都道府県の部隊が出動するという事態になった。

東日本大震災にかかる緊急消防援助隊の出動は，6月6日をもって活動終了となったが，88日間にわたり総派遣人員数2万8620人，派遣部隊数7577隊，また延べ派遣人員数は，10万4093人，延べ派遣部隊数は2万7544隊にのぼった。

福島原子力発電所事故についても国からの要請で655人の消防隊員と134隊の消防隊が5月18日時点で現地に出動した。[1]

図9-1は，緊急消防援助隊の出動人員の推移をグラフ化したものである。3月18日の時点には，最大時派遣人数の6099名（1558隊）に達し，その後も継

第9章　東日本大震災と消防

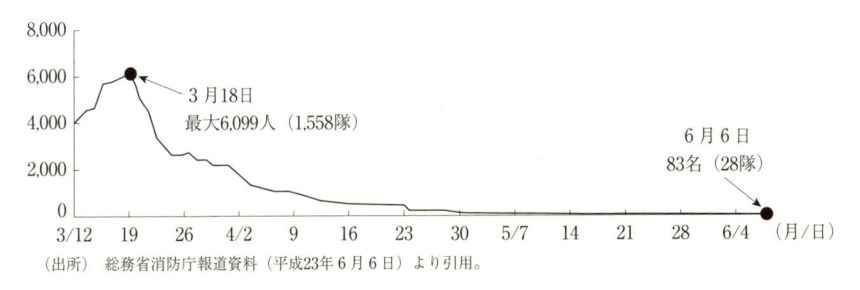

図9-1　緊急消防援助隊の出動人員の推移

3月18日 最大6,099人（1,558隊）
6月6日 83名（28隊）

(出所)　総務省消防庁報道資料（平成23年6月6日）より引用。

続的な派遣が6月6日まで続けられた。

また表9-1は，大きな被害を受けた岩手県，宮城県，福島県への全国緊急消防援助隊の派遣状況を図式化したものである。

（2）緊急消防援助隊

緊急消防援助隊は，阪神・淡路大震災の後に創設された。1995（平成7）年に発生した阪神・淡路大震災においては，国の消防機関である消防庁が実働部隊をもっていなかったことにより救助オペレーションを行うことができず，非難にさらされた。その教訓から作られた制度が緊急消防援助隊である。

各消防本部が派遣可能な部隊を消防庁へ事前登録し，消防庁の出動指示の下に，各都道府県単位で部隊を編制して現地へ出動するという制度である。

当初は，要綱設置であったが，2003（平成15）年の消防組織法改正で法制度化され，消防庁長官の出動指示権が確立されるとともに緊急消防援助隊にかかる国の財政措置，消防用国有財産・物品の無償貸与ができるようになった。

3　他の実力行使部隊との比較

（1）東日本大震災における自衛隊

東日本大震災においては，過去の災害に比べ，消防よりも自衛隊の活躍が目立った。

自衛隊は，3月14日に災害派遣任務で初めてとなる統合任務部隊を編成し，

第Ⅲ部　大震災と行政・企業・市民の対応

表 9-1　各都道府県の緊急消防援助隊派遣先地域

派遣先地域	出動地域	派遣先地域	出動地域	派遣先地域	出動地域
宮城	北海道 青森 秋田 山形 宮城 福島 新潟 長野 山梨 富山 愛知 三重 奈良 和歌山 岡山 島根 広島 山口 香川 徳島 福岡 熊本 宮崎 鹿児島	岩手	岩手 福島 栃木 静岡 石川 福井 滋賀 京都 高知 愛媛 大分 佐賀 長崎 沖縄	福島	茨城 群馬 埼玉 東京 千葉 神奈川 岐阜 大阪 兵庫 鳥取 奈良

(出所)　各都道府県 HP 等から作成。

陸上自衛隊，海上自衛隊，航空自衛隊の指揮命令系統の一元化を図った。3月18日には，10万6000人態勢を整え隊員の不足を補うため，これも制度ができてから初めてとなる即応予備自衛官の招集も行っている。

全国の自衛隊の部隊の被災地への派遣状況を示したのが，図9-2である。

（2）東日本大震災の特性から生じた消防の存在感が薄かった背景

消防の救援体制の立ち上がりは早く，また消防の被災地での貢献も小さくない。しかし自衛隊との比較で消防の存在感が薄かったのは何故であろうか。

一つには，東日本大震災における被害は，阪神・淡路大震災のような過密大都市型被害ではなく，広域散在市町村型被害であった。その結果，緊急消防援助隊の消防力が分散されたことが挙げられる。

また地震発生後津波が起こったことにより，倒壊家屋の下にいた生存者がみ

第9章　東日本大震災と消防

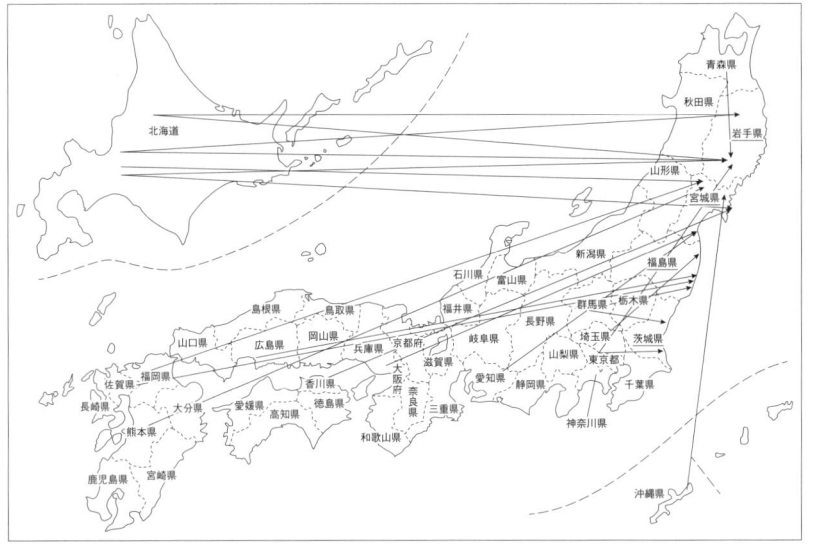

図9-2　自衛隊の各部隊の派遣先地域

(出所)　『MAMOR』2011年6月号，17頁より作成。

な津波にさらわれてしまい，消防のもつ高度なレスキュー技術を十分に発揮して救助活動を行える場が少なかった。

同様な事態がDMATにおいてもみられ，生き残った重症患者が少なく，発災後の急性期において平時の救急医療レベルの医療を提供して救命活動を行うといった，本来期待される機能を今回はあまり果たせなかったという[2]。

さらに，自衛隊や警察と異なり，法令上生存者の救出を主な仕事としていることで，その後の遺体捜索等で存在感を発揮できなかったことも大きい。

今回警察も，広域緊急援助隊を出動させた。震災が発生してから112日目の6月30日の段階で，延べ42万9000人の警察官が被災地に派遣されている。最大時で5500人，その後も6月末まで常時4000人（1日）体制を維持してきた。

警察法の第2条には，「警察は，個人の生命，身体及び財産の保護に任じ，犯罪の予防，鎮圧及び捜査，被疑者の逮捕，交通の取締その他公共の安全と秩序の維持に当ることをもつてその責務とする」と規定されている。この中に災害救助も含まれるというのが，一般的解釈である。

よって警察は，災害時には広域緊急援助隊を派遣するが，消防と異なり救助活動以外に被災地の交通整理や防犯警戒，警備活動，治安維持活動や死亡した被災者の検視も行う。警察の捜索は遺体収容も対象となる。

　自衛隊も，災害派遣の制度により出動している。自衛隊法第83条は，「都道府県知事その他政令で定める者は，天災地変その他の災害に際して，人命又は財産の保護のため必要があると認める場合には，部隊等の派遣を防衛大臣又はその指定する者に要請することができる」と定めている。この中に警察同様，災害救助も含まれ，さらに人員を保有していることから震災発生からの時間経過後も，生存者捜索（事実上の遺体捜索）に動員されることとなった。

　ところが，消防の捜索活動は主に生存者が対象となる。一定期間経過した後でも，遺体捜索ではなく，名目上は生存者捜索として行わねばならない。よって大規模な活動は，自衛隊や警察ほどは，長期間実施することはできない。1985（昭和60）年に発生した日本航空墜落事故の際にも，生存者はおそらく存在しないであろうとの予測の下に，消防の活動（生存者の救出）の対象外ということで，警察が消防の現地出動を止めたという経緯もある。捜索活動を行う関係機関間で，生存者の捜索と遺体の捜索の間に，グレーゾーンではあるものの一定の住み分けがあるのである。

　上記の3点の理由は，主に今回の震災の特性から生じたものである。しかし，それ以外に消防の広域的応援体制に関わる問題点はなかったのであろうか。次に考えたい。

（3）自己完結性の問題

　今回の震災においては，過去の災害事例を通し改善・構築等がなされた結果，消防の広域応援の迅速性は十分確保された。しかし，新たな課題が明らかになった。大きく3点挙げられる。

　第一に，緊急消防援助隊の自己完結性の問題である。今回の震災は被害も甚大で長期化した。また被災地が広域で，かつ津波により海路からの供給が絶たれたことにより，被災地のインフラおよび物資供給体制の回復がここまで遅れることは，消防の広域的応援体制も想定して制度設計されていなかったように

第9章　東日本大震災と消防

思われる。

　結果，食糧や宿泊環境さらには消防車輌の燃料の現地における確保に極めて苦労した。災害用の備蓄は地方自治体も行っているが，当然これは住民を対象としたもので，応援に来た消防，警察，自衛隊の部隊用のものではない。特に消防車輌の燃料の確保については，燃料補給車を消防はほとんど保有していないため現地での調達を余儀なくされた。

　元々，消防の緊急車輌は，燃費の良さを考えて設計されていない。燃料補給車は，数台消防庁から全国の大規模消防本部に配備されているが，タンクには軽油が950リットルしか搭載できない。一度，出発地から持参した分を使い切ってしまったら終わりである。

　現地では，燃料不足が深刻な問題となっていたが消防には優先的に供給される等，逆に被災者の日常生活の立て直しにマイナスの影響を与えてしまった感もある。緊急消防援助隊の燃料の補給に際しては，夜間，フロントランプを消灯して燃料補給所に入ることが地域によっては義務づけられていた。燃料を求める被災者にそのガソリンスタンドには，ガソリンがあるといことを気づかせパニックを起こさせないための処置であった。[4]

　これは自衛隊とは，対照的である。自衛隊は，燃料補給車を保有している。そして各駐屯地（被災地や近隣の地域の駐屯地を含む）の燃料の備蓄がある。自衛隊の燃料補給車の仕事は，それを派遣部隊まで輸送することなのである。

　兵站（後方支援を広くとらえた概念）では，調達⇒輸送⇒供給の供給線維持が重要である。駐屯地には燃料や戦闘糧食が備蓄されており，これらは一定の備蓄量が義務として予算化されている。それを輸送科部隊が前線（今回は被災地）まで輸送し，業務隊が例えば食糧の場合は野外炊具で調理するという，外のインフラに一切頼らない体制が確立しているのである。

　このように食糧に関しても自衛隊は備蓄があり，自己完結性を保持しているが，緊急消防援助隊は食糧輸送等に特化した車輌をほとんど保有せず，消防車輌に搭載するスペースにも限りがあるので，多くは持参できず，隊員の食糧供給に課題を残した。[5]

　なお，燃料と食糧の自己完結性に関しては，警察も消防と大差がない。ただ

キッチンカーやトイレカーが国費で全国都道府県警察に配備されている。また従来，国費で貸与される警察の車両は，警備用の車両が中心であったが，近年広域緊急援助隊用の車両も増えてきている。

(4) 長距離応援の問題

　第二に，大勢の隊員の長距離応援の問題である。今回の震災においては，前掲表9-1のように全国の消防が被災地に派遣された。九州や沖縄からも派遣されている。例えば，鹿児島県隊は宮城県に派遣されたが，その移動距離は，およそ1200kmにもなる。消防車輌に搭乗して，急ぎで移動するのにはあまりにも現実的ではない距離である。

　しかしながら緊急消防援助隊には，長距離移動に適した装備が配備されていなかった。唯一配備されていたマイクロバスを利用し被災地に向かった消防本部がかなりあったが，極めて体力的に過酷な移動であったという。

　実は，緊急消防援助隊の応援にかかった費用は，のちに国によって費用弁償されることになっている。消防庁とのパイプの太い大規模消防本部は，移動するためのバスをチャーターする費用も費用弁償されることを知っていた。よって，神戸市は観光バスをチャーターし，大阪市も交通局のバスをチャーターした。

　ところが，小さい消防本部は，費用弁償が移動手段のチャーターにまで適用されることを知らなかった本部が多かった。緊急消防援助隊の装備として配備される車輌は，四輪駆動でなければならないとするルールがある。四輪駆動の大型バスは存在しないので，移動手段として多くの消防本部が四輪駆動のマイクロバスを配備しており，それで現地まで移動したのである。[6]

　表9-2は，消防組織法の逐条解説における，緊急消防援助隊の出動に要する費用に対する国の財政措置について規定した第49条第1項の解説である。この場合，旅費が該当する。

　その詳細が規定されている地方自治法第204条第1項の一般的な解釈では，「公務のために旅行中必要となる交通費，宿泊費等の経費にあてるため支給される費用でありいわゆる実費弁償の一種」となる。ただここでいう交通費に，

第9章　東日本大震災と消防

表9-2　逐条解説における国の負担する経費の詳細

> 　同項の消防庁長官の指示に基づく地方公共団体の活動に要する経費は，いわば国から委託された事務に準じる軽費として，国が全額を負担すべきものといえる。……地方公共団体が，消防庁長官の指示に対応することにより，臨時・追加的に必要とする軽費（いわゆる掛かり増し軽費）を国の負担の対象としている。
> 　……国が負担する経費の詳細については，緊急消防援助隊に関する政令第5条に定められており，緊急消防援助隊の活動に要する経費のうち，以下のものは国が全額負担する。
> （1）緊急消防援助隊の隊員の特殊勤務手当，時間外勤務手当，管理職員特別勤務手当，夜間勤務手当，休日勤務手当及び旅費　「旅費」は，地方自治法第204条第1項に規定されている旅費と同様のもの，「旅費」以外の諸手当は同項第2項に規定されている諸手当と同様のものを指す。
> （2）緊急消防援助隊の活動のために使用した当該緊急消防援助隊の施設に係る修繕費及び役務費並びに当該活動のために使用したことにより当該施設が減失した場合における当該減失した施設に代わるべきものの購入費
> （3）（1）及び（2）に掲げるもののほか，緊急消防援助隊の活動のために要した燃料費，消耗品費，賃借料その他の物品費，車輌や資機材の使用のため支出される燃料費や消耗品費が中心となろう。

（出所）『逐条解説消防組織法（第3版）』504-505頁。下線は筆者による。

被災地に向かうための長距離バスのチャーター料まで含まれるか否かという点に関し，前例もなかったせいで中規模，小規模消防本部の中には，国費によりマイクロバスも配備されているので対象外と誤解した消防本部が多かったということである。

　また図9-3のように，全国の消防本部には支援車が配備されている。指揮車には，Ⅰ，Ⅱ，Ⅲ，Ⅳ型の4種類の規格があるが，Ⅲ型は主にマイクロバスが対象となる。20名以上の乗車人員と，車輌後部に資材搬送用のスペースを確保すること，上記の通り四輪駆動車でなければならないことが規定されている。[7]

　人員の輸送車輌については，自衛隊は，周知の通り輸送車輌を多数保有している。一方，警察も大型輸送車（略して大輸）を保有している。大輸には，一小隊（30人）が搭乗できる。大輸3台と中隊長および伝令が搭乗するランドクルーザー（現場指揮官車）を加えた計4台で中隊（92人）の移動が可能となる。消防と比較し，極めてシステマチックな長距離移動手段が確保されている。

（5）予備力でない緊急消防援助隊

　第三点目としては，その組織が予備力であるか否かの問題がある。自衛隊は，敵国に侵略された場合の自衛を主な目的とした組織で，普段は有事に備えて訓練などを行っている。有事に出動しても，自衛隊が行う日常業務に当然支障はきたさない。むしろそれが組織の存在目的上最も重要な本来業務となる。いうならば，国家が保有する巨大な予備力である。

　一方，警察の広域緊急援助隊は，主に各都道府県警の機動隊で構成されている。機動隊も，デモやテロ，大事件時に動員される部隊で，普段は剣道などの訓練を行っている。大規模自然災害やデモ，テロの際，機動隊が出動しても，警察の日常業務には支障は生じない。やはり，警察組織の中の予備力である。元々，全国に先駆け警視庁に設置されていた機動隊の前身部隊の名称は予備隊である。

　これらの組織は，多大な維持コストがかかる一方で，いざ有事の際には，組織の保有する資源をすべて事態の対応に集中させることが可能である，というメリットがある。

　ところが，緊急消防援助隊は予備力ではない。現在，緊急消防援助隊には，全国の消防本部（798本部）の98％に当たる783本部が参加し，4354隊が登録されている。これらの部隊は，ギリギリの人員で運営されている市町村消防においては，重要な消防資源である。それを大規模災害発生時，被災地の被災者救助のため割いているのである。

　さらに，わが国の消防本部の多くが，管轄人口10万人以下の消防本部である。消防職員数の地域間格差も激しい。消防職員数50人未満の消防本部が，88機関も存在する。これは全国消防本部の11％に当たる。

　図9-4は，消防本部の職員数の度数分布をみたものである。職員数150人未満の消防本部が509機関もあり，全体の63.8％を占めている。これらの消防本部にとっては，緊急消防援助隊への参加は，大きな負担となる。よって，自衛隊や警察のように長期にわたる大量動員は，不可能となる。

　しかし消防庁は，この緊急消防援助隊の登録部隊数を，2013（平成25）年度末までに4500隊までさらに引き上げる計画である。

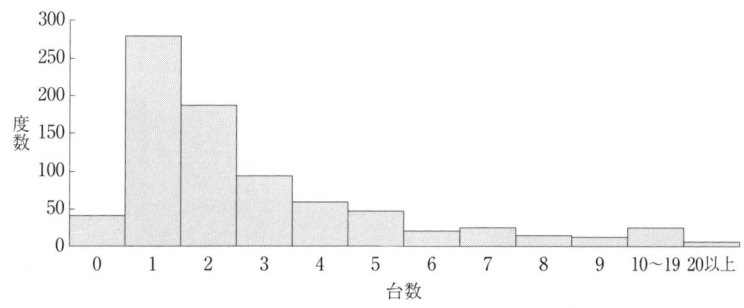

図9-3 指揮車（Ⅰ，Ⅱ，Ⅲ，Ⅳ型）の全国消防本部配備状況

（出所）全国消防長会データ（平成22年度）より作成。

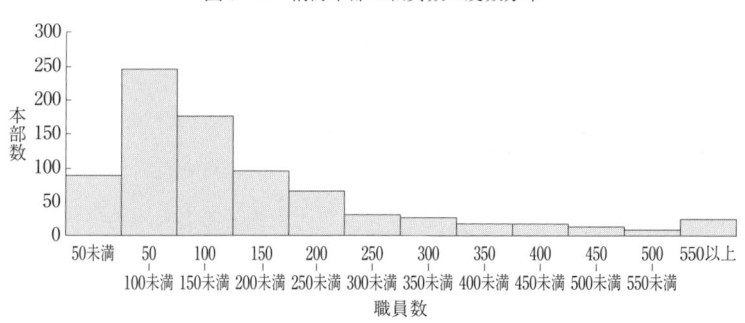

図9-4 消防本部の職員数の度数分布

（出所）全国消防長会データ（平成22年度）より作成。

4 消防庁の初動対応

（1）消防庁災害対策本部の動き

次に，東日本大震災における消防庁の初動対応をみていきたい。消防庁では，3月11日14時46分に震災発生直後に，消防庁災害対応本部（本部長：消防庁長官）を設置した。

消防庁災害対応本部における初動体制の震災対応は，現場を知っている市町村消防本部からの出向者・研修生を中心に行われ，総務省からのキャリア・ノ

第Ⅲ部　大震災と行政・企業・市民の対応

図9-5　東日本大震災発生時の消防庁における出向組と総務官僚の割合

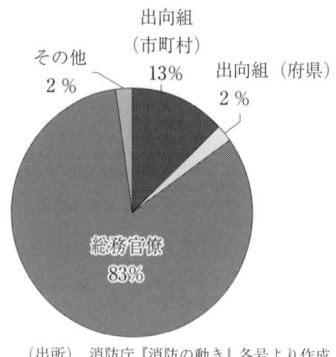

その他　2％
出向組（市町村）　13％
出向組（府県）　2％
総務官僚　83％

（出所）消防庁『消防の動き』各号より作成。

図9-6　東日本大震災発生時の消防庁幹部（課長補佐級以上）の在籍年数の割合（2006年7月～2011年4月の期間）

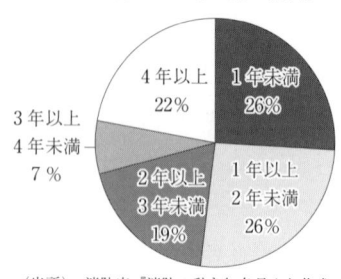

4年以上　22％
3年以上4年未満　7％
2年以上3年未満　19％
1年未満　26％
1年以上2年未満　26％

（出所）消防庁『消防の動き』各号より作成。

ンキャリア官僚の多くは，データの整理等デスクワークを中心に担当していたという[8]。

　総務官僚の災害対応に関する専門知の欠落と，災害対応時の市町村消防からの出向者・研修生への人的依存の大きさを示すエピソードといえる。

　消防庁の機関紙『消防の動き』各号に掲載された消防庁人事のデータ（2006年7月～2011年4月）より，震災発生時点でのおおよその消防庁職員を割出し，その出身別の割合をみたのが図9-5である。出向組は，市町村消防からの出向者が13％（21人），府県からの出向者が2％（4人）とけっして多くはないが，この分析には数十人に上る市町村消防からの研修組は入れられていない。それらを加えると相当の割合となる。なお，その他は他中央省庁（自衛隊，国土交通省等）からの出向組である。

　また東日本大震災発生時の消防庁幹部（課長補佐級以上）の在籍年数の割合（2006年7月～2011年4月の期間）をグラフにしたのが，図9-6である。消防庁の課長補佐級以上の管理職の2006年7月～2011年4月の期間の平均在職年数は，2.3年である。また，消防庁への在籍年数の分布をみると，在籍1年未満が26％，在籍1年以上2年未満が26％，さらに2年以上3年未満が19％で，合計在籍3年未満の幹部が71％になる。3年以上在籍している職員の多くは，消防庁

表9-3 消防庁に災害対策本部が設置されてから職員が被災地に派遣されるまでの時間

発生年	災害名	所要時間（分）
2005	尼崎列車事故	55
2005	福岡県西方沖地震	127
2007	新潟県中越沖地震	155
2008	岩手・宮城内陸地震	133
2011	東日本大震災	164

（出所）消防庁災害情報より作成。

採用の技官である。

　消防庁で重要な意思決定の立場に立つ幹部の多くが，消防庁での勤務経験も短期で，災害対応の専門知，経験知が少なく，災害発生時に彼らだけの判断では十分に対応できない実態がみえてくる。[9]

（2）消防庁職員の被災地への派遣

　前述の通り，消防庁の市町村消防からの出向者・研修生への人的依存は，極めて大きい。しかし，出向者・研修生組への過度の依存は，リスクも伴う。

　表9-3は，2007（平成19）年に発生した新潟県中越沖地震や，2008（平成20）年に発生した岩手・宮城内陸地震における，消防庁災害対策本部が設置されてから消防庁職員を被災地に派遣するまでの時間を比較したものである。

　これをみると，東日本大震災では，消防庁災害対策本部が14時46分に設置された後，14分後の15時に被災地県（岩手県，宮城県）への職員派遣を決めてから，宮城県に派遣されたのが17時30分で2時間44分後（164分）となっており，近年の災害の中では，最も職員の被災地派遣に時間がかかったケースではあるが，災害の規模が桁外れに大きかった等を考慮すれば，迅速な対応であったといえよう。

　大規模災害・事故が生じた場合は，消防庁災害対策本部が立ち上がり，消防大学校副校長は，立川へ向かい消防庁ヘリコプターで被災地の都道府県庁災害対策本部（消防活動応援調整本部）に向かうこととなっている。これは被災地都道府県での情報収集と，緊急消防援助隊の受援体制を整えるため被災地行政機

第Ⅲ部　大震災と行政・企業・市民の対応

表9-4　歴代消防大学校副校長の出身組織，前歴等

年	在任期間	前職	出身	備考
1979	⇕	京都府総務部長	自治省	キャリア
1980				
1981	⇕	自治省官房付兼参事官	自治省	キャリア
1982	⇕	東京消防庁消防署長	東京消防庁	
1983	⇕	東京消防庁消防署長	東京消防庁	
1984		東京消防庁消防署長	東京消防庁	
1985	⇕	東京消防庁消防署長	東京消防庁	
1986				
1987	⇕	東京消防庁消防署長	東京消防庁	
1988				
1989	⇕	東京消防庁消防署長	東京消防庁	
1990				
1991	⇕	東京消防庁消防署長	東京消防庁	
1992				
1993	⇕	東京消防庁消防署長	東京消防庁	
1994	⇕	東京消防庁消防署長	東京消防庁	
1995	⇕	東京消防庁消防署長	東京消防庁	
1996	⇕	東京消防庁消防署長	東京消防庁	
1997				
1998	⇕	東京消防庁消防署長	東京消防庁	
1999				
2000	⇕	東京消防庁消防署長	東京消防庁	
2001				
2002	⇕	東京消防庁消防署長	東京消防庁	
2003	⇕	東京消防庁消防署長	東京消防庁	

（出所）　全国消防長会会報（各年度）に掲載された人事データより作成。

関と消防庁との調整を行うためである。いわば初動体制における被災地先行隊の責任者という位置づけとなる。

　この消防大学校副校長職は，代々東京消防庁からの出向ポストである。**表9-4**は，1979（昭和54）年から2003（平成15）年までの25年間における消防大学

校副校長のポストにあった者の出身組織等を，表にまとめたものである。全国消防長会会報（各年度）に掲載された人事データより作成した。

これをみると，80年代に本ポストが本省キャリアのポスト（課長級の上）から，東京消防庁の消防署長経験者が1年間か，2年間ほどの期間で出向して務めるポストに変化していることがわかる。そして東京消防庁のポストになってからは，継続的に東京消防庁出身者が本ポストを務めている。本ポストは，消防庁に数多く在籍する市町村消防からの出向・研修組の消防庁における最上位ポストでもある。

災害発生時の消防庁の被災地における現地指揮官という重要な任務を，消防庁が東京消防庁からの人材に依存している。何故ならば，国の側には災害対応に精通した，現場で的確な判断を下せる専門知，経験知をもった人材が居ないからである(10)。

5　福島原発事故における消防の注水活動

東日本大震災は，周知の通り福島原発事故も併発し，事態は一向に終息する気配をみせない。

ただ，福島原発事故において政府の対応が回り始めるきっかけとなったのが3月19日（土）より数回にわたり行われた消防機関の原発に対する注水活動であった。本来，地方公務員である市町村消防本部の職員が国のために命がけの危険業務を行う義務はない。また，国にそのような活動を命令する権限もない。

どうしてこのような危険業務を消防機関が行うことになったのか，また消防機関による注水活動はもっと早い段階で行うことはできなかったのか等について考察したい。

（1）消防組織法の規定および法解釈

消防組織法をみると第36条に国または都道府県が市町村に対し，「一般的に指揮監督ないしは権力的な関与を行うことは出来ない」と定めている。ただし一方で第44条の5は，緊急措置として，非常事態時における緊急消防援助隊の

出動に関する，国の市町村消防に対する指示権を認めている。ここでいう指示権とは，物理的な強制力までは問わないものの，出動すべき法的拘束力が生じるというのが国の解釈である。⁽¹¹⁾

つまり制度上は，地方公務員であっても，例外的措置として危険が伴う救援活動に出動指示という形で国は半強制的に動員することができるのである。ただし今回，原子力発電事故による消防機関の注水活動においては，その出動について国は各市町村消防に対し，出動指示ではなく出動要請というかたちをとっている。これは，今回の震災における震災関連の消防機関の出動においては，国が出動指示というかたちをとっていたのと対照的である（表9-5）。

ここでいう要請とは，一定の行為について相手方に好意的な処理を期待し答えを促すこと。相手側を一定の行為を行うべき立場に立たせるものではない，というのが国の見解である。つまり，断ることも可能であるということである。

（2）極めてデリケートな問題であった消防機関の出動に対する国の意思表示

なぜ，今回の原発事故に関しては出動指示ではなく出動要請に留めたのであろうか。おそらく二つの理由があると考えられる。第一に原発事故への対応は，被曝の危険性もあり，通常の救援活動とは異なる。そのような危険性の高い注水作業を国の機関ではなく，別人格の組織である市町村に半強制的に行わせることへの国のやりにくさがあったものと思われる。

チェルノブイリの原子力発電所事故では，ソ連政府は空軍に危険な消火活動業務を行わせた。現場責任者は，消火任務を行う要員の前で，「諸君の前に立っているのは，ソ連空軍の将官である。私は諸君とともに出動する。もしも，私がたじろいだりしたら，諸君も私に倣って任務を放棄してよい。だが，私が諸君とともにいる限り，諸君は一歩も退いてはならない。」⁽¹²⁾と言ったという。これは，国直属の軍隊だったからいえたことである。全く別組織の職員に，命に関わる危険業務をそこまで強制することは難しい。

それを配慮してか，菅首相も3月21日に以下のような発言をしている。「消防は国直属の機関ではなく，自治体や消防職員のボランティア精神で応援に駆けつけてくれた。命をかけて日本や国民を救うために努力されたことが，少し

第9章　東日本大震災と消防

表9-5　震災および原子力発電所事故における消防庁の市町村消防に対する対応

	日	時間	国	東京消防庁	他自治体
震災対応	3/11	15：40	消防庁長官より緊急消防援助隊に対し出動指示		
福島原子力発電所事故対応	3/18	0：50	消防庁長官より東京消防庁のハイパーレスキュー隊等の緊急消防援助隊としての派遣を要請する	消防庁長官より東京消防庁のハイパーレスキュー隊等の緊急消防援助隊としての派遣要請を受ける	
	3/18	20：10	片山総務大臣から大阪市長に対して、福島第一原子力発電所への特殊車両等の派遣を要請する		片山総務大臣から大阪市長に、福島第一原子力発電所への特殊車両等の派遣要請を受け、受諾
	3/19	15：30	片山総務大臣から横浜市長に対して、福島第一原子力発電所への特殊車両等の派遣を要請する		片山総務大臣から横浜市長に、福島第一原子力発電所への特殊車両等の派遣要請を受け、受諾
			消防庁長官から横浜市消防局の特殊車両部隊の緊急消防援助隊としての派遣を要請する		
	3/19	16：30	片山総務大臣から川崎市長に対して、福島第一原子力発電所への特殊車両等の派遣を要請する		片山総務大臣から川崎市長に、福島第一原子力発電所への特殊車両等の派遣要請を受け、受諾
			消防庁長官から川崎市消防局の特殊車両部隊の緊急消防援助隊としての派遣を要請する		
	3/20	16：00	消防庁長官から福島第一原子力発電所の除染活動を支援する為、新潟消防局及び浜松市消防局の大型除染システム部隊の緊急消防援助隊の派遣を要請する		
	3/22	13：40	片山総務大臣から名古屋市長に対して、福島第一原子力発電所への特殊車両等の派遣を要請する		片山総務大臣から名古屋市長に、福島第一原子力発電所への特殊車両等の派遣要請を受け、受諾
			消防庁長官から名古屋市消防局の特殊車両部隊の緊急消防援助隊としての派遣を要請する		
	3/22	13：50	片山総務大臣から京都市長に対して、福島第一原子力発電所への特殊車両等の派遣を要請する		片山総務大臣から京都市長に、福島第一原子力発電所への特殊車両等の派遣要請を受け、受諾
			消防庁長官から京都市消防局の特殊車両部隊の緊急消防援助隊としての派遣を要請する		
	3/22	14：00	片山総務大臣から神戸市長に対して、福島第一原子力発電所への特殊車両等の派遣を要請する		片山総務大臣から神戸市長に、福島第一原子力発電所への特殊車両等の派遣要請を受け、受諾
			消防庁長官から神戸市消防局の特殊車両部隊の緊急消防援助隊としての派遣を要請する		

（出所）　消防庁HP災害情報より作成。

ずついい方向に進む大きな力になっている。」[13]

　第二に，中央地方関係から生じる問題に配慮した側面があるように思われる。地方分権一括法は，「上下・主従の関係」から「対等・協力の関係」に根本的に中央地方関係を転換することを明確化している。先の消防組織法の第44条の5は，その地方分権の流れに逆行するものである。

　国の見解としては，非常事態における緊急措置として市町村消防の原則の特例であるとしているが，これは被災者の救助を行うといった通常活動の延長線にある活動を想定したもので原発のように危険度が増すと指示を出しにくい。

　つまり本件は，全くの別組織に危険な業務を実施させるものであり，また中央地方関係においてもグレーゾーンの部分で極めてデリケートな問題であったといえる。

（3）国にとって使いにくい組織である消防

　今回の原発事故対応において，消防よりも先に注水活動を行ったのが自衛隊と警察であった。消防の注水活動に先立つこと2日前，3月17日夜自衛隊および警視庁が福島第一原発に対して放水活動を行っている（表9-6）。

　ところが，効果的な注水活動を行える資材および部隊は，実際には消防にしか存在しなかった。放水活動を行った自衛隊の大型破壊機救難消防車は通常はタンクの水を使い切ったら終わりで継続的な放水活動は難しい。また，放水精度も決して高くない。警察の高圧放水車に至っては，デモ隊への放水が本来の目的なので水平か下に向かってしか放水できず，この場合，全く役に立たない。

　ところが，消防は高所放水車および遠距離多量送水システム（スーパーポンパー）を保有している。高所放水車は，高所より目的を狙って放水が可能なので放水精度が高い。また，多量送水システムは，海水を汲み取り消防車に継続的に補給することができる。これにより大量放水および継続放水が可能となる（表9-7）。

　ところが国は，あまり効果が期待できない自衛隊と警察を先に使ったのである。その背景にあるのは，おそらく二つの要因であったと思われる。一つは，消防が国にとって使いにくい組織であったということである。自衛隊は国直属

第9章　東日本大震災と消防

表9-6　原子力発電所事故における自衛隊，警察，東京消防庁の注水活動

日	時間	国	東京消防庁	自衛隊・警察
3/17	19：05			自衛隊，福島第一原発の使用済み核燃料プールへ放水開始
3/17	19：05			警視庁機動隊高圧放水車が福島第一原発において放水
3/18	0：50	消防庁長官より東京消防庁のハイパーレスキュー隊等の緊急消防援助として派遣を要請する	消防庁長官より東京消防庁のハイパーレスキュー隊等の緊急消防援助として派遣要請を受ける	
3/18	3：20		東京消防庁から特殊災害対策車等30隊139人が出場	
3/18	14：00			自衛隊・在日米軍，3号機の使用済み核燃料プールへ放水開始
3/18	17：33		東京消防庁から特殊災害対策車等30隊139人が福島第一原子力発電所に到着	
3/19	0：30		ハイパーレスキュー隊が福島第一原子力発電所3号機に対して放水実施（約20分間・約60t）	
3/19	8：20		原子力発電所に対応中の部隊の交代要員として東京消防庁の14隊102人が常磐道自動車守谷サービスエリア駐車場に集結	
3/19	14：05		ハイパーレスキュー隊が福島第一原子力発電所3号機に対して2回目の放水実施（約14時間・約2,430t）	

（出所）　消防庁HP災害情報より作成。

の実働部隊である。指揮命令権も内閣総理大臣にある。一方警察は，都道府県警察ではあるが事実上国家警察的色彩が強い。[14]

都道府県警察の幹部はすべて国家公務員となり国の意向も通しやすい。ところが，消防は完全に市町村の管轄する事務である。国とは関係ない別組織なの

207

表9-7　自衛隊，警察，消防が注水に用いた車両性能の比較

機関	保有装備	通常の使用目的	性能		
			大量放水	継続放水	放水精度
自衛隊	大型破壊機救難消防車	航空基地被災用	○	×	△
警察	高圧放水車	デモ隊への放水用	×	×	×
消防	高所放水車，遠距離多量送水システム	石油コンビナート火災用，大規模災害時の給水用	◎	◎	◎

表9-8　遠距離多量送水システムの全国的配備状況
（単位：台）

	2011年
北海道	2
宮城県	2
東京都	4
神奈川県	5
新潟県	2
静岡県	2
京都府	1
大阪府	3
兵庫県	6
広島県	2
計	29

（出所）消防庁資料「平成23年度緊急消防援助隊登録状況」より作成。

である。今回の放水の順番は，国にとっての使いやすさの順番をきれいに示している。

（4）緊急消防援助隊の装備の維持費

本件において，もう一つ考慮しなければいけないのが，緊急消防援助隊の制度上の問題である。大規模災害時の各消防本部が行う応援に必要な装備の購入費は，国が負担するあるいは無料貸与する。ところが維持費は，各市町村の負担となる。

今回重要な役割を果たした消防の遠距離多量送水システムは，もともと阪神・淡路大震災において水道管が破裂し消火用の水が確保できなかった教訓から国が全国の市町村消防に配備したものである。

ところが遠距離多量送水システムが活躍するような大規模自然災害は，そうそう起こるものではない。正月の消防の出初式でしか登場の場がなく，維持費だけがかかるので遠距離多量送水システムが配備されている多くの消防本部（表9-8）で，大きな負担となっている。

6　消防の広域再編への影響

（1）震災以前から難航していた消防の広域再編

また今回の震災で懸念されるのが，消防の広域再編への影響である。

現在進行中の消防の広域再編は，消防行政の今後を決定づける極めて重要な取組みである。しかし2013（平成25）年3月の一応の最終期限を，東日本大震災の影響で，被災地の県を中心に，大きくずれ込む可能性が出てきた。

もともと震災前から，計画の遅延が懸念された。当初，消防庁が2007（平成19）年度中に策定を求めていた都道府県消防広域化推進計画未策定の県が，2011（平成23）年3月1日の時点でまだ3県（新潟県，鳥取県，佐賀県）存在する。

それでも計画通りいけば807消防本部が，推進計画策定都道府県だけで267本部，推進計画未策定の3県を入れても296本部に収斂する。また13の県（栃木県，群馬県，山梨県，奈良県，岡山県，徳島県，香川県，愛媛県，高知県，長崎県，大分県，宮崎県，沖縄県）において県域で一つの消防本部に一元化されることとなる。

ただ市町村レベルに下ろされ，具体的な実務上の協議が始まってから，さらに進みが遅くなった。

図9-7は，2010（平成22）年12月時点で，広域化推進計画に示された組合せでの広域化に向けた取組み状況を示したものである。消防広域化推進計画に示された組合せでの広域化を検討している全国140ブロックの内，広域化に向けた協議会を設置し，実務的な検討を進めているブロックは18％（26ブロック）に留まり，未だ9％（13ブロック）が協議会設置のための準備組織，45％（63ブロック）が消防本部単位の勉強会や会議の段階で，そして28％（40ブロック）に至っては具体的進展がない状況である。

（2）被災地消防本部の広域再編

このような状況下で，東日本大震災が発生した。特に，被災地の消防本部には大きな被害が生じた（表9-9）。

第Ⅲ部　大震災と行政・企業・市民の対応

図9-7　広域化推進計画に示された組合せでの広域化に向けた取り組み状況

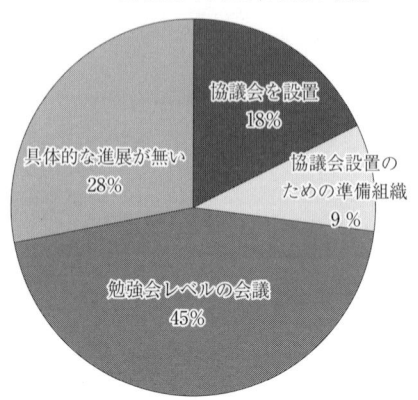

- 協議会を設置 18%
- 協議会設置のための準備組織 9%
- 勉強会レベルの会議 45%
- 具体的な進展が無い 28%

（出所）　消防庁資料「推進計画による広域化対象ブロックにおける広域化に向けた取り組み状況（平成22年12月）」より作成。

表9-9　被災地消防本部の被害状況

消防職員被害		建物被害				車両被害		
死者	行方不明	種別	全壊	半壊	一部損壊	種別	利用不可	一部破損
20	7	本部	5	1	24	消防ポンプ車	19	1
						化学車	4	0
		消防署				救急車	13	0
						救助工作車	3	0
		分署または出張所等	11	5	65	消防艇	1	0
						その他（広報車）	30	0

（出所）　消防庁資料より作成。

　被災地消防職員の死者は20名，行方不明者も7名。本部や消防署の全壊が5本部，半壊が1本部，一部損壊に至っては24本部もある。そのような状況下では，広域再編へ向けた協議や事務作業は，事実上不可能である。

　また被災地には，地域の事情で広域化推進計画の策定が難航した県が，たまたま集中している。表9-10をみるとわかるように，未策定の3県を除き，今回の震災で大きな被害を被った岩手，宮城，福島3県の計画策定は遅い部類に

表9-10　都道府県消防広域化推進計画策定順序

策定日	都道府県	策定日	都道府県
2008.1.16	長野	2008.3.31	岐阜
2008.2.25	千葉	2008.3.31	大阪
2008.3.18	山形	2008.3.31	島根
2008.3.18	高知	2008.3.31	岡山
2008.3.19	三重	2008.3.31	香川
2008.3.25	富山	2008.3.31	大分
2008.3.25	静岡	2008.3.31	宮崎
2008.3.25	滋賀	2008.4.23	栃木
2008.3.26	奈良	2008.5.20	山梨
2008.3.27	鹿児島	2008.5.26	熊本
2008.3.28	青森	2008.5.30	和歌山
2008.3.28	埼玉	2008.5.30	山口
2008.3.28	神奈川	2008.8.15	徳島
2008.3.28	石川	2008.9.12	愛媛
2008.3.28	愛知	2008.10.16	岩手
2008.3.28	広島	2008.12.26	宮城
2008.3.28	沖縄	2009.2.26	福岡
2008.3.31	北海道	2009.3.24	京都
2008.3.31	秋田	2009.6.8	兵庫
2008.3.31	茨城	2010.2.18	長崎
2008.3.31	群馬	2010.3.19	福島
2008.3.31	東京	未策定	新潟,鳥取,佐賀
2008.3.31	福井		

（出所）消防庁資料「都道府県消防広域化推進計画策定状況（平成23年3月1日）」より作成。

入る。これは，県内の市町村，消防本部の意見集約や調整に手間取ったからである。

　岩手県は，現状の12本部を8本部にする広域化推進計画を策定したが，それに消極的な消防本部もあり，現在10本部案が浮上してきている。

　宮城県は，全国的にも先進的な消防本部である仙台市消防局が消防の広域化に当初消極的であった。先進的な大都市消防本部にとっては，周辺消防本部を抱え込むことにより生じることが想定されるデメリットの方がメリットより大きい。県から「やり方次第だ」という説得を受け，3案にまとまった。[16]

　福島県は，2010（平成22）年3月19日策定と，全国的にも未策定の3県を除くと最も計画策定が遅い県である。調整が難航したが，12本部を9本部にする

という案でやっと落ち着いた。

　元々，消防の広域再編に消極的な市町村が多かった地域であるがゆえに，今回の震災がきっかけで，広域再編への動きが大幅に遅れることが懸念される。

7　融合型補完による災害対応の限界

　最後にまとめたい。東日本大震災において，緊急消防援助隊の初動体制における立ち上がりは迅速であった。

　ただ，今回の震災における死者の多くが，津波によるものだったという災害上の特性もあり，「今回は，ほとんど何もできなかった[17]」という声も，消防関係者から聞こえる。

　また関係法令上，自衛隊，警察とは異なり，消防は遺体捜索ではなく生存者の救出が主な任務である。その住み分けもあり，長期間大々的な活動を行えなかった。

　長期間のオペレーション活動を行えなかった理由はほかにもある。自衛隊，警察と異なり消防は予備力をもたないからでもある。緊急消防援助隊は，全国市町村に散在する消防資源を消防庁長官の出動指示の下，事実上の国の実動部隊として運用しようとする。極めて，よくできた制度である。

　ただ地域間格差が大きいわが国の市町村消防においては，小規模消防本部も数多く存在し，そのような消防本部の負担になっている部分もある。またどの消防本部も，通常の消防力の中から緊急消防援助隊として一部の部隊を出動させているので，仮に長期の出動となると日常業務が回らなくなる。

　よって緊急消防援助隊は，被災地の近隣の都道府県から部隊が出動し，数日の救出活動を行い，また他の部隊と交代するという中継ぎ活動を前提とし，制度設計がなされている。今回のような全都道府県の部隊が一斉に出動するという事態も，結果長距離移動を強いられる部隊が出てくること，さらには燃料，食糧等でここまで自己完結性を求められるという事態は想定していなかった。結果，長期間にわたる応援活動での部隊の配置，長距離移動の手段や，燃料の確保等で課題を残すこととなった。

第9章　東日本大震災と消防

　また消防庁の災害対策本部においても，災害対応に精通した国レベルの職員が，消防庁採用の技官以外はおらず，大きく市町村消防からの出向組・研修組に依存していることに不安を残した。大規模災害発生時に国が果たすべき責任を担うのは，本来国の職員である。市町村消防からの出向職員は，出向期間中の身分は国の事務官となるが，担える責任には限度があるように思われる。現状のような丸投げでよいはずがない。消防庁の本省である総務省は，災害対応に精通した国レベルの人材の育成を長期的視野で早急に取り組むべきである。

　福島原子力発電所事故においても同様なことはいえ，消防が国にとって使いにくい組織であったこと，国家的緊急事態に対応するための装備が，金を出したのは国であっても市町村消防だけに配備され運用されていたことが，国の原発に対する対応を遅らせた要因の一つとしてあるように思われる。

　警察では，災害応援用車両や警備用車両を国が警備関連予算で一括購入し，全国に配備する体制ができ上がっている。近年，消防でも福島原子力発電所事故で活躍した遠距離多量送水システムのような緊急消防援助隊用の車両を，消防庁が国費で購入し無償貸与するシステムができてきたがまだ少なく，またそのような車両は汎用性が少ない一方で，維持管理費は市町村消防もちなので，置き場等にも困り，受け入れを断る消防本部が多い。本点に関しては，制度の見直しが必要である。

　緊急消防援助隊制度のように，市町村消防本部に散在する消防資源の国家による活用システム（融合型補完制度）の精緻化，充実も今後さらに必要であるが，国が別組織である市町村消防を手足として使うという融合型補完には，究極の状況下で構造上の限界がある。それと並行し東日本大震災のような国家的な緊急事態に，国が主体的に対応できる資源（人材，部隊，装備）を，国がある程度保有する仕組みの構築に関する検討が，早急に不可欠であるように思われる。

　また緊急消防援助隊に関する課題のいくつかは，市町村消防の広域再編が進行すれば（最も望ましいのは都道府県消防制度の導入であるが），かなりシンプルになる。広域再編で消防本部の規模が大きくなれば，人員的，財政的余裕が生じる。それは緊急消防援助隊の機能向上にも，ある程度資するものである。震災を理由に遅らせるべきものではない。むしろ早急に推進すべき取組みである。

第Ⅲ部　大震災と行政・企業・市民の対応

注
(1) 総務省消防庁報道資料「緊急消防援助隊の活動終了」平成23年6月6日。
(2) 消防職員ヒアリング，2011年6月10日。
(3) 結果的には，多野藤岡広域消防本部が墜落現場に入ったが活動時間は数時間に制限された。
(4) 消防職員ヒアリング，2011年6月10日。
(5) 消防の支援車のⅠ型には，キッチンやシャワー，トイレが装備され，握飯，カップラーメン，レトルト食品等の簡単な調理が可能である。普段の置き場の場所を取り，かつ維持費も掛かるため全国の大規模消防本部が保有するに留まっている。
(6) 消防職員ヒアリング，2011年5月6日。
(7) Ⅰ型は上記注(5)の通り，またⅢ型も本文中記述の通りであるが，Ⅱ型はコンテナ式や有蓋車型の資材搬送車，Ⅳ型は無線や通信機能の設備を搭載したSUV・クロスカントリー型の車両である。
(8) 消防職員ヒアリング，2011年6月30日。
(9) 消防庁採用の事実上のプロパーの職員は技官だけである（ただし身分は消防技官ではなく総務技官）。従来，彼らは消防庁の附属機関である消防大学校や消防研究所（現消防大学校消防研究センター）で，教育，研究に携わることが多かったが，近年国民保護部が消防庁に出来，国民保護関係の実務も行うようになった。国民保護は，新しく求められた行政領域なので，市町村消防の側にも専門知が皆無であったことが，大きな要因であると思われるが，国民保護部の人員だけは，消防庁の在籍年数が長くなる。唯一の例外である。消防庁の技官は，2001（平成13）年に消防研究所が独立行政法人消防研究所に改組されることをいったん認める代わりに，消防庁内に新たなポストを広げたといえる。よって国にも，厳密にいえば消防行政に精通した人的資源がいないわけではないが，災害対応よりも国民保護行政に特化している傾向がみられる。市町村消防からの出向組・研修組と消防庁の技官の間で住み分けがあるように思われる。
(10) 永田（2011）129-152頁。
(11) 総務省消防庁（2006）。
(12) 森本（2007）。
(13) 『産経新聞』3月21日付。
(14) 都道府県警察の職員は，一般的には地方公務員であるが，警視正以上の階級（警視監，警視長，警視正）になると，都道府県警察に勤務する者（警視総監も含む）でも国家公務員となる。これを地方警察官と呼ぶ。よって，都道府県警察も，幹部はすべて国家公務員となり，実質上国家警察的色彩が強くなる。
(15) よって一部の報道に，海江田経済産業大臣が東京消防庁の原子力発電所への注水活動が進まないことに苛立ち，「速やかに放水をやらなければ処分する」と発言し，3月21日石原都知事がそれを批判する騒ぎが生じたが，もし事実であるとすれば，これは事実認識を欠く発言といえる。

⒃　宮城県ヒアリング，2008年9月10日。
⒄　消防本部職員ヒアリング，2011年7月7日。

参考文献
永田尚三「消防行政おける専門知——専門知の偏在は政府間関係まで規定するのか」『社会安全学研究　創刊号』関西大学社会安全学部，2011年。
森本宏『チェルノブイリ原発事故20年，日本の消防は何を学んだか？——もし，チェルノブイリ原発消防隊が再燃火災を消火しておれば！』近代消防社，2007年。
総務省消防庁『逐条解説　消防組織法』東京法令出版，2006年。

（永田尚三）

第10章

東日本大震災と企業の危機管理

1 東日本大震災と企業経営

　東日本大震災では，想定外の巨大な地震や津波が東北地方の企業施設に甚大な被害をもたらした。さらに原発事故によって放射性物質が拡散し電力供給が不安視されるなど，企業はこれまで経験したことのない「複合災害」に直面した。この結果，企業経営における危機管理の重要性がさらに叫ばれるようになっている。2011年3月11日以降，企業は，最悪の事態（ワーストシナリオ）を想定して，災害危機管理を遂行する必要性がある。

　本章では，企業における危機管理の課題について分析することを目的とする。まず東日本大震災が企業経営に及ぼした影響を概観した後，危機管理とリーダーシップの問題を取り上げる。次にBCP（Business Continuity Plan, 事業継続計画）とクライシス・シミュレーション訓練の重要性に注目し，そのあり方について問題提起する。

（1）企業の危機管理・リスクマネジメントの枠組み

　まず最初に，本章における考察の土台として，表10-1と表10-2に危機管理・リスクマネジメントの基本的な枠組みを提示しておこう。

（2）東日本大震災が企業経営に及ぼした影響

　この枠組みで考えると，東日本大震災では，リスク特定やリスク・アセスメントの対象となる災害・事故リスクが，特に強度の面で，従前の想定が覆され，必然的にリスク対応が不十分になったということである。今回，想定を超える

第10章　東日本大震災と企業の危機管理

表10-1　危機管理とリスクマネジメントの考え方

```
事前のリスクマネジメント
  ・「事前」→リスクの洗い出し（リスクの調査・確認，特定）
         →リスクの評価・分析（リスク・アセスメント）
         →災害対策を徹底，事故発生を徹底的に防止（リスク対応）
         →リスク処理計画，事業継続計画（BCP）
         →平常時からリスクを意識し訓練（シミュレーション訓練）
渦中・事後の危機管理
  ・「災害発生直後」→「渦中」におけるリーダーシップ・決断・コミュニケーション
  ・「事後」→失敗に学ぶ・同じミスをしない
```

表10-2　危機管理・リスクマネジメントのプロセスとコミュニケーション

```
①リスクの調査・確認（リスク特定）
  リスクの洗い出し・リスクの発見：
          「どんなリスクがあるのか？」「どんな災害が想定されるか？」
②リスクの評価・分析（リスク・アセスメント）
  リスクについての予測←確率「どれくらいの頻度で発生するのか？」
          ←強度「発生した結果，どのような被害が想定されるか？」
③リスク処理手段の選択（リスク対応，リスク・トリートメント）
          「想定されるリスクにどのように対応するのか？」
```

巨大・複合災害により，企業が直面した危機は，①従業員の安否確認が難しかったこと，②帰宅困難者が大量発生したこと，③原発事故に伴う避難指示・屋内退避指示が出されたこと，④被災地の製品に対する風評被害が発生したこと，④計画停電によって操業が停止したこと，⑤電力不足が長期化し使用規制が出されたこと，⑥サプライチェーンの寸断，⑦燃料・資材の不足などであった。

表10-3は，企業経営における職能ごとにまとめた東日本大震災が及ぼした影響を示す。

（3）東日本大震災後における企業の危機管理の展開

それでは，東日本大震災後における企業による危機管理の例を挙げてみよう。
①サプライチェーンの課題

東日本大震災では，メーカーのサプライチェーンが寸断され，生産停止の連鎖が世界中に拡大した。このことによって明らかとなったのは自動車やエレクトロニクス製品に不可欠な部品や素材の分野で世界シェア1位の企業が被災地

表10-3 東日本大震災が企業経営に及ぼした影響

	東日本大震災による影響
トップマネジメント	・危機管理とリーダーシップ不全：原発事故における東電・政府の対応の拙劣 ・「強い現場・弱い本社」 ・コーポレートガバナンスの欠如：経済産業省の傘下に在る原子力保安院，原発集会やらせ問題 ・トップを交えたクライシス・シミュレーション訓練の必要性
生産	・またも危機に瀕したジャストインタイム生産方式 　（阪神・淡路大震災→アイシン精機工場火災→新潟県中越沖地震→東日本大震災） ・サプライチェーンの寸断→見直し
マーケティング	・原発事故による風評被害
財務・会計	・リスク情報の開示の見直し：「事業等のリスク」として自然災害を明記 ・特別損失の計上 ・日本型経営における内部留保の災害時における有用性
情報	・データのバックアップ体制の見直し
労務・人事	・従業員の安否確認システムの見直し ・事業所・工場で被災した従業員の心のケア
危機管理・リスクマネジメント	・ISO31000（状況の確定→リスク・アセスメント→リスク・トリートメント）の前提として，最悪の事態（ワーストシナリオ）を追求する必要性 ・直下型地震，東南海地震等の意識強化→BCPの見直し

の東北地方に数多く存在するという事実であった。それら企業の高い技術に支えられて，他企業による代替生産が困難であったことが，世界中の完成品生産に予想以上の停滞をもたらした。

　トヨタ生産方式に代表されるような，平時には低コストで競争力の高い効率的な生産システムを支えている緻密なサプライチェーンが，外襲的な災害に脆いことが，阪神・淡路大震災，アイシン精機工場火災，新潟県中越沖地震に続いて，明白となった。

　今回の事態の結果，海外メーカーがサプライチェーンに関わるリスクを軽減するために，日本製の部品や素材に過度に依存した調達構造を見直す動きをみせている。日本に数多く存在するニッチ分野で世界シェア1位を誇る企業が，むしろサプライチェーン途絶のリスクを連想させ，取引縮小に陥る可能性も指摘された。

　このように地震が多発する日本のサプライチェーンが常に途絶のリスクにさ

らされていることが全世界的に衆目の事実となった。こうした状況を克服するためには，(1)サプライチェーンを構成する企業全体で，効果的な BCP を備えて，災害で被災した後に迅速に事業を元のレベルに戻す復元力（レジリエンシー）を強化して信頼を獲得すること，(2)供給拠点の複数化や代替先の確保，製品設計や生産工程の見直しなど，余裕や柔軟性をもったサプライチェーンを実現すること，(3)設計・生産のプロセスを災害発生の際に，別の場所に移管できる仕組みを構築すること，(4)広範囲に他企業と連携して，有事に原材料や輸送手段を相互に融通する体制を構築することなどが検討課題となる[1]。

②被災社員のメンタルヘルス支援

営業所や工場で被災した従業員が，心的外傷後ストレス障害（PTSD）を患うケースが目立っている。こうした従業員は，巨大災害を目の当たりにし，被災現場での営業という非日常的な体験が続いた結果，ふいに震災発生時の恐怖や不安感を思い出してしまうなどの症状を訴えている。余震や原発事故による放射性物質拡散などの不安が続いた結果，発症者は相当数に上ると考えられている。

このため，各企業は，カウンセラーの配置や，外部のカウンセリング会社の活用などを進めている。早期に適切な処理を施すことにより，メンタルヘルス不全が長期化・深刻化することを未然に防止しようとしている[2]。

③データのバックアップ体制の見直し

東日本大震災により，企業によるデータのバックアップ体制の見直しが進んでいる。大阪市内にある NTT 西日本のデータセンター内には，顧客企業の重要データが保管されている。外部電源が切れた場合に備えて，発電機も備えられている。BCP を見直して新たにデータ保管を希望する企業が急増しているのを受けて，バックアップ・センターのさらにバックアップを担うようにもなった。一般的に企業は，データやシステムを IT 系企業のデータセンターに預けるが，NTT 西日本では，さらにこれをバックアップするサービスを開始している。これはデータの「保険の保険」，つまり「再保険」を担うサービスである。データセンターをネットワークで結び，広域で分散保管するという新たな手段である。このように，各企業においては，従来のデータのバックアップ

体制の強化・徹底が図られている。(3)

④京都企業の世界シフト

　京都企業には，独自技術を武器に，戦後，狭い京都市場から，直接海外に打って出て成功を収めてから，日本市場全体に浸透するという戦略を伝統的にとってきたところがある。京都に根差した京都企業が，東日本大震災の結果，グローバル化によるリスク分散を図っている。日本電産は，電力不足などのリスクを分散するために，大量の電力を必要とする信頼性試験の実験設備の海外移転を進める方針を表明した。具体的には，約10年をかけて，主要なデータセンターを東京，大阪に加えてシンガポールに分散する案を示した。オムロンも本社機能を海外にも置く方向で検討を始めた。同社は「成長著しい新興国でも十分戦える原価構造を実現させ，収益力の高い企業体質にしていく」と表明している。今後，想定される東海・東南海・南海地震や，近畿圏直下地震を想定して，アジア・太平洋地区の統括会社があるシンガポールを候補に検討を続けている。(4)

（4）危機管理とリーダーシップ

　東日本大震災が浮き彫りにした日本社会の最大の課題は，危機管理とリーダーシップの不全であろう。災害発生後の現場における従業員の努力とは裏腹に，トップの対応は鈍かったのではないか。原発事故を起こした東京電力のトップの対応や首相の言動をみる限り，こうした疑問を多くの人が抱いている。

　東京大学の藤本隆宏教授は，ものづくりの現場の実証研究を通じて，従来から日本企業の特徴を「強い現場，弱い本部（本社）」にあると指摘してきた。東日本大震災についても，藤本教授は「被災地の現場での秩序維持や作業水準の高さは際だったが，司令塔の政府中枢のもたつきは多い。海外の識者の間でも，被災現場，原発事故現場に踏みとどまる人々の粘りと沈着さは高く評価される一方，官民とも対策本部の判断や発表の混乱は低い評価だった」と述べている。(5)

　課題点は以下の３点に集約される。

　①経営トップがいかにリスク感性を磨くか。（決断力）

　②いかに補佐役が経営トップを支えるか。（苦言力）

③有事の際の情報開示を的確に行えるか。(リスク情報の開示力)

福島第一原発の事故をめぐっては当初,東京電力と監督官庁である原子力安全・保安院,首相官邸がそれぞれ記者会見を行い,情報が錯綜し,リスク情報開示のあり方が厳しく問われた。これまでも不祥事が発生するたびに指摘されてきたことだが,有事の際の危機管理広報(クライシス・コミュニケーション)を手がける専門家の育成に企業は力を入れる必要がある。そして,こうした能力を有する専門家を経営トップの補佐役として登用すべきであろう。同時にトップに対してもクライシス・シミュレーションの訓練を施し,いざという時に的確な対応ができるようコミュニケーション能力を高めることが求められる。

この点で範を示したのがフランスの原子力最大手アレバ社のアンヌ・ロベルジョン前CEOだった。日本における記者会見などでの彼女の受け答えは実に堂々としていた。3月31日に彼女がニコラ・サルコジ大統領と共に緊急来日したのは,原発大国フランスの国家危機管理の一環であった。福島第一原発の支援を通して自社の技術力や危機管理力をアピールすることで,「日本の企業とは違う」ことを印象づける狙いがあった。

ロベルジョン前CEOは,エコル・デ・ミーヌ(鉱山大学校)という理系最高峰の学校卒である。グラン・ゼコルと呼ばれるフランスの超エリート校では,徹底的なリーダーシップ教育が施され,コミュニケーション能力が鍛え上げられる。それが電光石火の来日に表れた。そのスピーディで的確な対応に学ぶべき点が多い。理系最高峰のグラン・ゼコル出身者にはルノー日産グループのカルロス・ゴーンCEOや,世界最大の保険グループであるアクサのアンリ・ド・カスリCEOがいる。ゴーンCEOは,ルノー社内で発生した産業スパイでっち上げ事件で糾弾されている最中に,被災した日産の福島工場を訪問して復旧の陣頭指揮に立った。ド・カスリCEOは,震災発生後に,2日間の強行軍であったが,被災した沿岸部にある事業所を直接訪問していった。

幼少時から受け身ではなく自発的に発言することが促され,入試では暗記ではなく3時間をかけた論述試験が重視されるのが欧米の教育システムである。日本では,危機管理とリーダーシップの問題が浮き彫りとなったが,その根幹は教育システムにもあるともいえよう[6]。

では，強い現場に加えて，強い本社，つまりリーダーシップを実現するためにはどうすればよいのか。次節以降で，企業の危機管理における重要な構成要素であるBCPと，経営トップを交えたクライシス・シミュレーション訓練のあり方について考察してみよう。

2 BCPの見直しと危機管理体制の再構築

2011年3月11日に発生した東日本大震災は，地震や津波のみならず，原子力発電所からの放射性物質の流出や電力不足などが，わが国の企業に大きな損害をもたらした。ここ数年，わが国の企業は危機管理体制が整備され，BCPの策定が進んだ。本節では，東日本大震災においてこれらは十分に機能したのかを検証し，発生が懸念されている「首都直下型地震」，「東海地震」，「東南海・南海地震」などに対応するために，企業は現行のBCPをどのように見直し，危機管理体制の実効性を高めるために何をすべきか，またBCP普及のために，わが国はどのような社会システムを構築すべきかを探求する。

(1) わが国における危機管理・BCP発展の経緯

BCPは，「事故や災害などが発生した際に，『如何に事業を継続させるか』若しくは『如何に事業を目標として設定した時間内に再開させるか』について様々な観点から対策を講じること」と定義されている[7]。つまり，自然災害や社会災害などの緊急危機発生時に企業が事業の継続または早期復旧を行うために，平常時から取り決めておく計画のことである。

東証一部上場企業を中心に，人と防災未来センターが行った「企業防災アンケート調査報告書」(2009年3月)によると，「BCP策定済み」と回答した企業は41.7％であり，また「今後BCPを策定予定」と回答した企業を含めると92.3％(図10-1)である。大企業を中心にBCPの策定が進んでいる様子がうかがえる[8]。

BCPは，1999年に英国規格協会(British Standards Institution, BSI)が発行した情報セキュリティマネジメントシステム(BS7799)において，「事業継続管理」(11.1)として扱ったことから，情報セキュリティ分野では他分野に先行

第 10 章　東日本大震災と企業の危機管理

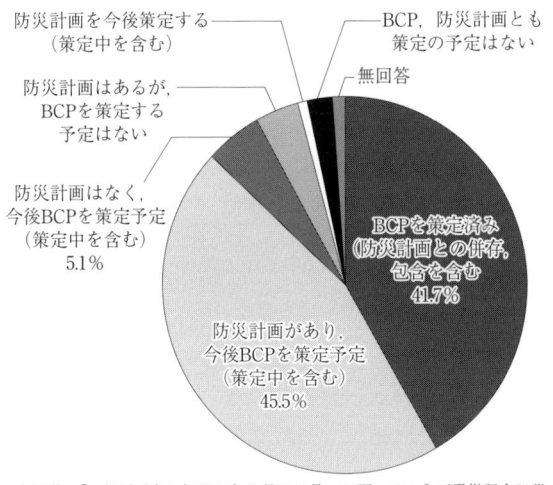

図10-1　BCP・防災計画の策定状況

- 防災計画を今後策定する（策定中を含む）
- BCP、防災計画とも策定の予定はない
- 防災計画はあるが、BCPを策定する予定はない
- 無回答
- 防災計画はなく、今後BCPを策定予定（策定中を含む）　5.1%
- 防災計画があり、今後BCPを策定予定（策定中を含む）　45.5%
- BCPを策定済み（防災計画との併存、包含を含む）　41.7%

（出所）『日経ビジネス』2011年5月23日号、67頁。ひょうご震災記念21世紀研究機構・人と防災未来センター「企業防災アンケート調査報告書」（2009年3月）をもとに、日経BP社中野目純一氏が作成。

して普及した。

「事業継続」が最初に注目を集めたのは、1999年から2000年にかけて懸念された「コンピュータ西暦2000年（Y2K）問題」であろう。当時、記憶容量を節約するために、年号を2桁で管理しているコンピュータプログラムがあり、西暦2000年を1900年と誤認し、コンピュータシステムが麻痺することが懸念された。この問題は企業や官庁の対策が奏功し、西暦2000年を迎えても大規模な問題は発生しなかった。(9) また、2001年9月11日、アメリカ同時多発テロ事件の際、崩壊した世界貿易センタービルの近隣に本社があったメリルリンチ証券は、マンハッタン島の対岸にオフィスと従業員を移転して翌日には公債取引を再開し、損失を最小に抑えたとして、同社のBCPが注目を集めた。

2003年3月、中国広東省を起点として重症急性呼吸器症候群（Severe Acute Respiratory Syndrome, SARS）が大流行の兆しをみせた。わが国は東アジア、特に中国に生産拠点を置いている企業が多く、当該地域の生産活動がストップした場合を想定した事業継続が検討された。2008年には鳥由来の新型インフルエンザ（H5N1）の大流行が懸念された。このインフルエンザは致死率が高く、

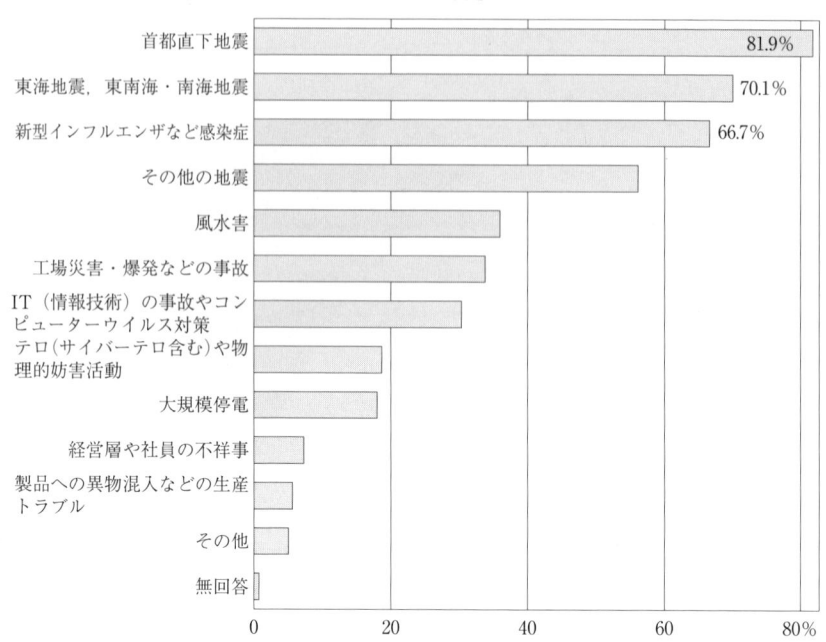

第Ⅲ部　大震災と行政・企業・市民の対応

図10-2　BCP の想定リスク

リスク	割合
首都直下地震	81.9%
東海地震，東南海・南海地震	70.1%
新型インフルエンザなど感染症	66.7%
その他の地震	
風水害	
工場災害・爆発などの事故	
IT（情報技術）の事故やコンピューターウイルス対策	
テロ（サイバーテロ含む）や物理的妨害活動	
大規模停電	
経営層や社員の不祥事	
製品への異物混入などの生産トラブル	
その他	
無回答	

(出所)　『日経ビジネス』2011年5月23日号，67頁。ひょうご震災記念21世紀研究機構・人と防災未来センター「企業防災アンケート調査報告書」（2009年3月）をもとに，日経BP社中野日純一氏が作成。

わが国政府は各企業や官庁に対して，従業員・職員の最大40％程度が欠勤することを想定した事業継続計画の策定を促した。幸いにして，これらの感染症パンデミックは杞憂に終わった。

また地震などの自然災害への対策として，内閣府に設置された中央防災会議が2005年8月1日「事業継続ガイドライン」を公表し，BCPの策定を促した。その後，2007年の新潟中越沖地震において，自動車のピストンリングメーカーが被災し，国内自動車メーカーが減産を余儀なくされたことを契機として，メーカーを中心にサプライチェーンの見直しが行われた。

このようにわが国におけるBCP普及の経緯を概括すると，情報断絶や感染症パンデミック（Pandemic，世界的流行）などのリスクへの対策を契機としてBCPが普及した観がある。地震大国であるわが国は，政府が主導し地震を想定したBCPの策定を促し，近年はこれが随分普及してきた（図10-2）。しかし，

2007年の新潟中越沖地震などで調達先の罹災を経験した大手メーカーを除けば，わが国の多くの企業は地震に対して十分な経験を有しているとは言い難い。このような状況下で東日本大震災が発生したが，わが国の企業は十分に対応ができたのであろうか。

（2）東日本大震災への企業の対応

　経営倫理実践研究センターが2011年4月11日に公表した「東日本大震災の対応に関する緊急調査」(13)によると，アンケートに回答した企業のうち約3分の1が「(震災で) 甚大な被害をこうむった」と回答し，また軽微な被害を含めて罹災した企業は90％を超えた。

　しかし，震災当日に社長などの経営トップを責任者とする災害対策本部や危機管理委員会を立ち上げ，従業員やその家族の安否，自社の事業施設の被害状況，顧客やシステムの状況，電気・ガス・上下水道などの社会基盤の状況などの情報を集約し，冷静に震災対応を行っていた。3月11日の震災当日，社長が海外出張などで不在の企業もあったが，緊急危機発生時の権限委譲ルールが決められており，混乱なく対応ができたようである。

　同調査では，約半数の企業が5年以上前からこのような危機管理体制や組織を準備していると回答している。同調査から，上場企業を中心とするわが国の企業に危機管理体制やBCPが普及し，危機に対する備えができている様子がうかがえる。わが国の企業は地震や津波などの自然災害に対して十分な経験があるとは言い難いが，東日本大震災への対応を俯瞰すると，危機管理体制やBCPは十分機能していたといえるのではないだろうか。

　ただし，東京電力福島第一原子力発電所の事故による放射性物質の流出・拡散の問題や，電力不足による停電の問題は「想定外」であり，各企業はマスコミや専門家から情報を収集し，それらの情報を基に経営トップがその都度，状況に合わせた意思決定を行ったようである。

（3）企業のBCP・危機管理体制の課題

　前述のわが国におけるBCP・危機管理の普及の経緯，経営倫理実践研究セ

ンターによる調査結果，および筆者が行った企業インタビューの結果から，わが国企業のBCPおよび危機管理体制に関するいくつかの課題を抽出することができる。

①ボトムアップ型のBCP策定による問題

一般的にわが国の企業グループは，子会社または事業部門の責任者が自身の責任範囲におけるBCPを策定し，これを親会社の危機管理部門が積み上げてグループ全体のBCPとして策定している。このようなボトムアップ型のBCP策定を行うと，子会社や事業部門における個別最適なBCPではあるが，企業グループの全体最適になっていない場合がある。

例えば，ある大企業グループで，A子会社が策定したBCPは，危機発生時の初期対応から復旧までの一連の計画がA子会社で完結することになっている。危機発生を想定したクライシス・シミュレーション・トレーニングも行っているが，A子会社が単独で実施しており，グループ全体の整合は確認されていない。

東日本大震災のような広域複合災害が発生し，企業グループ全体の危機に発展した場合，グループ内の他の子会社や事業所から，被害の大きなA子会社に人的応援を行うことになるが，そもそもA子会社で完結する計画であるため，人的応援を受け入れることはできない。例えば，派遣された人のヘルメットや防護服，工具などは準備されておらず，また宿泊設備もない，という不具合が生じ，一刻を争う危機対応に支障が生じるのである。

このような事態は，東京電力福島第一原子力発電所の東日本大震災における初期対応にもみられたようであるが，これは東京電力に限らず，わが国の企業グループ全体に共通する課題ではないだろうか。

②リスクアセスメントの手法における問題

現行のリスクマネジメントの手法にも問題がある。企業は通常，すべてのリスクを抽出し，これを発生頻度と損害規模の2軸で評価し，優先順位の高いリスクに経営資源を投下し対策を講ずるとともに，優先順位が低いリスクは「保有」することになる。このように，発生頻度と損害規模の2軸で評価し，優先順位を付ける手法では，数百〜数千年に一度起こる自然災害の優先順位は必然

的に低くなる。株主利益への忠実義務を負う経営者にとって，優先順位が低いリスクに対して，莫大なコストをかけて対策を講じることは，株主の理解を得にくく，その意思決定は困難である。したがって，建物の耐震診断と補強といった対症療法的な対策に終始することになる。

これでは万が一にも，首都直下型地震など本社や事業所が集中して所在する地域で巨大災害が発生しないことを祈りつつ，経営を行っているようなものである。

③首都圏への本社機能の過度な集中

最も発生が懸念されるのは「首都直下型地震」であろう。中央防災会議の発表によると首都直下型地震の発生確率は30年以内に70％とのことである。東日本大震災の影響でこの可能性はさらに高くなっているのではないかと指摘する研究者もいる。

東日本大震災では，地震による災害も然ることながら，津波による被害が大きいことを目の当たりにした。首都圏で同様の地震と津波が発生した場合，東京の中心部は水没すると指摘する研究者も多い。その場合，電気・ガス・上下水道・通信・公共交通などの社会基盤はほぼ壊滅することになる。

近年，東京に本社機能を移したり，役員や経営幹部などの人的資源を集中させている企業が少なくない。これらの企業の多くは，首都直下型地震を想定した準備を進めているが，はたして東京の社会基盤が壊滅状態になるというワーストシナリオを描いているであろうか。

（4）企業のBCPの見直しと危機管理体制の再構築

多くの企業はすでに「首都直下型地震」「東海地震」「東南海・南海地震」などを想定したBCPまたは危機管理体制を構築しているか，または検討を始めていると思われる。しかし，前述のように東日本大震災の経験から，企業のBCPと危機管理体制が抱える課題が顕在化した。企業は，BCPをどのように見直し，また危機管理体制を再構築すればよいのだろうか。

①企業グループを俯瞰するBCPの再設計

企業は，現行のBCPを再設計しなければならないだろう。まずは「首都直

下型地震」のワーストシナリオを描く必要がある。これは，震災の発生時間や季節などを考慮に入れて，その中でも最悪のケースを想定する。これをベースとして，個別具体的な計画を立案する。2006年に会社法が施行され，大会社等の企業グループにおけるリスクマネジメント体制の構築は親会社の取締役の義務であると規定された。したがってBCPは親会社が主導して，企業グループ全体で策定すべきである。

まずは親会社が首都直下型地震を想定したワーストシナリオを描き，企業グループとしての危機対応の基本方針を決める。これをもとに，グループ各社が自社における対応策を決める。親会社はこれを集約してグループとしての整合をとり，対策のために必要な人，物，金などの資源の配分を調整する。最終的には，親会社の取締役会がこれらの計画を承認し，有価証券報告書や四半期報告における「事業等のリスク」やCSRレポートなどを通じてディスクローズされ，投資家による対策の適否の判断の材料とされる。

個別具体的な計画とは，例えば首都機能が麻痺した場合に備えて，事業継続に必要な本社機能のバックアップを関西などに準備すべきである。多くの企業は，データセンターのバックアップを行ったり，代替調達先を設けるなどして，緊急危機の発生に備えているが，首都圏企業は計画停電だけでも事業遂行上の支障が生じていることを考えると，本社機能のバックアップも必要であろう。また，電力喪失や公共交通機関の途絶などを想定して，従業員の在宅勤務を検討する必要もあるだろう。そのためには人事制度や通信環境の整備が必要である。さらに，企業の一部機能が喪失した場合に相互に融通しあう企業間連携も検討すべきであろう。

本章では誌面の制約上，個別具体的な課題には触れないが，現行のBCPでは首都直下型地震に対応できないことは自明であり，BCPの見直しは必須である。これは会社法における企業グループ全体のリスク管理体制構築であり，親会社等の役員の責務として取組むべきであろう。

②企業グループ全体での定期的な経営者トレーニングの実施

BCPはあくまでも「計画」であり，緊急危機発生時は刻々と変化する事態に対応して，経営者が臨機応変に的確な意思決定を行わなければならない。し

第 10 章　東日本大震災と企業の危機管理

たがって，経営者は平時からクライシス・シミュレーション・トレーニングを実施し，緊急危機発生時に備えておく必要がある。

　人と防災未来センターが行った「企業防災アンケート調査報告書」（前掲）によると，78.8％の企業が従業員を対象として「災害を想定した教育・訓練」を実施していると回答している。しかし，役員を対象とした「クライシス・シミュレーション・トレーニング」を実施している企業は極めて少ない。これではせっかく策定した危機管理体制やBCPがクライシス発生時に計画通り動くのか検証ができていないことになる。経営判断の前提となる情報収集が取締役の経営判断の合理性の基準となっていることを鑑みると，緊急危機発生時に必要な情報が経営トップに適切に伝達されるかどうか，また伝達された情報をもとにどのような経営判断を行うのか，平時からチェックリストを作り，訓練をしておくべきであろう。

　「クライシス・シミュレーション・トレーニング」は，一般的に社長をはじめとした役員全員を対象に行う。企業グループにおける危機管理は親会社の取締役の義務であると会社法に規定されていることを鑑みると，子会社の役員も全員参加して，企業グループとして定期的に実施するのが望ましい。

　地震や新型インフルエンザ，企業不祥事などが自社において発生したことを想定して，現場からのネガティブ情報のエスカレーション，初期対応，社長への報告と危機対策本部の設置，危機対策本部での対応，記者会見，そして事業再開までの一連の経営判断をシミュレーションで行う。様々な事象に対して模擬的な経営判断を経験することで，実際にクライシスが発生したときに適切な経営判断を行えるようになること，そして策定したBCPの実効性を検証し，不具合のある計画の見直しを行うことなどを目的としている。

　このようなトレーニングは，例えば企業においては，ベネッセコーポレーション（現ベネッセホールディングス）が2002年から毎年1回定期的に実施している。また，筆者が担当している関西大学大学院社会安全研究科では，講義の中で「クライシス・シミュレーション・トレーニング」を行い，将来の経営幹部としての資質の向上を図っている。

（5）クライシス・シミュレーション・トレーニングの具体的内容

　クライシス・シミュレーション・トレーニングは，自社グループにおいてクライシス（crysis，緊急危機）が発生したと想定して緊急時の一連の対応を実際に行う，社長をはじめとする経営幹部を対象としたトレーニングである。具体的には次のような内容を「模擬的」に行う。所要時間は五つのフェーズで概ね終日（5時間程度）である。

(a)初期対応

　　第一報を受けた事業部門・子会社の責任者が，事実確認，原因究明などを行う。

(b)社長への報告と危機対策本部の設置

　　事案の発生部門の責任者は，危機対応の責任者である（親会社の）社長に緊急危機の発生を報告する。社長は，緊急危機と判断した場合は，メンバーを招集して危機対策本部を設置する。

(c)危機対策本部での対応

　　危機対策本部長（社長）は，危機対応の基本方針を決める。対策本部の構成員は，基本方針に基づき個々の対応を行う。個々の対応とは，例えば被害者対応，行政対応，取引先対応，顧客対応，情報統制とマスコミ対応，株主対応などである。

　　危機対策本部長は，個々の対応の経過・結果の報告を受けるとともに，事案の進展にあわせて，対応を指示する。

(d)マスコミへの公表

　　記者会見が必要かどうかは危機対策本部長（社長）が判断を行う。記者会見を行う場合は，誰がいつ，どのような形式で行うのかを検討し，ポジションペーパーなどの準備をした上で模擬記者会見を行う。

(e)事業再開

　　危機対策本部長（社長）は，策定したBCP規定の手順にあわせて，事業再開のための対応を行う。

　クライシスのテーマは，自社グループのリスクアセスメントの結果，優先順

位の高いリスクを選ぶとよい。例えば，地震・津波，感染症パンデミックなどの自然災害，個人情報大量流出，PL事故，施設における集団感染などの事故・不祥事などが考えられる。

このトレーニングは，参加者が「これは研修だから」という気持ちで参加すると効果が半減する。したがって事務局は，シナリオ作成に最も腐心すべきである。自社グループで起こり得るようなテーマを探し，実際の業務遂行や手順と齟齬のないようにシナリオを作成する。またトレーニング当日は，進展する事件について模擬的に作成した資料や記事などを投影して参加者に状況を説明するのだが，ここで使用する資料は，実際に業務で使っているフォーマットを使うなど，徹底的にリアリティーを追求すべきである。

また，クライシス・シミュレーション・トレーニングは，1年に1回必ず実施することを自社の規程に規定し，これを取締役会で決議（社長決裁事項であれば社長決裁）をしておくこと，またトレーニングの運営はリスクコンサルタントなどの専門家に依頼することをお薦めしたい。事務局はこれによって，社長や担当役員のプレッシャーから解放され，定期的な実施を担保することができるし，またトレーニング当日は専門家を介して遠慮なく問題の指摘ができるだろう。

（6）BCP策定や危機管理体制の構築が普及するための社会システム
①自然災害対策への投資と経営者の心理

わが国におけるBCP策定や危機管理体制の構築は，国家・行政機関が主導してきた観がある。例えば，内閣府の中央防災会議が地震等の自然災害を想定したBCPの策定を主導し，また厚生労働省は感染症パンデミックを想定したBCPの策定を主導し，さらに経済産業省は情報セキュリティマネジメントのためのBCPの策定を主導してきた。

また，法制度上もBCP策定を実質的に経営者の責務としている。2005年6月29日に成立した会社法では，大会社または委員会設置会社の取締役に内部統制システム構築義務を課し，これに企業グループ全体を対象とするリスクマネジメント体制の構築が含まれている。[15]さらに，2006年6月14日に公布された金融商品取引法において，危機管理は「全社的な統制」の要件の一つとされている。[16]

その反面，株主利益への忠実義務を負う経営者が，数百〜数千年に一度発生する自然災害の対策に莫大なコストをかけることは，株主の理解を得にくい。経営者は，中長期的に安心・安全な社会の構築を目指す国家・行政機関と，短期的な損益を重視する株主との間に挟まれている。したがって，自然災害の対策への投資は，経営者としての良心にかかっているといっても過言ではないだろう。

私たちは，自然災害を対象としたBCPの策定や危機管理体制の整備が，経営者のモチベーションに直結するような社会システムを構築すべきではないだろうか。

②誠実に取組む企業が評価される仕組み

「社会的責任投資（Socially Responsible Investment, SRI）ファンド」は，誠実に企業の社会的責任を果たす企業を対象とした投資信託ファンドである。1990年代に環境問題の健康への影響や労働慣行などの問題意識の高まりからファンドの規模が急拡大した。2010年，アメリカにおけるSRIファンドの投資残高は3.07兆ドル（約230兆円）である（表10-4）。わが国は8619億円（2011年6月末現在のSRI残高）とまだ未成熟な分野である[17]。

SRIファンドは，一般的にFTSE, Dow Jones, Ethibelなどの評価指標に基づき投資対象銘柄を選定する。このSRI 3指数のいずれかに入っている日本企業68社でファンドを構成した場合，1985〜2003年の18年間で2倍近い株価上昇が見込めたといわれている[18]。

SRI 3社は上場企業に質問書を送付し，各企業からの回答を精査し，投資先としての適格性を評価する。例えば，Dow Jones社の質問書（Sustainability Assessment Questionnaire）は，Economic dimension（32問），Environmental dimension（31問），Social dimension（36問）の三つの項目が用意されている。BCPの策定や危機管理体制の整備に関する質問はEconomic dimensionの項目であるが，質問の数は極めて少ない。

SRIファンドは，企業の「持続可能性（sustainability）」を評価する。持続可能性が高い企業は株価が上昇し，株主価値の増大につながり，これが経営者のモチベーションを向上させるという社会システムの構築を目指したものである。

表10-4　アメリカにおける社会的責任投資の資産総額　(単位：兆ドル)

1995年	1997年	1999年	2001年	2003年	2005年	2007年	2010年
639	1,185	2,159	2,323	2,164	2,290	2,711	3,069

(出所)　the Social Investment Forum（SIF）http://ussif.org/　2011年10月27日アクセス。

　このようにSRI 3指標は，持続可能性を評価するにも関わらず，現行の質問書の内容ではBCPの評価が十分とは言い難い。有効なBCPの策定，実効性の高い危機管理体制の構築などに誠実に取り組んでいる企業が評価される仕組みが必要であり，これが経営者による積極的な取組みを促進させることになる。

(7) 緊急危機発生時にこそ問われる経営者の真価

　会社法の施行を契機として，多くの企業はコーポレートガバナンスや内部統制システムなどの商法学的なフレームワークを整備した。これにより平時における経営は，まるで飛行機の自動航行システムのように動いている。例えば，経営における重要事項は，経営企画部や内部統制部などの部門が起案を行い，取締役会はこれを決議することで執行される。また計器類をチェックするように経営指標をチェックすることで異常を確認する。

　しかし，緊急危機発生時は手動航行に切り替わり，個々の事項への的確な経営判断が求められる。なぜなら，損失の危機への対応は，委任契約の受任者としての取締役個人の責任のもとで行うからである。つまり，緊急危機発生時にこそ経営者の真価が問われるといっても過言ではないだろう。だからこそ平時におけるBCP策定，危機管理体制の構築，そして経営者自身を対象とした定期的なクライシス・シミュレーション・トレーニングが必要なのではないだろうか。

注
(1) 「サプライチェーンの落し穴」『朝日新聞』2011年4月26日付；増田貴司「ニッチトップ企業の試練」『日本経済新聞』2011年5月25日付；「世界一でも儲からない理由」『朝日新聞』2011年6月18日付。
(2) 「被災社員の『心』救え」『産経新聞』2011年5月19日付。
(3) 辻隆史「東日本大震災と関西企業」『日本経済新聞』2011年5月27日付。

(4) 山村哲史・佐藤亜季「京の企業世界シフト」『朝日新聞』2011年6月22日付。
(5) 「『強い現場，弱い本部』改善は」『朝日新聞』2011年5月16日付。
(6) 亀井克之「リスクマネジメント　先送りされてきた２つの懸案　トップの感性と『会話力』の向上を」『徹底予測　日本の復興』（『日経ビジネス　アソシエ』2011年6月27日号臨時増刊）。
(7) 経済産業省商務情報政策局情報セキュリティ政策室「事業継続計画策定ガイドライン」2005年6月，A6-2。
(8) 人と防災未来センター「企業防災アンケート調査報告書」2009年3月。
(9) 長谷川敏明『リスクマネジメントの法律知識』日本経済新聞社，2007年，44頁。
(10) 厚生労働省「事業者・職場における新型インフルエンザ対策ガイドライン」新型インフルエンザ及び鳥インフルエンザに関する関係省庁対策会議，2009年2月17日，91頁。新型インフルエンザに備えた事業継続の検討における留意点を示している。
(11) ただしH5N1パンデミックの脅威はいまだ去ってはいないと指摘する研究者は少なくない。
(12) 中央防災会議「事業継続ガイドライン　第一版——わが国企業の減災と災害対応の向上のために」2005年8月1日。その後，内閣府は2008年1月8日～1月24日に「大企業」，「中堅企業」およびこれらを除く「資本金1億円以上の企業」に該当する企業4979社を対象に「企業の事業継続及び防災の取組に関する実態調査」を行い，1518社から回答を得て取りまとめた調査結果を2008年6月10日に公表した。さらに，中央防災会議は2009年11月，「事業継続ガイドライン　第二版——わが国企業の減災と災害対応の向上のために」を公表した。
(13) 経営倫理実践研究センター（Business Ethics Research Center）が，上場企業を中心とした会員企業104社に緊急アンケートを実施し，33社が回答した。同センターのウエブサイトは〈http://www.berc.gr.jp/〉（2011年7月31日アクセス）。
(14) 高野一彦「クライシストレーニング」『リスクマネジメント TODAY』48号，2008年，24-25頁。
(15) 会社法における内部統制システムの内容は法務省令に委任されている。2006年2月7日に公布された会社法施行規則では，企業グループ全体の危機管理体制の構築を，親会社等の取締役が構築すべき内部統制システムの要件である規定している。（同規則第100条第1項第2号及び第5号）
(16) 金融商品取引法において，有価証券報告書提出会社は公認会計士または監査法人の監査証明を受けた内部統制報告書を内閣総理大臣に提出する，とされている。監査法人の内部統制監査のためのチェックリストには，一般的に「事業継続計画が策定されているか」「緊急危機発生時の体制が整備されているか」が評価の項目に加えられている。内部統制報告書は，有価証券報告書提出会社の経営者に提出義務があるため，これらの項目は必然的に企業グループ全体の計画・体制となる。
(17) アメリカにおけるSRIファンド投資残高は，the Social Investment Forum（SIF）〈http://ussif.org/〉，日本における同残高は，NPO法人社会的責任投資フ

第 10 章　東日本大震災と企業の危機管理

　　ォーラム（SIF-Japan）〈http://www.sifjapan.org/〉を参照（ともに2011年10月27日アクセス）。
⒅　「『誠実な会社』株価は上昇⁉」『日本経済新聞』2003年10月5日付朝刊。この間，TOPIX はほとんどプラスマイナス・ゼロだったのに対し，大きな投資効果の違いが出ているようである。

$$\begin{pmatrix} 亀井克之：第1節 \\ 髙野一彦：第2節 \end{pmatrix}$$

第11章

災害ボランティアをめぐる課題

1 東日本大震災と災害ボランティア

　大規模な津波被害による行政機能の喪失，原子力発電所事故による複合的な被害といつまで続くかわからない避難生活，そして広域にわたる膨大な支援需要への対応……。東日本大震災では，災害ボランティがこれまで経験したことのない難問がつきつけられてきた。また，今後，長期にわたる被災地の復興や被災者の生活再建に向けて，市民の立場でどう支援していくことができるのかという課題も提示されている。

　すでにこれらの難問や課題に対する試行錯誤が行われてきており，そうした活動から，将来の災害に活かせる知見を引き出していくことが求められているが，本章ではその前に，今回の活動や活動をめぐる議論が，阪神・淡路大震災以降の様々な活動体制づくりの延長上にどう位置づけられるのか，考えておきたい。

　阪神・淡路大震災から16年間の災害ボランティア活動の体制づくりを振り返ってみると，個々人の善意を被災地の必要性に有効に活かしていくための仕組み——災害版のボランティア・コーディネートやボランティアバスなど——を作り，経験やノウハウを共有し，それらを定着させるための制度——代表的なものとして「災害ボランティアセンター」——を創ってきた歴史であったともいえる。東日本大震災後の活動では，こうした一連の仕組みや制度，経験やノウハウを活かすことができた。しかし同時に，これまで創り出してきた制度や仕組みの存在が，新たな問題状況を生み出してしまった側面もあった。

　以下ではまず，阪神・淡路大震災以降「災害ボランティア」が，人びとにど

う認識され，議論され，活動の仕組みや制度が創られてきたのか，その実態の変化を概観する（第2節）。続いて，東日本大震災後の初動を振り返り，阪神・淡路大震災以降に創られてきた制度の存在が，今回の活動にどのような影響を与えていたのかという観点から，直後の動きを概観する（第3節）。その中で，従来の「災害ボランティアセンター」とは異なる支援関係を創り出していた事例を取り上げ，考察を加える（第4節）。

2 災害ボランティアをめぐる議論と実態：阪神・淡路大震災以降

(1)「災害ボランティア」はどうとらえられてきたか

「災害ボランティア」と聞くと，被災地の外から駆けつけてきた若者が，浸水して泥をかぶった家の中や，壊れかけた家の周囲で片づける作業に汗を流し，避難所や自宅で不便な避難生活をしている被災者のお世話をする，といった姿をイメージする人が多いのではないかと思う。実際，災害後の被災地では，被害を軽減させ，拡大を防ぐ活動と，被災した社会インフラ（組織や制度を含む）の機能を代替したり，応急的に復旧させていく活動が大量に必要になる。こうした必要性に応えていったのが，阪神・淡路大震災後の市民ボランティアであった。

この時の活躍は後に「ボランティア元年」とも称され，同時に，災害ボランティア活動のイメージを復旧作業に定着させてしまった。現在，災害に関わるボランティアの活動領域は，時間的にも（復興段階から事前の予防・減災まで），空間的にも広がりをみせているが（菅，2008，61-66頁），「災害ボランティア」として多くの人たちがイメージするのは，救援・復旧段階の活動のようである。

また，当時の活動をみていくと，企業の社員であれ，自治体の職員であれ，普段の仕事や役割を超えて，被災地のために無償で活動すれば，それらはみな「災害ボランティア」と呼ばれていたことも指摘されている（八ッ塚・矢守，1997，177-194頁）。実際，「災害ボランティア」と呼ばれた活動では，「する側」の資格や資質よりも，被災地の問題にどう関わり，何をしたかが問われることが多かった。たしかに，1995年当時の災害ボランティアをめぐる議論を振り返

ると，通常のボランティア活動では必ず問題になる，「する側」の要件——自発性，無償性，公共性——に関する議論はあまり聞かれなかった。むしろ災害現場で実際に何をし，他の主体とどう関わり，どんな役割を果たしていたのか，活動そのものを実証的に分析したり，またその結果から，新たな（災害）ボランティア像について論じたものが多かった。実際，これらの議論から，災害ボランティアの活動体制が検討され，実態を形成していたといえる。

（2）議論から仕組みづくりへ

特に次の二つの議論は，災害ボランティアの制度化や仕組みづくりに大きな影響を与えてきたと考えられる。

一つは，「ボランティア元年」に代表されるように，日本社会を変革する新たな力としてボランティア・市民活動を位置づける議論である。震災時，機能不全に陥った公的セクターに対して，市民セクターは大きな力を発揮した。こうした力こそ「市民社会」を構築するために必要であり，育てていく必要があるといった議論である（本間・出口，1996）。

この議論は，ボランティア・市民活動を，もう一つの社会的主体として位置づけ，その活動基盤を強化していく動きを牽引していった。そして実際に，震災から3年後の1998年，ボランティア・市民活動団体に法人格を付与するNPO法（特定非営利活動促進法）の制定を実現させ，NPOの組織づくりや活動を支援する中間支援組織（NPOサポートセンター，市民活動支援センターなど）の創設を促していった。

もう一つの議論は，ボランティアを災害対応の主体と捉え，被災地で展開されている多様な救援・復旧活動の中に位置づけ，そこで果たしていた役割について論じていくものである。これらの議論はさらに，防災研究者や実務家による実証的な分析を経て，災害ボランティアの実践論へと展開していったが，同時に，災害ボランティアという枠にとどまらず，災害対策全般や防災行政にも影響を与えていった。例えば，分散型の意思決定といった効果的な現場対応を可能にする組織運営のあり方などは，防災行政にも示唆を与えていたと考えられる。

これらの議論を背景に，1995年以降，全国各地で改訂作業が進められていった地域防災計画の中で，災害ボランティアを受け入れる窓口（部署）が明示されるようになり，災害時に役立つ専門技能の保有者を「専門ボランティア」として登録していく制度なども創られていった。

　他方，こうした公的な制度に位置づけられるだけでなく，ボランティア関係者側も，震災当時の活動を分析し，効果的な災害対応を可能にする知見を汲みだし，災害時の活動体制づくりを進めていった。

　まず，ボランティア活動を支援する推進機関や社会福祉協議会などが，平時とは異なる状況下で行われる災害時のボランティア・コーディネートについて，そのノウハウを整理するとともに（大阪ボランティア協会，1996），災害ボランティアセンターの中核的な機能として位置づけ，コーディネーターの研修プログラムなどを作成していった。また，巨大災害の発生が懸念されている地域では，市民活動団体などが中心となり，災害時に備えたボランティア・ネットワークを結成していく動きも広がっていった。1997年には，災害ボランティアの全国ネットワークも結成された。

　その後，多発する水害への対応の中で，「ボランティアバス」や「サテライトセンター」といった，活動を効果的に動かしていく便利な「道具」も開発され，さらに，現場で使用する資機材を民間団体の間で相互に搬送しあう広域連携の仕組みも創られていった（震災がつなぐ全国ネットワーク，2010）。

（3）活動の仕組みをめぐる課題

　こうした一連の仕組みづくりや「道具」の開発の中で大きな転機となったのが，2004年の新潟県中越地震であった。この災害で課題となった点在する被災集落への支援は，従来の「災害ボランティアセンター」の枠組みでは対応しにくかった。また，都市部で求められるような救援・復旧段階の生活支援よりも，集落の復興を支援する活動が求められたため，活動資源を確保して長期的な支援体制を創っていくことや，個別の問題に丁寧に対応していくような支援の在り方も課題になった。

　この災害を機に，「災害ボランティアセンター」という枠組みを前提にしつ

つその活動基盤を拡充していこうとする動きと、センターという枠組みでは対応しにくい課題（効率性よりも個別性を大切にした被災者への寄り添いなど）への取組みが進められていった。

　まず、前者の動きとしては、全国社会福祉協議会と中央共同募金会、災害NPO、民間企業らが連携し、「災害ボランティア活動支援プロジェクト会議」（以下、支援プロジェクト）を立ち上げ、災害ボランティアセンターの運営母体となる社会福祉協議会の職員派遣や研修のシステムを拡充したり、民間の資源（寄贈物資や寄付金）を、効果的に被災地に届ける体制を構築していった。

　政府との連携も進んだ。2005年から内閣府の主催で「防災ボランティア活動検討会」が設置され、年に数回、各地で災害に取り組むボランティア関係者と政府関係者が、活動に関わる課題を検討する場をもつようになった。また日常的にも、メーリングリストを通じた情報交換が行われ、政府関係者と災害ボランティアの間に顔のみえる関係が形成されていった。実際の災害対応でこうした人間関係が活かされ、スムーズな対応につながったケースもあった。

　後者の動き——センターの枠組みでは対応しにくい課題への対応——としては、学生ボランティアを中心とした「足湯」を提供する活動が挙げられる。足湯を通じて個々の被災者に近づき、声を聞いていく活動は、効率的ではないが、一人ひとりを大切にし、寄り添うことに価値をおくボランティアならではの活動として、また効率性を追求し、画一化が進んだ災害ボランティアセンターの限界を補う活動として、注目されてきた。

　こうして、東日本大震災の発生時には、活動の仕組みや制度はかなり整備されていたが、同時に制度化に伴う新たな問題への対応も求められるようになっていた。

3　東日本大震災における災害ボランティア活動

（1）「被災地に行くべきではない」という言説

　東日本大震災では、広範囲にわたる甚大な津波の被害と、福島原子力発電所の事故による複合的な被害、そしてこれらの被害から派生した言説が、災害ボ

ランティアの活動を阻む大きな障害となっていた。

　まず，強い余震が頻繁に起こっており，原子力発電所の状態も不安定であったため，ボランティアが被災地で活動するための安全な環境が確保できなかった。被害も広範囲にわたっており，補給路も寸断されていたため，被災地は深刻な物資不足に陥っていた。特にガソリン不足は深刻で，ボランティア自身も現地に入り難い状況が続いた。さらに，通信網が途絶しており，どんな問題があり何が必要とされているのか十分に把握できなかった。こうした状況が続いたため，社会福祉協議会による災害ボランティアセンターの開設も遅れた。全般的な物資不足の中，センターの開設に必要な資源を調達することは難しかった。

　以上のような状況が，ボランティアが被災地に入る際の物理的な障害になっていたことは事実であるが，さらに，災害ボランティアセンターを運営する社会福祉協議会側から「（体制が整わないから）ボランティアの受入れは難しい」「県外からのボランティアは募集しない」といった情報が発信され，さらに関係者からも「（今は）被災地に行くべきではない」といった意見が様々なメディアを通じて流されていった。何やら被災地に行くことが悪いことであるような雰囲気が，日本全体を覆っていった。

　たしかに，安全性が確保されない地域で活動することは肯定しにくい。また，被災者が物資不足・ガソリン不足に悩まされている中に，ボランティアが入れば，資源不足に拍車をかけてしまう可能性も否定できない。しかし，こうした問題に見通しがつき始めた後も，「活動環境が整っていない」，「現地の迷惑になるから行くべきではない」という議論は，しばらくの間続いた。物理的に被災地に入り難い状況があったことに加えて，こうした言説の流布も，被災地に向かおうとしていた多くの人の足を止めていたのではないかと考えられる。[1]

　図11-1は，東日本大震災が発生してからの災害ボランティア活動者数の推移を示したものである。これは災害ボランティアセンターに登録した人数なので，実際にはもっと多くの人が活動していたと考えられるが，阪神・淡路大震災当時の活動者数がピーク時1日2万人であったこと，また今回の被害の大きさや被災地の広さを考えると，やや低調気味であると読める。[2]

241

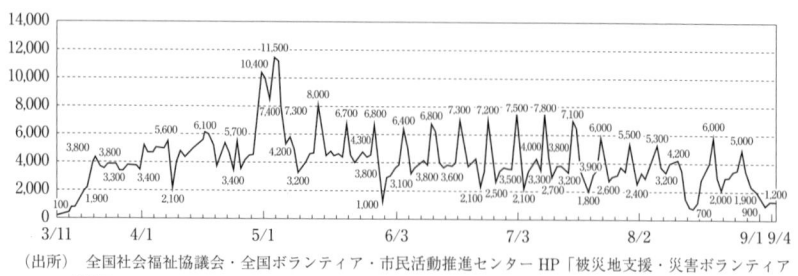

図11-1　ボランティア活動者数（日ごとの概数）の推移

（出所）　全国社会福祉協議会・全国ボランティア・市民活動推進センターHP「被災地支援・災害ボランティア情報」。

（2）東日本大震災における災害ボランティアの初動対応

　他方，ボランティアが被災地に先遣隊を派遣していく動きは直後から始まっていた。そして被災地の周辺や遠隔地でも，被災地・被災者を応援していく様々な支援活動が生まれていた。以下では，従前の取組みとの関係にも触れながら，災害ボランティアの初動を概観していく。

①被災地に向かう動き

　災害救援に関わってきたNGOの初動は早かった。神戸や東京に拠点を置くNGOは，発災当日から現地に先遣隊を送り込んでいたが（村井，2011），この初動において，発災の数日前に，静岡県で東海地震を想定した広域連携に基づく図上訓練が行われていたことが大きな意味をもった。この訓練には上述の「防災ボランティア活動検討会」や災害ボランティアの全国ネットワークの関係者が企画者として関わっており，さらに政府関係者，「支援プロジェクト」の関係者も参加していた。災害発生後間もなく，訓練の事務連絡用に使われていた同報送信メールを通じて最初の安否確認が行われ，現地入りの情報が共有されていった。そして関係者同士で連絡を取り合いながら先遣隊を送り込んでいった。この広域連携訓練のプログラムを作成したNGOのスタッフ自身も，即座に現地入りし，周辺の状況をメールで発信していった。メーリングリストやブログを通じた災害情報の共有は，これまでの災害でも行われてきたが，当時現場から発信された被害状況はかなり深刻だった。関係団体は，前線基地となる活動拠点を設置し，災害ボランティアセンターの立ち上げなどを支援していった（写真11-1）。

第11章　災害ボランティアをめぐる課題

写真11-1　陸前高田市　災害ボランティアセンター

(出所)　筆者撮影 (2011年6月3日)。

②被災地の周辺や遠隔地の動き

　被災の中心へ向かう動きと並行して，周辺部や遠隔地でも様々な活動が立ち上がっていった。実際，周辺部でも相当な被害が発生しており，例えば千葉県の津波の被災地では，実際に災害ボランティアセンターが開設され，復旧作業が行われた。また，首都圏のホテルや体育館にも避難所が開設され，避難してくる人たちを受け入れ，支援していく活動が行われていた。こうした活動にはそれまで災害とは関わりのなかった団体・個人も多く参加していた。さらに，被災地の中心に物資や人を送り込むための後方支援拠点を整備していく動きもあった。新潟県では，中越地震の集落復興に取り組んできた中間支援組織が中心となり，バックアップセンターを立ち上げると同時に，被災地の中に救援物資送り込んでいった。栃木県でも，災害対応の経験豊富な中間支援組織が，県内の支援の力を結集し，避難者の受入れを開始，併せて宮城県のいくつかの被災地に前線基地を置き，2万人のボランティアを送り込む計画を打ち出してい

243

った。こうした動きは，他の隣接県・周辺県にもみられたが，特に東京は，被災地で活動するNGOや，災害時に大きな役割を果たす民間公益組織（全国社会福祉協議会や中央共同募金会など）の本部が多く置かれており，後方支援拠点の集積地でもあった。そして今回の震災では，個別の後方支援拠点だけでなく，被災地全体を視野にいれた後方支援を行う全国ネットワークの拠点が東京に置かれ，情報拠点としての役割も果たしていた。この詳細については後述する。

　もう一つ，被災地の周辺から遠隔地にかけてみられた動きとして，ボランティアバスを送り出す動きが挙げられる。中でも大学のボランティアセンターなどが学生を募集して現地に向かう動きが目立ったが，社会福祉協議会やNPO等の民間団体なども多くのバスを送り出しており，現地で活動したいという市民を受け入れていた。特に被災地から遠い地域では，後に述べるように，市民活動団体が県や市を挙げて，まとまって支援を行う動きも広がっていった。

　他方，こうした具体的なモノ・情報・サービスを提供（媒介）するのではない形の支援として，メッセージを届ける運動も展開されている。例えば，広島県や大分県などで災害救援に取り組んできた団体による「つながる心を形にプロジェクト」では，折り紙を短冊形に切り，そこに被災地を励ますメッセージを書いて輪を作り，輪1個につき10円を募り，その輪をいくつもつないで各所に飾るという活動が行われてきた。施設に入所している高齢者や子どもなど，現地に行けない人でも気軽に参加でき，被災地を思う気持ちを届ける運動として展開されている。

　以上，初動段階の活動内容を，被災の中心から周辺，遠隔地へと概観してきた。既存の制度，従前からの関係や経験といった資源も活用されていたが，今回の活動は，それまで災害に関わってこなかった大勢の人たちの参加を得て行われていたことは確かである。特にボランティアセンターなどの制度的な対応の限界が指摘され，「被災地に行くべきでない」という議論も出てくる中で，被災地の膨大な支援需要に対して，誰が，どこまで対応していたのか／対応できなかったのか，については改めて検討しておかねばならないと思う。

　以下では，従来の「災害ボランティアセンター」とは異なるが，ボランティアによる支援の形として特筆すべき事例を紹介し，支援のあり方や，支援をめ

ぐる課題の考察につなげたい。

(3) 様々な支援の形
①連携を支援する

「東日本大震災支援全国ネットワーク (JCN)」(以下 JCN) は，発災当日の夜，災害 NPO の呼びかけに応じて参集した関係者が中心となり結成された。参加団体は 8 月末現在で638団体を数える。今回の震災で最も大きなネットワークである。

その結成に大きな影響を与えたのが，上述した東海地震を想定した広域連携に基づく図上訓練であった。6 回目を迎えていたこの訓練は，毎年 1 年かけて準備が行われ，この年も静岡県内外から災害 NGO・NPO，社会福祉協議会の関係者が参加していた。参加者は来るべき広域災害に向けてどのような対策が必要かを議論したばかりであった。訓練企画者の一人であった災害 NPO の呼びかけ人は，参加者たちに，「今回のような未曾有の災害では，従来の『災害ボランティアセンター』のような枠組みだけでは対応しきれないだろう。関係者同士，緩やかに連携を図りながら，力を結集していこう」と呼びかけ，さらに，この訓練に関わっていた政府関係者をはじめ，上述の「防災ボランティア活動検討会」「災害ボランティア活動支援プロジェクト会議」，災害 NGO・NPO の全国組織など，全国規模のネットワークにも参加を呼びかけていった。

発災から 3 日後の 3 月14日，全国社会福祉協議会の会議室に賛同者が集まり，ネットワークとして何を行うか，情報連絡体制（メーリングリストやホームページの開設など）や動員可能な資源，共有すべきミッションについて話し合った。その 2 日後の16日，もう一度関係者が一堂に集まり，ネットワークから被災地におくるメッセージ文を参加者全員で練り上げた。そして「支援の届かない地域をつくらない」というミッションを共有し，八つのチームを立ち上げ[3]，各チームの活動プロジェクトを動かしていく体制を整えていった（表11 - 1）。

各チームの活動では，それまでに蓄積してきた経験・ノウハウ，ネットワークが大きな力を発揮することになった。

「ガイドライン・チーム」が作成してきた災害ボランティアの研修テキスト

表11-1　東日本大震災支援全国ネットワークのチーム構成

資金チーム	・寄附の効果的活用のための連携 　全体として効果的かつ効率的に寄附が使われるよう，団体間の連携を検討します。
地域ネットワークチーム	・被災者支援の活動を行う各地のネットワークとの情報交換と連携など 　各地域の支援団体・個人のネットワークとの窓口をします。
制度チーム	・制度要望など政府との連携 　規制緩和や活動支援に関して政府に要望します。
ガイドライン・チーム	・支援する人のガイドライン作成 　ボランティアする人や支援物資を送る人に守っていただきたい一定の共通ルールや理解のためのツールを作成・提供します。
ジェンダー／多様性チーム	・声が届きにくい人々へ支援するための環境づくり 　単身者，一人親家庭，セクシュアルマイノリティ，高齢者，外国人など声が届きにくい人々の視点を大切にし，一人ひとりのニーズにあったよりよい支援が進むための環境づくりを目指します。
国際チーム	・NGO との連携 　日本国内の NGO・在日中の外国の民間支援団体などへの情報提供を行います。
ユースチーム	・より学生・若者が活動しやすくするための環境整備 　学生・若者が活動しやすくするための環境整備を行います。
情報チーム	・情報の集約と提供 　支援したい人に支援に必要な現況情報と手順情報を提供します。
広報チーム	・各種メディア対応 　プレス向け記者会見のセッティング，取材対応，メディア対応情報の収集等を行います。

（出所）　東日本大震災支援全国ネットワークホーム HP「活動チームの紹介」より，筆者作成。

には，2005年以降の「防災ボランティア活動検討会」や，これを母体とする「災害ボランティア安全衛生研究会」の知見が生かされていった。

　JCN のミッションに関わる重要な役割を果たしているのが「情報チーム」である。このチームでは，参加団体が利用するメーリングリストの維持管理，および流された支援情報を整理・編集して毎日配信することで，ニーズとシーズのマッチングを側面的に支援した。また現地で活動する団体の情報をホームページやブログを通じて日々チェックし，それを地図（Google Maps）に落とし込んだ「支援状況マップ」を作成・公開してきた。「支援の届かない地域をつくらない」という JCN のミッションを，情報提供活動を通じて促進すると

いう役割を果たしてきた。この情報チームには，50人を超える協力者が登録されており，データベースの開発に際しては企業がCSRとして社員を派遣するといったことも行われている。

「制度チーム」では，NPOの基盤整備を推進してきた関係者が，それまでロビー活動で培ってきたノウハウや知識を活かし，制度の提案，政府との連携・交渉の場の運営が進められている。

このように，JCNの活動自体も，組織やセクターを超えた連携により運営されてきたが，「支援の届かない地域をつくらない」ためには，広範囲にわたる被災地と，資源を提供してくれる後背地の両方を見渡しながら，個別に支援を届けていくことが求められる。今回の災害では，まず現場での受入れ体制づくりが課題になったが，(災害ボランティアセンターとは異なる手法の検討も含めて)，現場の活動を支える間接的な支援の形として，こうした組織・団体，地域，セクターを超えた連携を促進し，つながり（ネットワーク）同士をつないでいく活動や仕組みも，重要な役割を果たしてきたと思われる。ネットワークに対する過大な期待は禁物だが，現場の限界を補う方法の一つとして位置づけ，何ができ／何ができなかったのかを検証をしていくことも必要だろう。[4]

続いて，もう一つの支援の形として，相互的な関係をつくりながら行われてきた活動を二つ紹介する。

② "恩返し" としての支援

大規模な災害が発生すると，過去に災害を経験した地域では，「被災地を応援しよう」という気運が高まる。実際，これまでにも大規模な水害を経験してきた栃木県・高知県・愛知県をはじめ，地震災害を経験してきた兵庫県・新潟県などでは，同じ被災経験を共有する者として，また過去に受けた支援の「恩返し」として，何度か被災地を支援するプロジェクトが立ち上げられてきた。

阪神・淡路大震災を経験した兵庫県でも，今回の震災の発生後間もなく，市民活動団体のメーリングリストを通じて，震災を支援するネットワークの結成が呼びかけられ，支援のためのメーリングリストやサイトが開設されていった。これらを通じてさらに，情報の共有と協働プロジェクトが立ち上げられ，現在，県外避難者の受入れ支援，被災各地での具体的な支援活動，生活再建や地域の

復興に役立つ知的支援などが行われている。被災県の市民活動団体にスタッフを派遣している中間支援組織もある。また，毎月11日には被災地支援の活動状況を共有する報告会も行われている[(5)]。

　こうした市民セクターを挙げた支援を行っているのは兵庫県だけではない。過去に被災の経験をもつ愛知県や新潟県をはじめ，いくつかの地域でも行われている。支援される側にとって，被災経験を共有する地域・人からの支援は特別な意味をもつ。また支援する側も，相手の立場や気持ちを理解しやすく，過去の経験を活かした支援ができる。両者の間の距離は通常の災害ボランティア活動よりは近い。こうした災害支援の形──過去に受けた支援の"恩返し"──は，ある意味で非常に日本的な支援スタイルだといえるかもしれない。

　③ "お互い様"の交流的支援

　こうした「恩返し」的な支援は，市民セクターとして市民活動団体の主導で行われることが多いが（もちろんその中で行政や企業との連携も行なわれているが），自治体が主導して，域内の関係団体と共に行われていった支援もあった。被災地を周辺の自治体が応援した事例は，恐らく沢山あったと思われるが，ここでは弘前市による野田村応援を紹介する（山下，2011）。弘前市では職員派遣の制度や関西広域連合などによる行政機構への支援とは異なり，市民・企業・関係団体とも連携を図りながら市を挙げて野田村を支援した。

　弘前市による野田村支援の発端は，3月25日，活動先を探していた弘前市のNPOによる野田村訪問であった。当時，野田村の自治体機能は大きく被災しており，市民による被災者支援の前に，行政機構の立ち直りを支援する必要があることがわかった。そこでこの先遣隊は，弘前市長に野田村への行政支援を提案，市長は職員の長期派遣を決定し，3月末から派遣が実施された。この動きに触発され，4月には，弘前大学，観光関係者のネットワークを通じて，多くの学生や市民ボランティアが野田村に通うことになった。

　他方，弘前市自身も，この震災で観光業に大きなダメージを受けていた。そこで被災者の短期避難を受け入れることで観光業の回復を図ろうとしたところ，野田村の被災者が声を上げ，観光業の回復に大きく貢献してくれたという。まさに困った時は「お互い様」の支援である。こうした支援者と受援者が入れ替

わりうる支援は，一方向的で一回性の支援活動とは異なり，長期継続的な関係を可能にすると考えられる。

　支援活動は，多くの場合，持てる者が持たざる者に「与える」行為として行われる。両者の関係は非対称であり，当事者同士も気づかない間に，支配─従属の関係に転化してしまうこともある。相互的な支援はこうした問題を回避し，支援者と受援者が互いによい影響を与え合える可能性をもっている点に注目したい。

4　支援のあり方をめぐって：東日本大震災における初動対応から

　今回の震災では，様々なメディアを通じて「ボランティアは被災地に行くべきではない」というメッセージが繰り返し流されてきた。現場からは「支援が足りない」「もっと支援が必要だ」という声も大きかったが，こうした情報がボランティアの初動を遅らせ，その後の活動にも影響を与えてきたように思う。たしかに当初は，現地に入ることに危険を伴うということもあったが，「行くべきでない」というメッセージの背後には，「活動体制が整わない」から「現地の混乱が助長される」という意味も含まれていたようである。

　振り返ってみると，阪神・淡路大震災でも「ボランティアが現地の混乱を助長する」といった議論はあった。しかし，被災地の支援需要に応えてくれる人を求める声も大きく，全体としては，全国各地から被災地に向かう人びとの動きを歓迎する論調が主流であったように思う。また当時は，現場の受入れ体制などそもそもなかった。災害ボランティアを受け入れる体制など事前に想定されていなかったし，活動に必要な環境・条件は，ボランティア自身が，行政や他の支援者たちと共に，現場で協働しながら創り上げていた。

　ボランティアは，自らの活動体制を整えていく一方，公的な支援や組織的な対応から漏れている問題を見つけ出し，問題の存在を発信すると同時に対応し，支援のルートを創り出していった。このように異質なものをつないでいく力，新しいものを生み出していく創造力こそ，ボランティアの力であり，評価されてきたように思う。そもそもボランティア活動は，制度化された支援から取り

残され，潜在する問題を掘り起こし，支援につなげていくというセーフティネットの役割を果たしてきたものでもある。ボランティア活動自体が制度に回収されていく中で，新たな問題を発見し，対応していく力を発揮しにくくなっていることには注意を喚起しておきたい。

第2節でみてきたように，災害時のボランティア活動は，災害対応の担い手としての制度的な位置づけを与えられ，かつ市民セクターの中でも位置づけを与えられ，活動を支える組織と資源，専門的知識をもった人たちに支えられて成り立っている。こうした制度や仕組みが，不特定多数のボランティアを受け入れ，効率的な活動を可能にしてきたことは事実であるが，いったん，制度や仕組み——特に「災害ボランティアセンター」という支援の形——ができ上がってしまうと，いつの間にか「形」を作ること自体が目的にすり替わってしまい，「上手く立ち上げる」「効率的に運営する」ことを重視するようになり，「そうでない」活動を排除したくなる（してしまう）認識を生んでしまう。

しかし，災害時のボランティア活動で重要なことは，現場で置き去りにされている問題を発見し，そうした問題を，試行錯誤しながら解決するプロセスを創り出していくことであろう。今回の初動でも，制度による支援が届いていない地域で，独自の取組みを行った事例は多数存在しているはずである。

また，相互的な支援でみた二つの事例は，固定化された支援の形（被災地の外から資源を調達し，必要な地域・被災者に与えていくという一方的な形）をとらず，受けた支援の返礼として，また，支援される側が支援する側に入れ替わりながら，ある種の地域間交流として行われてきた。こうした交流をベースにした息の長い活動こそ，これからの復興のステージで重要になっていくだろう。

これまで生み出してきた仕組みの特徴や機能を評価しつつ，これらの事例の把握・検証を通じて，問題を乗り越えていくための知見を引き出していく必要がある。引き続き取り組んでいきたい。

注
(1) 筆者自身も，アレルギー問題に取り組む市民団体から，患者のいのちをつなぐ食を届けようと被災地に入ろうとした際，物理的な障害だけでなく，周囲の反対も大きな足かせになっていたことを聞いたが，こうした声は他の活動団体からも聞かれ

(2) 同時に，時間が経っても参加者が継続的に確保されている（急激に減少していない）点は注目される。数だけでなく，活動内容や活動主体の変化もみていく必要があるが，これらの動向に加え，今回の活動を復興支援にどうつなげていくかを考えていくことも大きな課題である。
(3) 立ち上げ時は8チームだったが，途中から「ジェンダー／多様性チーム」が加わり9チームになった。
(4) 岡坂（2011年）は，情報技術による災害ボランティア活動支援の課題について論じており，参考になる。
(5) 神戸まちづくり研究所のホームページ上に特設された「神戸復興塾3.11支援集会」のサイトには，毎月の活動報告会や不定期で行われる勉強会で配布された資料や議事録がアップされている。

参考文献
大阪ボランティア協会編『震災ボランティア』1996年。
岡坂健「東日本大震災におけるインターネットと情報発信の課題と展望――ボランティア活動で果たした役割を考える」『社会福祉研究』第112号，鉄道弘済会，2011年10月。
神戸まちづくり研究所HP「神戸復興塾3.11支援集会」（http://www.kobe-machiken.org/311shien/311shien.html　2011年9月9日アクセス）。
震災がつなぐ全国ネットワーク編『災害ボランティア文化』2010年。
菅磨志保「災害ボランティアの論理」菅磨志保・山下祐介・渥美公秀編著『災害ボランティア論入門』第2章，59-82頁，弘文堂，2008年。
菅磨志保「日本における災害ボランティア活動の論理と活動展開」『社会安全学研究』（創刊号）関西大学社会安全学部，2011年。
菅磨志保・山下祐介・渥美公秀編著『災害ボランティア論入門』弘文堂，2008年。
全国社会福祉協議会・全国ボランティア・市民活動推進センターHP「被災地支援・災害ボランティア情報」（http://www.saigaivc.com/　2011年9月9日アクセス）。
東日本大震災支援全国ネットワーク（JCN）HP（http://www.jpn-civil.net/　2011年9月9日アクセス）。
同HP「活動チームの紹介」（http://www.jpn-civil.net/about_us/team/　2011年9月9日アクセス）。
本間正明・出口正之編著『ボランティア革命』東洋経済新報社，1996年。
村井雅清『災害ボランティアの心構え』ソフトバンク新書，2011年。
八ッ塚一郎・矢守克也「阪神・淡路大震災における既成組織のボランティア活動」グループダイナミックス学会編『実験社会心理学研究』Vol. 32, No. 2, 177-194頁，1997年。
山下祐介・菅磨志保『震災ボランティアの社会学』ミネルヴァ書房，2002年。

第Ⅲ部　大震災と行政・企業・市民の対応

　山下祐介「東北発の震災論へ――コミュニティ交流支援の現場から」東北文化研究センター編『季刊東北学』第28号，柏書房，2011年，172-182頁。

(菅　磨志保)

第 12 章
震災原発事故に伴う市民・消費者・外国人の対応行動

　本年3月11日14時46分に発生した東日本大震災に伴う福島第一原子力発電所事故は，被災地における一次的被害だけでなく，被災地以外でも二次的被害を及ぼしている。その一つとして，買い溜めや風評被害の広がりや，留学生など外国人の本国への避難が起きている。今回の災害に対して市民・消費者や在日の外国人はどのような対応行動をとったのだろうか。第1節において災害研究の社会心理学的アプローチの系譜に簡単に言及した上で，第2節では，消費者が震災・原発事故後に買い溜めや買い控えについてどのような消費行動をとったのか，第3節では，留学生を受入れている大学が，在籍留学生に対して，今回の災害についてどのような情報提供やリスクコミュニケーションを行ったのかについて報告する。

1　社会心理学における災害研究の系譜

　東日本大震災に伴う福島第一原子力発電所事故への市民らの対応ついて考えるに当たって，はじめにこれまで社会心理学の立場から行われてきた災害研究について言及したい。

　災害についての社会心理学的アプローチは，当然のことながら，災害と人間の意識との関わり合いを探求することである。歴史学においては，1923年の関東大震災における流言現象をはじめとして，古代から現代にわたる自然災害と人間の意識の関連についての考察がなされているが，社会心理学はわが国における本格的な成立が第二次世界大戦以降であり，かつ，社会心理学では現場から得られた一次データを重視するため，災害研究の成果が現れ始めるのは1950

年代からの災害についてであった。日本における災害研究の社会心理学的アプローチの系譜については三隅二不二が取りまとめている。(2) 初期における社会心理学的アプローチの主たる関心領域は，災害時における群集行動，群集心理であった。三隅は，1956年元旦に弥彦神社において発生した「群集雪崩」現象を扱った安倍北夫の研究はその最も初期のものであり，災害心理学の日本における最初の研究報告としては，安倍による1964年の新潟地震発生時における人間行動の心理学的研究が挙げられるとしている。(3)(4) 安倍は，多くの災害心理学研究を発表し日本における災害心理学研究の一つの視座を明示した。(5)

　グループ・ダイナミックスの領域からの災害心理学研究は，三隅を中心とした研究グループによって行われた。(6) 災害におけるコミュニケーション研究は，岡部慶三や廣井脩を中心とした東京大学新聞研究所（現，社会情報研究所）の研究グループによって継続的に行われた。(7) また，広瀬弘忠は，現場における丹念な取材に基づいた独自の災害心理学研究を展開してきた。(8)

　日本における災害心理学研究の一つの転機となったのは，1995年に発生した阪神・淡路大震災であった。阪神・淡路大震災では，人口が密集した大都市において多数の被災者が生じたことと，ボランティア活動が行われたことから，例えば，避難所におけるリーダーシップ研究，(9) 被災者の心理ケア研究(10)などが活発に行われるようになってきている。

2　震災・原発事故に伴う消費者の買い溜め・買い控えについて

　本節では，東日本震災と福島原発事故後に生じたミネラルウォーターやトイレットペーパーなどの買い溜めパニックや放射能汚染と関連のない商品の買い控えによる風評被害がなぜ起きたのかについて，首都圏の消費者を対象に実施したオンライン調査の結果をもとに分析する。さらに，買い溜めパニックや風評被害に対して，個人として社会としてどう対処すればいいのかについても考えてみよう。

（1）パニックとしての買い溜めと買い控え

　そもそもパニックとはなんだろうか。個人にとって何らかの対処がすぐに必要とされる危機事態で危機の回避のための効果的な方法がわからないときに，突然の制御できない不安や恐怖に襲われて軽率で非合理な行動をとってしまうという個人的側面に，心理学者は注目している[11]。それに対して，社会学者は，大勢の人々が同じ危機的状況において同時に非合理的な行動をとった結果，その行動の集積によって社会全体が大きな被害を被ってしまうという社会的側面を重視している[12]。いずれにしても，パニックは個人にも社会にとっても望ましくない被害をもたらす。

　今回の震災後に首都圏で生じた買い溜めもパニックに該当する。買い溜めパニックとは，一定程度の消費者が商品がなくなるとの不安や恐怖から普段以上の数量を同時に購買することで，流通の末端で商品がなくなってしまい，それまで買い溜めをしていなかった消費者も品不足になった商品を争って購買する状況である。今回も，ミネラルウォーター，トイレットペーパー，紙おむつ，インスタント食品，缶詰食品など様々な商品の買い溜めが生じたと報道されている[13]。買い溜めパニックは，消費者の商品に殺到する行動を買い溜め騒ぎと説明されることから，"騒がしいパニック（noisy panic）"と呼ぶことができる。

　震災によって東北地方の様々な食品の生産施設や商品輸送の物流システムが大きな被害を受けた。首都圏では直接被災していない消費者も新聞などのメディアからその事実を知ることができた。多くの商品の供給が一時的に止まって，商品を購買できなくなるかもしれないと不安を感じた消費者は少なくないだろう。首都圏に数多くあるコンビニなどで普段よりも余分に買った人はかなりの数に上ったと考えられる。震災によって生産や物流が実際に減少していただけでなく，コンビニなどの小売業はPOSシステムによる効率的な在庫管理をしていたために，一部の消費者の急激で過剰な需要に即座に対応するのはむずかしく，商品の売り切れがすぐに起きてしまう。店頭での品不足という社会的現実がさらなる買い溜めを促す結果となったことは，インターネット調査会社が実施した調査からも確認できる[14]。自分が買い溜めをした理由として回答が最も多かったのは，コンビニなどで実際に品不足を目撃したことであった。

それでは，買い控えによる風評被害はパニックといえるだろうか。風評被害とは，根拠が明確でない不安・恐怖を感じた消費者がそれまで購入していた商品を買い控えることで生産者に大きな損害をもたらすことである。福島原発事故の後には，海外で食品だけでなく多くの日本製品の輸入停止や規制が起きたし，国内でも，特に首都圏では放射能汚染による出荷規制対象外の野菜などの食料品の買い控えが起きている。風評被害は，買い溜めパニックが先を争って商品を購買するのと対照的に，購買の現場で一人ひとりの消費者が不安感によってこれまで買っていた商品に手を伸ばさなくなるという行動の消失であることから，"静かなパニック（silent panic）"と呼ぶことができる。

出荷規制外の野菜等の買い控えによる風評被害はどのようにして起きたのだろうか。福島原発での爆発事故は，大量の放射性物質を大気に放出し，広範囲の放射能汚染を引き起こした。首都圏でも浄水場での水道水に放射性物質が検出されたことから，多くの消費者が食品などへの放射能汚染に対して強い不安や恐怖を感じたであろう。放射能汚染への不安が高い消費者は，東北産であれば出荷制限対象以外の食品に対しても，今までと違って買い控えたであろう。一定程度の消費者が同時に買い控えを行えば，小売の段階での需要が減少する。さらに，消費者の買い控えを予想した小売業は，特に生鮮食品の売り上げ減少や売れ残りを恐れて，東北産以外の代替商品への切り替えや，東北産の商品の仕入れをやめることを，卸問屋に通告したであろう。そのように消費者から小売，さらに中間の卸問屋から生産地までの物流のそれぞれの段階で，一つ前の段階の急激な需要消失に不安を感じて過大に反応した結果，風評被害として生産者に大きな被害をもたらしたと考えられる。

（2）今回の買い溜め・買い控えパニックの特徴

今回の買い溜めや買い控えの特徴は，直接の被災地でない首都圏で起きたということであろう。つまり買い溜めや買い控えに関わった消費者は災害の直接の被害当事者ではなかった。東日本大震災や福島原発事故によって家族や財産や仕事を一瞬にして失った人々がおびただしく存在している中での，被災地以外での買い溜めと買い控えのパニックであった。過去の買い溜めパニックの代

第12章　震災原発事故に伴う市民・消費者・外国人の対応行動

表的な事例は1970年代の石油危機時に起きたトイレットペーパーパニックである。そのときには，品不足の恐れがあるとの流言に基づいて，消費者が商品に殺到してパニックが起きた。消費者はパニックの原因・加害者であるとともに結果・被害者でもあった。パニックの当事者である消費者は自分の利益以外のパニックがもたらす他者や社会への影響についてはほとんど意識していなかった。[16]

　ところが，今回の首都圏での買い溜めや買い控えでは，消費者は自分たちのすぐ近くで苦しんでいる多くの被災者がいること，また被災地以外でも放射能汚染のリスクに脆弱な他者がいることを意識していたのではないだろうか。社会的弱者についての意識あるいは配慮が今回の買い溜めや買い控えと関連してはいないだろうか。

　被災地以外での望ましい消費行動とはなにか。それは，出荷制限対象以外の野菜などへの過度な忌避を自粛することであろう。また，水道水の放射能汚染リスクに脆弱でない成人の消費者がミネラルウォーターの購買を自粛することであろう。それでは，買い溜めや買い控えは，どのような心理的な意識によって抑制されるだろうか。いずれも，リスクに脆弱な他者への配慮が買い溜めや買い控えのパニックを抑制するとの仮説が提起できるのではないか。

　例えば，水道水の放射能汚染の許容度は乳幼児と成人では異なるだろう。成人の大多数がミネラルウォーターを買い溜めすると，乳幼児や児童を抱えた母親が買うことができずに困窮すると予想できる。放射能汚染による子どもへの健康被害に敏感である他者，リスクに脆弱な他者への配慮や共感は，買いだめの自粛を促すのではないか。

　買い控えの自粛もリスクに脆弱な他者への配慮や共感と関連するのではないか。出荷制限を受けている野菜と出荷制限を受けていない野菜では放射能汚染による健康リスクは異なっている。もしも大多数の消費者が放射能汚染と無関連な商品を買い控えると，放射能汚染に関して何の責任もない生産者が打撃を受ける。経済的損失のリスクに脆弱な被害者である生産者への配慮があれば，買い控えの自粛を促すのではないか。

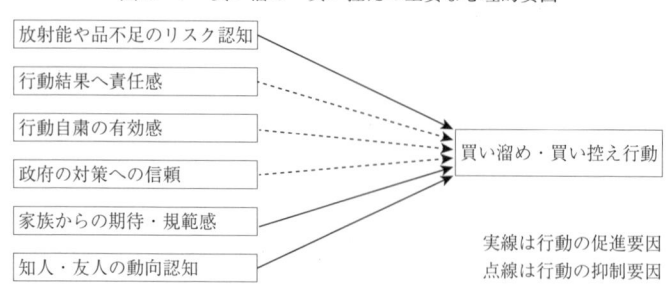

図12-1　買い溜め・買い控えの主要な心理的要因

```
放射能や品不足のリスク認知 ─┐
行動結果へ責任感 ─────┤
行動自粛の有効感 ─────┼──→ 買い溜め・買い控え行動
政府の対策への信頼 ────┤
家族からの期待・規範感 ──┤
知人・友人の動向認知 ───┘
```

実線は行動の促進要因
点線は行動の抑制要因

（3）買い溜めや買い控えの行動を規定する心理的要因

　買い溜めや買い控えの行動を抑制あるいは促進すると考えられる主要な心理的要因は，図12-1のようにまとめることができる。

　一つには，買い溜めや買い控えの対象の商品に関連するリスク認知である。今後も深刻な品不足が続くと予想すれば，買い溜めしておこうと判断するだろう。また，食品への放射能汚染を心配し安心できないなら，出荷制限対象以外の東北産の食品も買い控えをしようと考えるだろう。

　二つには，自分の買い溜めや買い控えが及ぼす社会的弱者への悪影響，つまり行動結果への責任感の認知，さらに，そのような行動の自粛による品不足や風評被害の解決への有効感の認知が関連するだろう。買い溜めによって，幼児などリスクに脆弱な弱者を抱える消費者がそれらの商品を買えなくなって困窮すると考え，買い溜めが品不足の原因となると認識する消費者ほど，買い溜めを自粛するだろう。また，買い控えについても，それにより震災や原発事故の被害者でもある生産者がさらなる被害を受けると考え，買い控えを自粛すれば風評被害を減少できると考えるとすれば，買い控えをしないだろう。

　三つには，政府への信頼である。政府が買い溜めや買い控えに有効な対策をとっていると信頼できれば，消費者はその政策により買い溜めや買い控えが解消すると期待できるし，政府の政策に協力して買い溜めや買い控えを自粛する。逆に，政府が信頼できなければ，今後も品不足や放射能汚染のリスクが続くと考えて，リスクを回避するために買い溜めや買い控えもやむをえないと考えるだろう。

第 12 章 震災原発事故に伴う市民・消費者・外国人の対応行動

四つには，家族からの期待や知人・友人の動向など規範的・情報的影響が関連する。消費者自身は買い溜めや買い控えは望ましくないと思っていても，家族を守るために買い溜めや買い控えをするよう家族から期待されれば，いずれの行動もとらざるを得ないだろう。また，買い溜めや買い控えをすべきか迷っている消費者は，自分の周りの知人の多くが買い溜めや買い控えをしているとわかれば，同じ行動をとったほうがいいと考えるだろう。

買い溜めや買い控えを促進あるいは抑制する可能性のある心理的要因のいずれが，今回の買い溜めや買い控えの行動に影響を及ぼしていたのかについては，社会調査の結果から分析してみよう。

（4）首都圏での買い溜め・買い控えの消費行動を調査する

買い溜めパニックや風評被害がなぜ生じたのかを解明するには，買い溜め・買い控えをした，あるいは自粛した消費者に焦点を当て，どのような判断に基づいて買い溜めや買い控えを行ったのかについて調査しなければならない。そこで，緊急のオンライン・アンケート調査を実施した[17]。調査では，震災から約1カ月後までの東京都内の消費者による買い溜め・買い控えとそれに関連する心理的要因をたずねた。調査対象者は，東京都の20歳から69歳までの男女である。調査を委託した調査会社のインターネットモニターから性別×年代の各セルの適格者を母集団の比率に準拠して抽出した。

（5）震災・原発事故後の買い溜め・買い控えの実態について

首都圏の消費者の中でどれほどの人が，震災や原発事故後の約1カ月間にどのような商品を買い溜め・買い控えしたのか。今回の調査では，震災後の消費者の動向に関する新聞記事で品不足が報道されていた商品である，缶詰食品，インスタント食品，トイレットペーパー，ミネラルウォーターの買い溜めの有無についてたずねた。また，買い控えについては，新聞によって買い控えが指摘されていた商品である，乳製品，魚肉，果物，野菜，いずれも東北産の出荷制限対象以外の食品の買い控えの有無についてたずねた。その調査結果が，図12-2と図12-3である。

第Ⅲ部　大震災と行政・企業・市民の対応

図12-2　買い溜めの実態

品目	いつもしていた	しばしばしていた	ときどきしていた	あまりしていない	全くしていない
缶詰食品	5	5	12	29	49
インスタント食品	8	6	22	30	34
トイレットペーパー	15	5	13	27	40
ミネラルウォーター	14	6	17	19	44

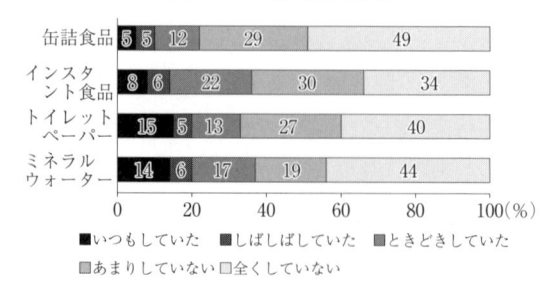

図12-3　買い控えの実態

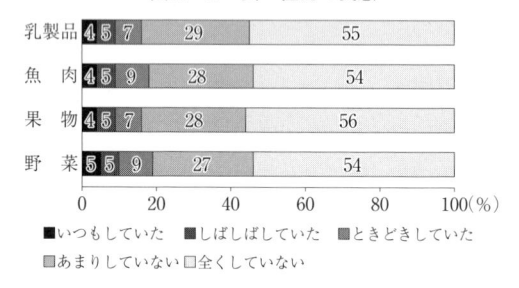

品目	いつもしていた	しばしばしていた	ときどきしていた	あまりしていない	全くしていない
乳製品	4	5	7	29	55
魚肉	4	5	9	28	54
果物	4	5	7	28	56
野菜	5	5	9	27	54

　図12-2によれば，買い溜めを"いつも"あるいは"しばしば"していた消費者の割合は，缶詰食品で10％，インスタント食品で14％，トイレットペーパーとミネラルウォーターではいずれも20％であった。買い溜めをしていた消費者は全体の２割前後と少数であることがわかる。

　図12-3によれば，買い控えを"いつも"あるいは"しばしば"していた消費者の割合は，乳製品と魚肉と果物でいずれも９％，野菜で10％であった。買い控えをしていた消費者は，全体の１割程度と，買い溜めよりもさらに少ない割合であった。

　買い溜めや買い控えをしていた消費者は全体の２割以下であったが，年齢や性別で細かくみてみると，20代と30代の女性，とりわけ幼児や児童をもつ消費者では，買い溜めをしていた割合が高かった。例えば，乳幼児や小学生を抱える消費者のうちミネラルウォーターをいつもあるいはしばしば買い溜めしていたのは３割であった。また，出荷制限対象以外の東北産の野菜をいつもあるい

第12章　震災原発事故に伴う市民・消費者・外国人の対応行動

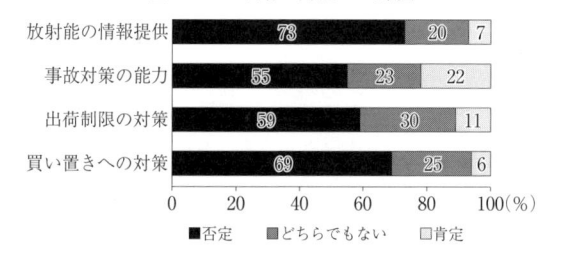

図12-4　政府の対応への評価

項目	否定	どちらでもない	肯定
放射能の情報提供	73	20	7
事故対策の能力	55	23	22
出荷制限の対策	59	30	11
買い置きへの対策	69	25	6

はしばしば買い控えしていた割合も，乳幼児をもつ消費者で15％，小学生をもつ消費者で23％であった。放射能汚染リスクの高い幼児や児童が家族の中にいる場合には，子どもをリスクから守るために買い溜めや買い控えをする傾向が高いことが確認された。

　調査結果からは，首都圏で買い溜めを行っていた消費者は全体では約2割であったと推定できる。そのように少ない割合の消費者が震災後に通常時よりも大量の買い溜めを同時にするだけでも，コンビニなど小売の段階で品不足が発生する可能性が高いことは，過去の石油危機時における買い溜めの調査からも推測できる[19]。また，買い控えを行う消費者が一定程度存在すれば，小売段階や中間の卸段階で出荷制限対象以外の食品についても仕入れを自粛する動きを促す可能性が高いと考えられる。

（6）政府の震災・原発事故対策への消費者の信頼

　それでは，買い溜めや買い控えを促すあるいは抑制するように働くと考えられる消費者の意識についてはどうであろうか。

　まず，政府の原発事故や買い溜め・買い控えに対する対策への消費者の信頼について，政府による原発事故の放射能に関する情報公開は十分であるか，原発事故対策に関する判断を適切に行う能力が政府にあるかについてたずねた。さらに，政府による食品の出荷制限の対策が適切か，また，政府による買い溜めへの対策は適切かについてたずねた。その調査結果が，**図12-4**である。

　図12-4によれば，放射能の情報公開は十分でないと否定的に回答した消費者は73％，原発事故の対策の能力についても全体の55％が否定的に回答してい

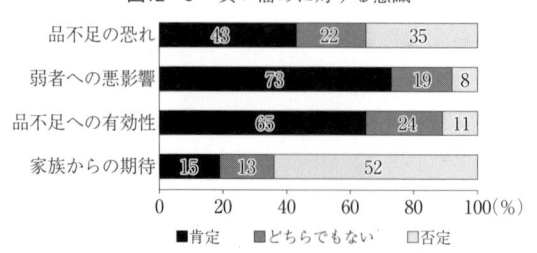

第Ⅲ部　大震災と行政・企業・市民の対応

図12-5　買い溜めに対する意識

項目	肯定	どちらでもない	否定
品不足の恐れ	43	22	35
弱者への悪影響	73	19	8
品不足への有効性	65	24	11
家族からの期待	15	13	52

図12-6　買い控えに対する意識

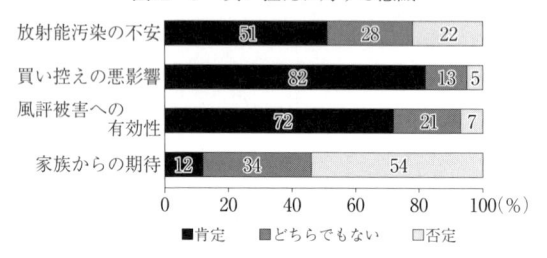

項目	肯定	どちらでもない	否定
放射能汚染の不安	51	28	22
買い控えの悪影響	82	13	5
風評被害への有効性	72	21	7
家族からの期待	12	34	54

る。さらに，出荷制限や買い溜めの対策についても適切に行われていないと回答した消費者はそれぞれ59％と69％である。これより，原発事故への政府の対応能力や情報開示に対して多くの消費者は信頼していないし，買い控えや買い溜めに対する政府の対策についても同様に信頼していないことがわかる。

（7）買い溜めや買い控えに関連する消費者の意識

　次に，買い溜めに関する消費者の意識については，買い溜めの対象の商品の品不足の恐れ，また買い溜めによる社会的弱者への影響，買い溜め自粛による品不足解消への効果，さらには買い溜めをするようにとの家族の期待感についてたずねた。その調査結果が図12-5である。

　品不足の恐れが続くと回答した消費者は43％であるが，買い溜めが弱者に悪影響があるとする回答は73％，買い溜めの自粛が品不足の解消につながるとの回答も65％であった。また，家族が買い溜めを望んでいるとの回答は15％と少数であった。品不足の恐れはあるとしても，買い溜めの自粛が望ましいとの回答が多数をしめていることがわかる。

第12章 震災原発事故に伴う市民・消費者・外国人の対応行動

買い控えに対する意識については，食料品への放射能汚染の恐れ，買い控えが生産者に及ぼす悪影響，買い控え自粛による風評被害への効果，買い控えへの家族の期待感についてたずねた。その調査結果が図12‐6である。

放射能汚染に不安があると回答した消費者は51％と半数であるが，買い控えが生産者を苦しめるとする回答は82％，買い控えの自粛が風評被害を防ぐ効果があるとの回答も72％と高い割合であった。また，家族が買い控えを望んでいるとの回答は12％と少数であった。食料品への放射能汚染に不安があるとしても，買い控えの自粛が望ましいとの回答が多数をしめていることは，買い溜めに関連する認知についての回答と同じ傾向を示している。

（8）買い溜め・買い控えを左右した心理的要因

それでは，買い溜めや買い控えの行動を左右した心理的要因は何だったか。

まず，買い溜めの行動と心理的要因に関連があるか否かをみていこう。図12‐7からは，品不足の恐れがあるほど，買い溜めをしていたことがわかる。図12‐8からは，買い溜めの自粛が品不足解消に効果があると意識するほど買い溜めをしていないこともわかる。ところが，政府による買い溜めへの対策の信頼と，買い溜めが社会的弱者に及ぼす影響についての意識は，買い溜め行動と関連はみられなかった。そして，買い溜め行動と最も関連が強かったのは，家族からの期待と知人の動向であった。図12‐9からは，家族が買い溜めするように期待しているほど買い溜めしていること，また，図12‐10からは，知人の多くが買い溜めしているほど買い溜めをしていたことが確かめられた。

消費者は，買い溜めをしなければ品不足が解消すると意識しているが，同時に今後も品不足が続くと心配して，買い溜めをするかどうかを決めていることがうかがえる。さらに，家族から必要な品を買い溜めするように期待されており，まわりの知人が買い溜めをしていると知ることが，消費者の買い溜めの選択を強く後押ししたと理解できる。

次に，買い控え行動と関連する心理的要因をみていこう。図12‐11によれば，食料品の放射能汚染の恐れがあると感じるほど買い控えをしていた。また，図12‐12からは，買い控えが生産者を苦しめると考えるほど買い控えをしていな

第Ⅲ部　大震災と行政・企業・市民の対応

図12-7　「これからも品不足になる恐れがある」と思うか

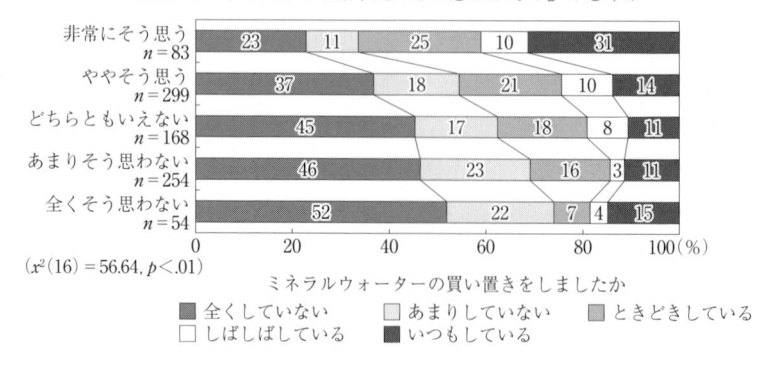

回答	全くしていない	あまりしていない	ときどきしている	しばしばしている	いつもしている
非常にそう思う $n=83$	23	11	25	10	31
ややそう思う $n=299$	37	18	21	10	14
どちらともいえない $n=168$	45	17	18	8	11
あまりそう思わない $n=254$	46	23	16	3	11
全くそう思わない $n=54$	52	22	7	4	15

($x^2(16) = 56.64, p < .01$)

ミネラルウォーターの買い置きをしましたか

図12-8　「買い置きしないことで品不足を避けるのに効果がある」と思うか

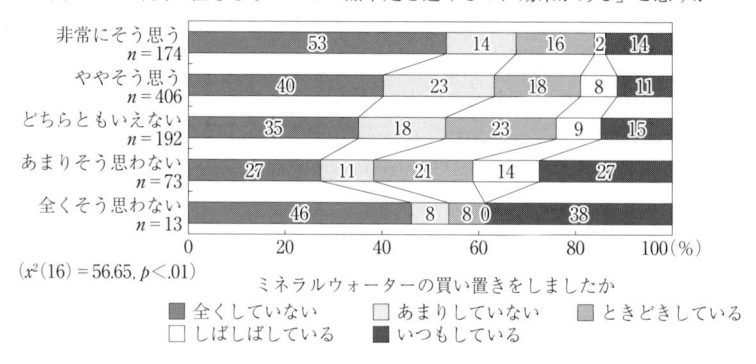

回答	全くしていない	あまりしていない	ときどきしている	しばしばしている	いつもしている
非常にそう思う $n=174$	53	14	16	2	14
ややそう思う $n=406$	40	23	18	8	11
どちらともいえない $n=192$	35	18	23	9	15
あまりそう思わない $n=73$	27	11	21	14	27
全くそう思わない $n=13$	46	8	8	0	38

($x^2(16) = 56.65, p < .01$)

ミネラルウォーターの買い置きをしましたか

図12-9　「あなたの家族は買い置きをすることを望んでいる」と思うか

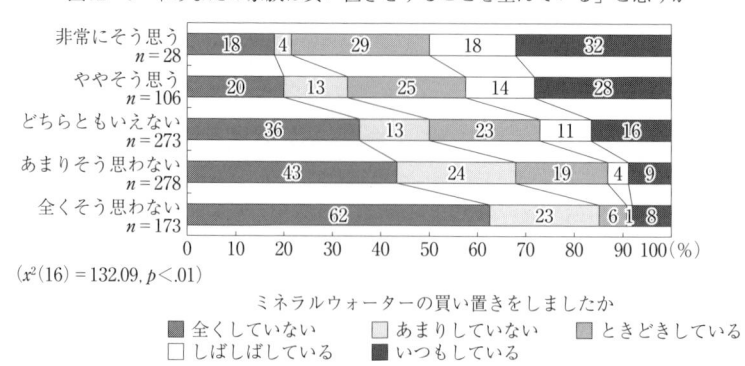

回答	全くしていない	あまりしていない	ときどきしている	しばしばしている	いつもしている
非常にそう思う $n=28$	18	4	29	18	32
ややそう思う $n=106$	20	13	25	14	28
どちらともいえない $n=273$	36	13	23	11	16
あまりそう思わない $n=278$	43	24	19	4	9
全くそう思わない $n=173$	62	23	6	1	8

($x^2(16) = 132.09, p < .01$)

ミネラルウォーターの買い置きをしましたか

第 12 章　震災原発事故に伴う市民・消費者・外国人の対応行動

図12-10　「あなたの知人の多くは買い置きをしていましたか」

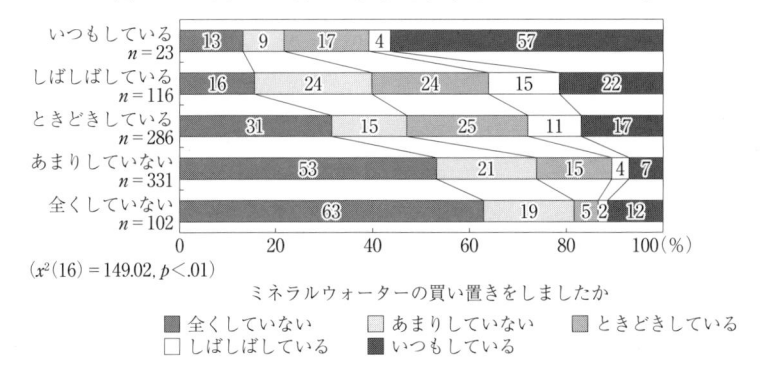

	全くしていない	あまりしていない	ときどきしている	しばしばしている	いつもしている
いつもしている $n=23$	13	9	17	4	57
しばしばしている $n=116$	16	24	24	15	22
ときどきしている $n=286$	31	15	25	11	17
あまりしていない $n=331$	53	21	15	4	7
全くしていない $n=102$	63	19	5	2	12

$(x^2(16)=149.02, p<.01)$

ミネラルウォーターの買い置きをしましたか
■ 全くしていない　□ あまりしていない　■ ときどきしている
□ しばしばしている　■ いつもしている

図12-11　「食料品の放射能汚染については不安はない」か

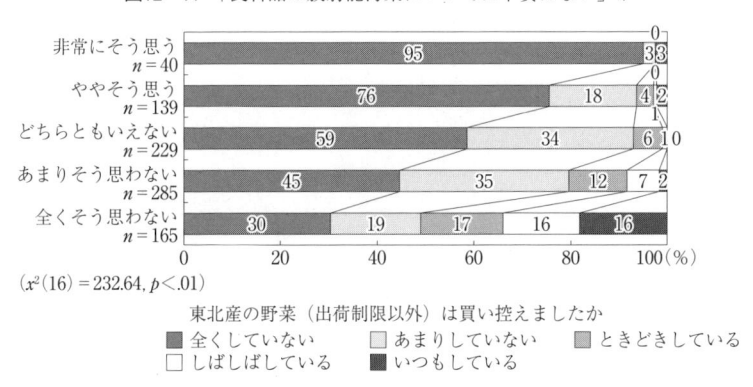

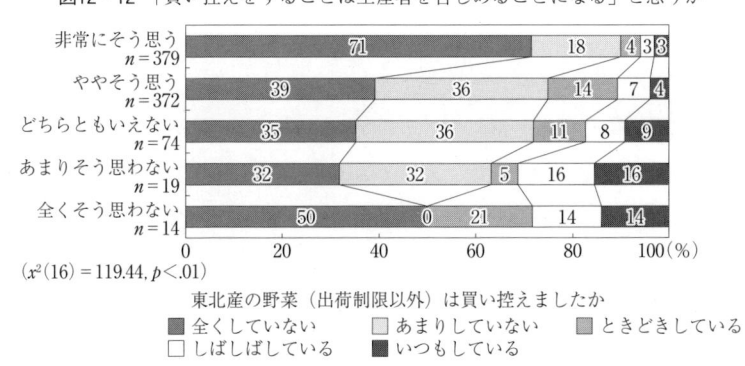

非常にそう思う $n=40$	95		3	3	0/0
ややそう思う $n=139$	76	18	4	2	0
どちらともいえない $n=229$	59	34	6	1 0	
あまりそう思わない $n=285$	45	35	12	7	2
全くそう思わない $n=165$	30	19	17	16	16

$(x^2(16)=232.64, p<.01)$

東北産の野菜（出荷制限以外）は買い控えましたか
■ 全くしていない　□ あまりしていない　■ ときどきしている
□ しばしばしている　■ いつもしている

図12-12　「買い控えをすることは生産者を苦しめることになる」と思うか

非常にそう思う $n=379$	71	18	4	3	3
ややそう思う $n=372$	39	36	14	7	4
どちらともいえない $n=74$	35	36	11	8	9
あまりそう思わない $n=19$	32	32	5	16	16
全くそう思わない $n=14$	50	0	21	14	14

$(x^2(16)=119.44, p<.01)$

東北産の野菜（出荷制限以外）は買い控えましたか
■ 全くしていない　□ あまりしていない　■ ときどきしている
□ しばしばしている　■ いつもしている

第Ⅲ部　大震災と行政・企業・市民の対応

図12-13 「あなたの家族は買い控えをすることを望んでいる」と思うか

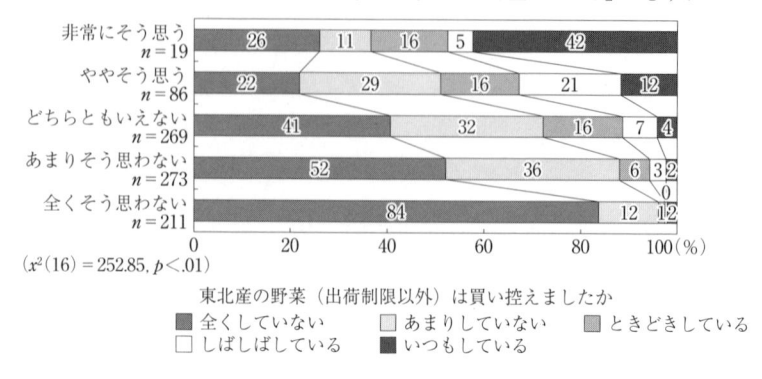

非常にそう思う n=19
ややそう思う n=86
どちらともいえない n=269
あまりそう思わない n=273
全くそう思わない n=211

($x^2(16) = 252.85, p < .01$)

東北産の野菜（出荷制限以外）は買い控えましたか
■ 全くしていない　□ あまりしていない　■ ときどきしている
□ しばしばしている　■ いつもしている

図12-14 「あなたの知人の多くは買い控えをしていましたか」

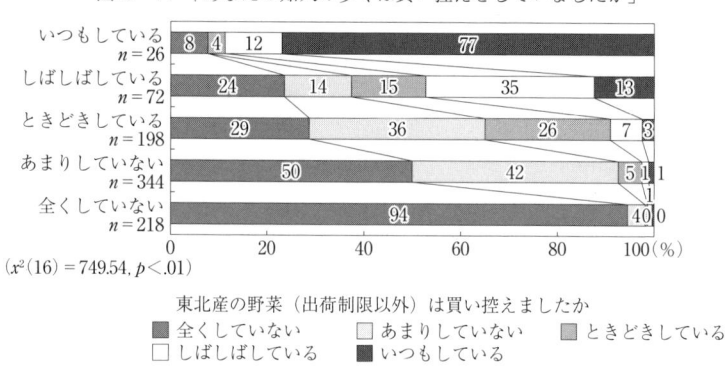

いつもしている n=26
しばしばしている n=72
ときどきしている n=198
あまりしていない n=344
全くしていない n=218

($x^2(16) = 749.54, p < .01$)

東北産の野菜（出荷制限以外）は買い控えましたか
■ 全くしていない　□ あまりしていない　■ ときどきしている
□ しばしばしている　■ いつもしている

いこともわかる。さらに，政府による出荷制限の対策を信頼しているほど買い控えをしないとの関連や，買い控えの自粛が風評被害の解消に役立つと考えるほど買い控えをしていないとの関連もみられた。

しかし，買い控え行動と最も関連が強かったのは，家族からの期待と知人の動向であった。図12-13からは，家族が期待しているほど買い控えをしていること，また，図12-14からは，知人の多くが買い控えをしているほど買い控えをしていたことが確認できる。

（9）震災原発事故に伴う買い溜め・買い控えからわかること

　最後に，今回の被災地以外での買い溜めと買い控えとそれに関連する意識についての特徴をまとめてみよう。

　今回の調査では，自分の買い溜めによって社会的弱者が困ると意識することと，実際の買い溜めとの関連は見られなかった。消費者は，買い溜めしなければ品不足が解消すると意識しているが，同時に今後も品不足が続くと心配して買い溜めをしていたようである。さらに，家族から必要な品を買い溜めするよう期待されており，周りの知人が買い溜めしていると知ることが，消費者の買い溜めの選択を強く後押ししたと理解できる。消費者は買い溜めをして自分の利害を優先したという後ろめたさを感じていなかったのかもしれない。ちなみに，震災後の買いだめについての別の調査[20]でも，買い溜めをしたほとんどの人が買い溜めした商品に後悔していないと回答していた。買い溜めに対する政府の対策が信頼できない状況では，自分や家族を守るための買い溜めは必要な自衛策と考えて行動したと推測できる。

　ところが，買い控えでは，生産者への配慮と実際の買い控えの自粛と関連がみられた。同時に，放射能汚染についてのリスク認知は買い控え行動と関連がみられた。つまり，消費者は，買い控えをしなければ風評被害は解消するし，生産者を苦しめることはないと意識していたが，同時に食料品への放射能汚染の恐れを強く感じるという心理的葛藤のもとで，買い控えをするかどうかを選択していたようである。そのジレンマの中で，買い控えを強く後押ししたのは，家族から買い控えをするように期待されたことと，まわりの知人が買い控えをしていると知ることだと推測できる。

　以上のように，自分たちの近くに多くの被災者がいる，あるいはリスクに脆弱な他者が存在するということを，多くの消費者は意識しており，そのことが買い溜めや買い控えをある程度抑制する働きをしたとも考えられる。今回の買い溜めや買い控えをした消費者が2割にとどまったのは，社会的弱者への配慮が影響したとも考えられる。

　今回の調査から解決すべき課題も明らかになった。それは，食品への放射能汚染という新たなリスクについての社会的な対処の必要性である。

放射能汚染リスクに不安をもつ場合には，買い控えが生産者に影響があることを意識していても，買い控えを自粛しなかった消費者も少なからず存在した。つまり，後ろめたさを感じながらも，リスクへの不安から買い控えをしていたと考えられる。放射能汚染への強い不安は，信頼できない政府が安全だと説明しても低減できない。リスクに脆弱な消費者による買い控えは，社会的に有効な対処がないときには，個人的な対処としての自衛策としてやむをえない。子どもを抱える母親が放射能のリスクにおびえながら食品の選択に敏感になっているとの報道もみられる。[21]出荷制限対象以外の食品の放射能の数値が低いという情報提供だけでは，放射能汚染リスクへの不安感情を低減できない。現在のところ政府やメディアなどによる放射能汚染に関する情報提供は，有効なリスクコミュニケーションとなりえていない。放射能による食品汚染という新たなリスクについての消費者の不安を和らげるために，どのようなリスクコミュニケーションを行えばいいのか，それを早急に見出す必要に迫られているといえよう。

3　震災・原発事故後の留学生の行動と東京都にキャンパスがある大学の対応について

東日本大震災に伴って発生した福島第一原子力発電所事故は，日本の大学に学ぶ留学生にも大きな衝撃を与えたようである。福島第一原子力発電所事故直後には多くの国が日本にいる母国民に対して勧告や指示を出したこともあり，極めて多数の外国人が首都圏から西日本や日本国外に移動した。その後，日本に留学しようとする外国人は極端に減少してきており，2011年7月には留学生が大学などに入学する前に日本語能力を向上させるために学ぶ日本語学校の中には入学者の減少から経営が成り立たなくなっているところもあるとの報道がなされている。[22]また，中国からのある留学生によれば，東京にいる知り合いの中国からの留学生12名のうち震災・原発事故翌月の4月の段階で東京に残っているのは1名だけであり，2名は西日本の大学に転校の手続きを取っているとのことであった。実際，震災・原発事故後しばらくは中国への航空券は通常の4～5倍に高騰していたにもかかわらず満席の状態が続きなかなか入手できな

い状況であった。

（1）日本語を母語とはしない人たちに対する災害情報

　一般に，日本において日本語を母語としない居住者・旅行者は災害弱者として分類される。それは，災害に効果的に対応するのに必要となる情報の入手や解釈に支障をきたすからである。最近では，自治体や NPO などによるボランティア団体の活動などによって日本語を母語としない居住者・旅行者に対する災害時の支援を構築する試みが多くなされてきているが，未だ十分とは言い難い。それにはいくつかの理由が考えられようが，一つの理由としては日本の役所から発信されるリスク情報が難解な表現によっていることが挙げられよう。例えば，食品安全についてのリスクコミュニケーションの文章を国際比較した関澤・土田の研究では，イギリスにおける食品安全情報が小学生にもわかる平易な表現となっているのに対して，日本の食品安全委員会などから出される情報が日本語を母語としている者にとっても一読では理解できないような難解な表現であることを指摘している[23]。また，それらの安全情報は日本語を母語としない人たちのために英語などの外国語に訳されて公表されてはいるが，たいていの場合それらは難解な日本語をそのまま直訳したものであるため，日本語を母語としない人々には極めて難解であり利用されていないとの指摘ができよう。

　河田惠昭は，災害時における情報を，ⓐ災害情報，ⓑ防災・減災情報に分けている[24]。前者は，何が起こったかについての情報であり，後者は，被害を小さくするための情報である。報道機関により社会に流通する情報の内，災害発生直後には災害情報が大部分を占める。これに対して，被災地において必要とされる情報は防災・減災情報である。しがたって，報道機関は災害発生から時間が経過するほどに防災・減災情報をより多く発信するようになる。

　しかしながら，被災地から遠く離れた地域，特に海外での災害の場合には，流通する情報の大部分は災害情報である。それらはいかに過酷な被害であったかを強調するセンセーショナルな映像や文章を中心とした報道となりやすく，時間が経過しても同じ災害情報を流し続けやすい。このことが，被災からの復旧についての認識を誤らせてしまうことにもなる。実際，阪神・淡路大震災の

表12-1 朝日新聞の災害報道記事の内容分析

	東日本大震災		ニュージーランド地震		阪神・淡路大震災	
	東京版	大阪版	東京版	大阪版	東京版	大阪版
記事数	96	24	38	7	196	138
字数［平均］	1476.6	903.8	1292.1	819.1	792.5	698.8
感情表現数［平均］	2.9	2.8	6.9	5.9	1.9	1.9
1感情表現あたりの字数	500.9	326.2	186.0	139.9	406.6	365.3

火災は初日に消火されていたにもかかわらず，テレビ局が全国ネットで火災の映像を3日間流し続けたことから，某県の消防隊がテレビ映像を見てまだ鎮火していないものと思い込んで遠路かけつけた事実が記録されている。

表12-1は，東日本大震災（2011年3月11日），ニュージーランド地震（2011年2月22日），阪神・淡路大震災（1995年1月17日）について，地震発生の翌日から3日間の朝日新聞の記事（総合面と社会面のみ）を，東京本社版と大阪本社版に分けて検討してみたものである。大学生に記事を読んでもらい「読者の感情に訴える表現」がなされている箇所を指摘してもらった結果を分析した。海外の災害であるニュージーランド地震の記事は，国内の災害である東日本大震災や阪神・淡路大震災の記事よりも極端に感情に訴える表現が多用されていたことがわかる。

日本で学ぶ何人かの留学生や，東京にあるいくつかの大学の留学生担当者に聞き取りをしたところでは，留学生たちが東日本大震災に遭遇して最もよく視聴したマスメディアはWEBによって入手できる母国の報道機関，あるいはCNNであったとのことであった。上記の理由から，それらは感情に訴える表現が多用された災害情報のみの報道であったと推測される。したがって，それらを視聴していた留学生たちは，実際以上に震災をより過酷でいつまでも続くものと認識したのではないかと思われる。

(2) 東京に所在する大学が把握した東日本大震災後の留学生の対応

留学生が通う大学は，東日本大震災とそれに伴う福島第一発電所事故に際して留学生にどのような情報提供をしたのであろうか。それを調べるために，東

京都にキャンパスがある133の大学に対する郵送質問紙調査を実施した。調査票は4月23日に発送し，5月16日までに回収した。最終的に57校から回答が得られた（回収率：42.9％）が，そのうち3校では留学生の在籍がないとのことであったのでこれを除く54校からの回答を分析した（有効回答率：54/130＝41.5％）。

　留学生が在籍すると回答があった54校では，東日本大震災前に在籍していた留学生数は，最も少ない大学で1名，最も多い大学で3535名であり，その分布は次のようであった。在籍留学生数1～20名が17校（31.5％），21～100名が11校（20.4％），101～300名が13校（24.1％）301～1000名が9校（16.7％），1001名以上が4校（7.4％）。

　なお，留学生のうちアジア出身者が占める割合は平均93.7％（SD＝8.04）であり，ほとんどすべての留学生がアジア出身者であった。

　各大学では，留学生のうち福島第一原子力発電所事故の後に一時帰国，退学帰国，避難旅行など，キャンパスを離れて，より安全と思われる地域に移動した者の割合はどの程度であると把握していたであろうか。100（全員）～70％の留学生が東京を離れたと把握していた大学は33.4％，60～40％と把握していた大学は27.8％，30～0％と把握していた大学は25.9％であり，把握していないと回答した大学は13.0％であった。すなわち，3分の1ほどの大学は7割以上の在籍留学生が東京を離れたと把握していた。過半数（50％以上）の在籍留学生が東京を離れたと把握していた大学は53.8％に上っていた。逆に，在籍留学生が東京を離れたかどうか把握していない，または，東京を離れた在籍留学生はいないと把握していた大学は合わせて16.7％であった。多くの大学が，在籍留学生が東京を離れる対応を取っているほどに，福島第一原子力発電所事故による現在の居住地の放射能汚染をはじめとして震災と原発事故による不安を高めていることを把握していたと考えられる。

（3）震災や原発事故に関する留学生からの大学への問い合わせ

　留学生は在籍する大学に対してどのような情報を求めたのであろうか。福島第一原子力発電所事故に関連して一時帰国などの相談があったかを問うたところ，「問い合わせが多数あった」大学は50.0％，「問い合わせは少しあった」大

学は33.3％,「問い合わせはほとんどない」大学は16.7％であった。すなわち,8割を超える大学で留学生から一時帰国などの相談があった。在籍留学生に東京を離れた者がいることを把握している大学が同程度の割合であったことと合わせて考えると,東京を離れることを考えた留学生のほとんど全員が一時帰国などについて大学に問い合わせをしたのであろうと思われる。

　しかしながら,震災や原発事故そのものについての情報を大学から得ようとした留学生はそれほど多くはない。在籍留学生から,福島第一原子力発電所事故についての質問を受けているかとの問いに対して,「問い合わせが多数あった」大学は20.4％,「問い合わせは少しあった」大学は38.9％であったのに対して,「問い合わせはほとんどない」大学は40.7％もあったのである。

（4）大学からの留学生に対する震災や原発事故に関する情報提供

　震災や原発事故についての情報,とりわけ,放射線被曝を受ける不安を引き起こしている福島第一原子力発電所事故についての情報を,大学は積極的に留学生に伝えようとしたのであろうか。

　留学生に放射能についての基礎的知識を事故発生後に提供したかを問うたところ,「留学生全員を対象に情報を提供した」大学は29.6％,「問い合わせのあった留学生にのみ情報を提供した」大学は22.2％,「現在,情報提供を考えている」大学はなし（0.0％）,「情報を提供していない」大学は48.1％であった。半数近くの大学は留学生に対して放射能の基礎的知識を提供することを実施していなかった。そもそもこの調査に回答を寄せてくれた大学は留学生に対する震災・原発事故情報の提供に強い関心があったのであって,関心がなく具体的な対応策を取らなかった大学ほどこの調査への回答はしなかったとの仮定が成り立つならば,東京都にキャンパスがある大多数の大学は在籍留学生に対して情報提供は行わず,在籍留学生に放射能についての基礎的知識を提供したのは一部の大学にすぎなかったといえよう。

　在籍留学生に放射能についての基礎的知識を提供した大学の中でも,対応には大学による違いが大きかったようである。表12-2は,放射能の基礎的知識の提供として具体的にどのようなことを実施したのかの回答をまとめたもので

第 12 章　震災原発事故に伴う市民・消費者・外国人の対応行動

表12-2　「放射能の基礎的知識の情報提供」の具体的内容

説明会等による対応
・学生全員を対象とする説明会を開き，その段階の情報について逐一説明を行った。
・原子力工学科による（大部のパワーポイント資料をもとに）詳細な説明を行った。
・本学留学生センターのHPに，文部科学省および国際原子力機関の原発に関する情報のHPをリンクしている。また，新入生には，本学教員による原発に関する講演を行う予定である。

メール送信による対応
・中立的な立場をとる原子力機関が作成した放射能についてのパワーポイント資料を，URLをメールに記入することで全留学生に配信した。なお，この資料は法定非営利活動法人JAFSAの会員メーリングリストによって情報が提供されたので，活用させて頂いた。
・関係機関やニュース（多言語対応）のリンク先を留学生用メールマガジンにて配信した。

ホームページによる対応
・大学ウェブサイトに日，韓，中，英の4カ国語で掲載した。／大学キャンパス（東京都，神奈川県）での放射線の量，人体への影響がないこと。普段通りの生活でも放射線の健康被害がないこと，事故は核爆発ではなく，核反応は起こっていないこと。
・本大学留学センターHPに「留学生の皆様へ，大地震に対する本学の対応」を4月22日に掲載した。

ホームページを紹介する対応
・元原発設計者による情報／放射線医学研究所の情報／WHOの東日本大震災に関する情報／首相官邸危機管理ページ／以上，HPの紹介
・非正規生（交換留学生など）に対しては，社団法人サイエンス・メディアセンターや，NHKの外国語で情報が提供されているWebサイトを知らせ留学生が情報を得られるようにした。
・地震発生時緊急マニュアル／東京電力HP／サイエンス・メディアセンターHPを紹介した
・HP上で放射線医学総合研究所の日，英のリンクを掲載
・文部科学省HPにより提供している情報を紹介した
・文部科学省，NHKなどのリンク（多言語に対応）を紹介する
・「東京都新宿区における日々の放射線測定結果」についてHP上で検索出来ること
・HPの情報のみ

口頭による対応
・東京都における数値がどの程度のレベルであるのかを口頭で説明した。
・ニュースで報じられていることをわかりやすく言い直して伝えた。
・報道等について伝えた。

ある。独自の資料を作成して説明会や講演会を開催して留学生に情報提供を行った大学がある一方で，文部科学省やNHKのホームページを紹介するだけの対応であった大学も多かった。窓口で担当者が口頭で説明するだけの大学もあったようである。

表12-3 「事故に際する望ましい生活の知識情報を提供」の具体的内容

- 講演会として,「解説:原発事故と放射能」の題目で原子力,放射線に関する情報を提供し,各自が適切に行動するための一助とした。
- 原子力工学科による詳細な説明を行った。
- 本学留学生センターのHPに,文部科学省および国際原理力機関の原発に関する情報のHPをリンクしている。また,新入生には,本学教員による原発に関する講演を行う予定である。
- メールマガジンにて,政府の公式発表やメディアの正しい最新情報を取得し,不確定な情報に惑わされず冷静な対応を心がけるよう呼び掛けた。
- 「東京は原発から220km離れており,雨が降っても放射性物質はとても少ないので濡れても問題ありません。」「福島県・茨城県産の野菜から放射能が検出されましたが,これらの野菜は出荷停止になっており,東京のお店では売られていません。」「もし万が一野菜に放射性物質がついていても水洗いすれば落ちます。」/「水道水から検出された放射性物質は,前日の雨の影響によるものですが,大人は飲んでも健康に影響はありません。」と伝えた。
- 現在のところ,日常生活において問題はないこと。/雨天時の外出について,雨に濡れないようにする他,外出を控えること。/野菜等の食品はよく洗って食べること。
- 気になるのであれば,花粉症予防と同様の対処をすればよいことを指導した。
- 生活の知識というよりも,生活態度。過剰な反応をすることなく,「安心して生活できるので大丈夫」との意識を持つように指導した。
- 本大学留学センターHP「留学生の皆様へ,大地震に対する本学の対応」を4月22日に掲載した。
- 様々な言語で書かれている,外国人のための情報提供サイトを複数留学生に対して知らせた。生活情報,鉄道運行状況,食料,水,自治体の対応などについての情報が主である。
- 放射能などの量,被害状況が分かるサイト等を教えたり,生活上困ることがあれば連絡を取るよう指導した。
- NHKテレビ,NHKラジオを紹介した。
- ニュースで報じられている内容を引用して伝えている。

(5) 大学による留学生に対する放射能の水道・食品などへのリスク・生活に関する指導

　福島第一原子力発電所事故によって首都圏においても水道や食品などが放射能汚染されているのではないかとの不安が広まった。大学が留学生に対して原発事故による放射能の水道や食品などへのリスクを説明したかを問うたところ,「留学生全員を対象に説明した」大学は18.5%,「問い合わせのあった留学生にのみ説明した」大学は24.1%,「現在,説明を考えている」大学はなし(0.0%),「説明していない」大学は57.4%であった。

　また,留学生に今回の原発事故に際した望ましい生活の仕方について指導しているかを問うたところ,「留学生全員を対象に指導した」大学は18.5%,「問い合わせのあった留学生にのみ指導した」大学は22.2%,「現在,指導を考え

ている」大学はなし（0.0%），「指導していない」大学は59.3%であった。ほとんどの大学では，在学留学生に対して水道や食品などの放射能汚染に関する説明や，福島第一原子力発電所事故に際しての適切な生活についての指導は行っておらず，指導した大学数は放射能の基礎的知識の提供よりもさらに少なかった。

なお，原発事故による放射能の水道や食品などへのリスクを説明した大学では具体的には**表12-3**に示した内容を行ったと回答した。放射能の基礎的知識の提供と同様に，説明会などで指導した大学が一部にはあったが，多くはホームページの利用や窓口対応であったようである。内容的には，放射能汚染について心配をする必要はないことを留学生に伝えるものであった。

（6）大学による留学生に対する買い溜めや流言に関する指導

最後に，大学が在籍留学生に対して，東日本大震災後の買い溜めや流言についての指導を行ったかをみてみよう。

震災後にミネラルウォーターやインスタント食品などの買い溜めを自粛することを指導しているかを問うたところ，「留学生全員を対象に説明した」大学は3.7%，「問い合わせのあった留学生にのみ説明した」大学は20.4%，「現在，説明を考えている」大学はなし（0.0%），「説明していない」大学は75.9%であった。

また，震災後にチェーンメールなどでの根拠のない流言を広めることを自粛することを指導したかと問うたところ，「留学生全員を対象に説明した」大学は7.4%，「問い合わせのあった留学生にのみ説明した」大学は22.2%，「現在，説明を考えている」大学はなし（0.0%），「説明していない」大学は70.4%であった。

買い溜めや流言について在籍留学生に指導を行った大学はごく少数であった実態が浮かび上がった。

注
(1) 例えば，北原糸子編『日本災害史』吉川弘文館，2006年。
(2) 三隅二不二「自然災害と行動科学」『年報社会心理学』第24巻，1983年。
(3) 群集心理，群集行動は，社会心理学の成立時期から着目された研究テーマであり，

1880年代から1890年代にかけて主にフランスやイタリアにおいて研究された。その代表的な研究成果には，Le Bon, G., *La psychologie des foules*. F. Olean, 1895（葛西又次郎訳『群集心理』アカギ叢書，1914年； 桜井成夫訳『群集心理』角川文庫，1956年）がある。

(4) 安倍北夫（1957），安倍北夫（1964）。共に，三隅（1983）に記載。

(5) 安倍北夫『いざというときどう逃げるか――防災の行動科学』日本損保協会 1973年； 安倍北夫『パニックの心理』講談社 1974年； 安倍北夫『災害心理学序説』サイエンス社 1982年。

(6) 主な研究に，釘原直樹・三隅二不二・佐藤静一「模擬被災状況における避難行動力学に関する実験研究（Ⅰ）」『実験社会心理学研究』第20巻，1980年； 三隅二不二・佐古秀一「大韓航空機火災時（1980年11月19日）における避難誘導行動の実態」『年報社会心理学』第24巻，1983年，などがある。

(7) 岡部慶三「災害時における社会的コミュニケーション過程に関する研究」『年報社会心理学』第24巻，1983年，ならびに，廣井脩『新版 災害と日本人――巨大地震の社会心理』時事通信社，1995年，などを参照のこと。

(8) 広瀬弘忠編『災害への社会科学的アプローチ』新曜社，1981年； 広瀬弘忠『生存のための災害学』新曜社，1984年； 広瀬弘忠編『巨大地震――予知とその影響』東京大学出版会，1986年； 広瀬弘忠『災害に出会うとき』朝日選書，1996年；広瀬弘忠『ヒトはなぜ逃げおくれるのか』集英社新書，2004年。

(9) 例えば，松井豊・水田恵三・西川正之編『あのとき避難所は――阪神・淡路大震災のリーダーたち』ブレーン出版，1998年。

(10) 例えば，倉戸ヨシヤ『被災地における教師のストレス』青山社，2001年。

(11) Janis, I. & Mann, L., *Decision making: a psychological analysis of conflict, choice, and commitment*, The Free Press, 1977.

(12) Smelser, N. J., *Theory of collective behavior*, The Free Press, 1963.

(13) 『日本経済新聞』2011年3月19日付夕刊。

(14) クロス・マーケティングとリサーチ・アンド・ディベロプメントによる調査結果（http://bizmakoto.jp/makoto/articles/1104/26/news040.html　2011年7月7日アクセス）。

(15) 『朝日新聞』2011年3月24日付朝刊。

(16) 広瀬幸雄「買溜めパニックにおける消費者の意思決定モデル」『社会心理学研究』第1巻1号，1985年10月。

(17) ここで報告する調査結果は，甲南女子大学准教授大友章司氏と広瀬幸雄との共同研究として実施したものである。

(18) 調査項目では「買い溜め」でなく「買い置き」をしたかとたずねているが，本論文では，買い溜めで統一して表記している。

(19) 広瀬幸雄（1985）による。

(20) 『日本経済新聞』2011年4月18日付朝刊掲載のクイックサーベイ調査結果。

⑴ 『アエラ』2011年6月27日号，10-15頁。
⑵ 『朝日新聞』2011年7月29日付朝刊。
⑶ Sekizawa, J. &Tsuchida, S., "Cross cultural/dietary study on risk/benefit perception of main food products between Japan and Western Countries," Paper presented at The Society for Risk Analysis, Annual meeting 2009, 2009.
⑷ 河田惠昭『これからの防災・減災がわかる本』岩波ジュニア新書，2008年。

$$\begin{pmatrix} 土田昭司：第1節，第3節 \\ 広瀬幸雄：第2節 \end{pmatrix}$$

終　章
震災と安全の思想

1　「震災」と「安全」の組み合わせ

　「震災と安全の思想」の標題に抵抗を感じない人は多いのかもしれない。しかし防災分野とは異なる交通や労働分野で安全問題を扱ってきた経験からは「震災」と「安全」の組み合わせは，どこか簡単には呑み込みにくい，少なくとも異物を飲み込むような抵抗感を覚える。しかしはじめての経験ではなく，平成22年初夏に「Journal of Disaster Research」への投稿のさそいを受けた時も，「Disaster Research」の表現に新鮮さを感じると同時に，戸惑いも感じ，その時はじめてこれまで取り扱ってきたのが「accident」問題としての特徴のせいなのかもしれないと意識するようになった。交通事故（traffic accident）のように「事故」や「accident」の表現も頻用していた分野でもあったからである。「accident」と「disaster」あるいは「事故による被害」と「自然現象による被害」とは何がどう違うのだろうか？　しかしそう考え始めたものの，目前の忙しさにかまけて今回の本書の企画者から提案されたこの標題に出くわすまで忘れていたのである。今回の東日本大震災は直感的には天災的「disaster」問題であると同時に人災的「accident」問題も深く絡み合う厄介な複合的惨事であり，これを機会にこの違和感の正体から考えてみたくなり，その比較から安全の思想についても触れていきたい。

2　それぞれの言葉の基礎的特徴

　まずはそれぞれの基本の意味を検討しておくことから始めたい。

（1）漢字「災」，「害」，「損」，「事」，「故」

「災」（ワザワイ）の字源は「巛」【サイ：川の流れがせき止められ，あふれて水が横流することを表した象形文字】と「火」の組み合わせによる会意兼形声文字であり，順調な生活の展開をはばんで止める大火を指す。転じて，生活の進行をせき止めてじゃまをする物事をいうことにもなる（藤堂，1978，785頁）。烖（サイ）を正字とし，「天火を烖と曰ふ」とする。《周礼》では烖の字を用いることが多く，天譴（テンケン：天の与える咎め）の意。灾（サイ）は天火のために宮廟などが焼失する意で，天譴によるという（白川，1997，585頁）。天子の不徳に対する天の怒りを天譴と捉え，かつては天子が責めを負わされたが，後には改元を行うことで天子の命を奪うまでのことはなくなった。天子がその不徳を恥じて善政を行うことで災害が防止できると考えた時代や社会があったのである。つまり，「災」は初期には天譴的意も含まれていたであろうが，「烖」や「灾」の成立により，相対的に自然現象としての火事（山火事など）をさす言葉となったことが推定され，さらに今日では「火災」のように，「火」の字と組み合わせてはじめて「火事によるわざわい」を示すまでに変わり，天の災いの発想を捩った「人災」の表現もよく見るようになっている。

「害」は「かぶせる物＋口または古（あたま）」の会意文字で，かぶせて邪魔して進行を止めることを示し，轄（車軸どめ），割（切って生長をとめる），遏（じゃましてとめる）と同系の言葉（藤堂，1978，359頁）。それに対して甲骨文字から解釈する白川は「把手のある大きな針＋口（サイ：祝詞を納めた器）」で，その器に上部から把手のある大きな針を加え，その祝禱の呪能を害する意とする（白川，1997，155頁）。

「員」は「円（圓）」の初文で，口のまるくあいた鼎の姿で，「損」は「手＋員」の会意文字で，丸い穴をあけて，くぼめること。穴をあけるのは減らすことであり「くぼめて減らす」の意をいう（藤堂，1978，546頁）。

「害」，「損」ともに動詞としては「そこなう」の意があるが，「害」の中に「損」も含めて用いることが多い。しかし比較すれば「害」は機能がそこなわれる意で用い，「損」は物質的に失うことを問題にし，物質量を減らす意である。

「事」は「中央の部分の計算に用いる竹のくじ＋手」の会意文字で，役人が

竹棒を筒の中に立てるさまを示す。今日ではほとんど目にしない字であるが，原義（たてる，たつ）は「倲（シ：たてる，たつ）」に保存され，また人のつかさどる所定の仕事や役目の意に転じてもいる（藤堂，1978，33頁）。これに対して白川は「事」の字形を「史＋吹き流し」とする。史は古くは内祭をいう語であり，木の枝に祝詞の器を付けて捧げる形で，廟中の神に告げ祈る意であったが，外に使いして祭るときには，大きな枝にして「偃游（エンユウ）」（吹き流し）を付けて行い，その祭事を大事という。それは王事ともいうが，王事を奉行することは政治的従属，すなわち「事（つか）える」事を意味した（白川，1997，682頁）。史・使・事は一系の字であり，事故は「こと」と「ゆえ」であるが，白川は「変事」と説明する。

「故」は古（かたくなった頭骨または硬い兜を描いた象形文字）と攴（動詞の記号）を組み合わせた会意兼形声文字で，固まって固定した事実になることを示す。固（かたい）・個（固まった物体）などと同系の言葉。また，すでに固まって確立した前提をふまえて「そのことから」とつなげるので「ゆえに」という意の接続詞となる（藤堂，1978，565頁）。

（2）disaster, accident, damage, その他関連語

「disaster」はフランス語あるいはイタリア語からの外来語で，原義は《unfavorable aspect of a star》である。幸運の星の逆で，運に見放されていること，すなわち不運，不幸を意味し，その結果としての惨事を指すことにもなる。天災や災害とも訳されるが，星は天に通ずるが，水や火など自然に起因する自然現象としての害というとらえ方ではない。「a flood disaster」を大水害と訳すにしても，単純な種類としての水害を指すのではなく，少くともその場合には大きな害の意味にウエイトがあることになろう。

単なる害を表現するには「damage」を使うことが多く，この言葉も古フランス語 damage からの外来語で，「← dam(me)＜L *damnum* harm, loss」とラテン語に遡ることができる。「harm」は直接古英語「h(e)arm」からきたもので，その語源は印欧基語 *kormo-* に遡るが，意味は pain とされる。「loss」は「lose」からくる言葉で，失う，失くす意である。

これに対して「accident」は14世紀頃に古フランス語 accident かラテン語 *accident-em, accidēns* (pres. p.) からの外来語で、さらに「*accidere* to fall, happen ← ac-'ad-' + *cadere* to fall」に遡ることができる。したがって「偶然、偶発、不慮」にその特徴があり、偶然の出来事、偶発事件、不慮の出来事などと訳される。happening, chance の意味もある偶然であり、常に悪いことばかりを指すわけではないが、人の心配は悪い方に展開する偶然であり、そのため「不幸な出来事、事故、故障、珍事、奇禍、災難」等々の訳にもなる。必然性を含意しないのが特徴であり、哲学・論理学で偶有性とも訳される。偶有性の観点からいえば、本質的と訳される essential がその反対語ともいえる。「accident」と「incident」は接頭辞の「ad-と in-」の違いである。ともに方向を指示する前綴りであるが、この in- は運動の意を含む動詞の前で、into, against, toward の意を示すのに対して、ad- は移動の方向・変化・完成・近似・固着・付加・増加・開始などを示す。そのため「*cadere* to fall」は共通でも、in- は期待ないし予想される結果に向かったという範疇的説明であるのに対して、ad- は完成・近似の状況を示す。出前注文の督促電話に「もう店を出ました」という場合、実際には直前に店を出たケースから注文者の門前に達しているケースまで幅がある。in- はこの範囲すべてを示すのに対し、ad- は門前か近傍に達していることを示す。こうした特徴の違いから、incident に対して（付随的な、または、起こりやすい、ありがちな）出来事と訳したり、機械や化学物質や生物汚染等の分野では accident を事故と訳し、incident を小事故と訳すことも多い。accident よりも小さな出来事と説明することにもなるが、あくまでも文脈によるのであり、元々が「大小」「多寡」を示すわけではない。

（3）法律の定義

災害対策基本法では「災害」を次のように定義する：暴風、豪雨、豪雪、洪水、高潮、地震、津波、噴火その他の異常な自然現象又は大規模な火事もしくは爆発その他その及ぼす被害の程度において、これらに類する政令で定める原因により生ずる被害をいう。ちなみに同法での「防災」の定義は次の通りである：災害を未然に防止し、災害が発生した場合における被害の拡大を防ぎ、及

び災害の復旧を図ることをいう。

　なお原子力関連災害に関しては，その害の特殊性から原子力災害対策特別措置法を制定して対応している。そこでの原子力災害とは，原子力緊急事態により国民の生命，身体または財産に生ずる被害をいい，その原子力緊急事態とは，原子力事業者の原子炉の運転等（原子力損害の賠償に関する法律第2条第1項に規定する原子炉の運転等をいう）により放射性物質または放射線が異常な水準で当該原子力事業所外〈原子力事業所の外における放射性物質の運搬（以下「事業所外運搬」という）の場合にあっては，当該運搬に使用する容器外〉へ放出された事態をいう。

3　災害観からみる震災と対応

(1)　廣井の「災害観」からみる「震災」

　災害に対する態度としてよく比較されるのが「江戸の大火」と「1666年のロンドン大火」である。ロンドンではその大火をきっかけに不燃都市に生まれ変わることに成功し，中世都市から近代都市に大変身した。ほぼ似た時期の江戸でも大火に苦しみ，不燃化都市を目指したこともあったが，結局成功しなかった。ほかに地震津波の対策でも同様の特徴が認められる。特に1896（明治29）年の津波の壊滅的損害を受けた三陸地域では，震災後，海岸にあった住宅を高地に移す集団移転をしたところも多かったが，月日が経つにつれ，恐ろしさの記憶が薄れ，浜から離れている不便さを強く感じるようになったためか，十年もたたないうちに元の黙阿弥になったと指摘されている。1755年のリスボン大地震はリスボンを徹底的に破壊したが，耐震性を考慮した大変身のリスボンを復興させている。しかもこの地震はヨーロッパの思想にも大きな影響を与えている。こうした違いは何であるのだろうか。特定大火と特定地震の結果であり，それぞれの個別の事情の違いがそれぞれの結果をうみだしているのではあるが，惨事や不安の受け止め方と立ち向かう姿勢の心理的基底に，もっといえば心理を制御するレベルで，個別の事情を超えた何かがあるように感じられてならない。そこでまずは人びとの災害意識のさらに底にある意識を災害観と捉えて研

究してきた廣井脩や仲田誠たちの一連の研究成果があるので，その成果（廣井，1986）を紹介しながら「震災」と「安全」の関係を検討してみたい。

廣井は日本人の"災害を不可抗力の天災や運命とみなす意識"を「日本人の災害観」と呼び，その独特の災害観を大別すれば三つの型があるとして「天譴論」，「運命論」，「精神論」を挙げる（廣井，1986，8頁）。こうした災害観は長い歴史を通じて定着してきたもので，多くの日本人が共有する独特の「自然観」や「宗教観」とも深くかかわるとする。

「天譴論」は天子の不徳に対する天の咎としてとらえるもので，字源の説明と重なるが，少なくとも日本では奈良時代あるいは天平，弘仁，貞観年間までは為政者の譴責としてとらえていたが，関東大震災（1923年9月1日）後に出版物などを通じておきた天譴論ブームでは"腐敗堕落した社会への天罰"の意味で用いられている。大震災では特に人間の非力さを実感させられることも多く，圧倒的な破壊力の現実を受け止めるには「天の怒り」のような意味づけをせずにいられない心の反映と社会心理学者はとらえる。

「運命論」は，災害によって人が生きるか死ぬかは定められた運命ととらえる災害観である。災害の悲劇性を心理的に減殺しやすく，災害からの復旧復興を促進する方向にも働くが，同時に災害に対する諦念（災害が人間の手ではどうにもならないという感情であり，自然の大きな破壊力に対して，ただこれを耐え忍び諦めるほかはないという心理）や忘却癖（災害経験を将来の防災に生かすことなく忘れ去る心の働きであり，悲劇性を心理的に緩和することにもつながる）ともなる。これは先の天譴論，次の精神論ともからんで，被災しても冷静に辛抱強く耐える日本人像となって外国人ジャーナリストに強烈な印象を与えている。関東大震災，阪神淡路大震災，今回の東日本大震災でもその点は変わらなかった。しかしその姿勢が防災の努力に背を向ける働きもする。廣井は社会学者清水幾太郎を引用して1755年のリスボン大地震に言及し[1]，リスボン大地震はヨーロッパ全土に大きな社会的・思想的変動をもたらしたのに対して，関東大震災はその後の日本社会にほとんど何のインパクトも与えず，「独立の存在を主張する違もなく，長い重い歴史の中に融けてしまった」と言い添えている（廣井，1986，61頁）。

「精神論」は，いろいろな防災対策を講じて災害を克服するのでなく，それ

終　章　震災と安全の思想

にかわって，むしろ個人的な人間の精神とか心構えを強調する態度を指す。社会心理学者南博は"日本人の独特の心理の一つが「精神主義」（①人間の力を超えると思われる場合に，精神力が働いて，思いがけない超人的な事が出来るという信念，②精神の働きで物質的な条件が変えられるという考え方，③物質のなかに精神がこもっているとみなす「物神性」の観念）"であるとする。関東大震災後の帝都復興の過程で「精神復興」のスローガンがしばしば説かれ，帝都を真に復興するには，ただ道路の拡張とか橋の改修といった物質的復興だけでは不十分であり，市民一人ひとりが私利私欲を捨て去り，勤勉かつ品行方正に生きることこそ必要だ，という信念であるともいう（廣井，1986，66頁）。そしてその極致の形となると，災害に対する合理的な態度を一切放棄して，ひたすら神仏に祈る態度になると説明する（廣井，1986，72頁）。これは「動かざること大地の如し」のはずの大地が振動し，しばしば身動きもできずに恐怖と不安に耐える経験を日本で暮らす限り避け難いことと無関係ではないであろう。

　廣井たちは，文献等で上記3タイプの災害観を確認した上で，関東大震災以後の，科学技術も飛躍的に発達して多くの知識や合理的思考法が普及している現代社会において，受け止め方の変化の有無を確かめるための調査も実施している。紹介されている対象地域は「宮城県大船渡市民（津波常襲地帯）」（1981年9月実施，アンケート回答者数628/800：なおこの地での直前の津波被害体験は1960年チリ地震津波），「北海道浦河町（地震常襲地帯）」（1982年3月21日大地震後1月後実施，アンケート回答者数652/1100），「長崎県長崎市（洪水常襲地帯）」（1982年7月23日の集中豪雨による惨事の後で，アンケート回答者数443/600）である。その結論は先の「天譴論・運命論・精神論」の災害観をもつ人の割合がかなり高く，その三つの相関性も有意と報告している。しかもこうした災害観をもつ人びとの層は年齢・学歴・職業などの社会的属性や災害体験ともあまり関係なく，その点では広く住民が共有している観念とし，災害観の形成は人びとの個人的な災害体験というより，彼らが住む「地域の災害特性」と「地域全体の災害経験」にかかわるのではないかと指摘している（廣井，1986，116頁）。

　その中で，3タイプの災害観をもつ人びとの割合ならびに地域間の比較のために，現代風に質問をアレンジして次の3パターンに回答者を再整理している。

「災害は人間が自然を破壊したことに対する自然からの仕返しという考え方に共感するタイプ（本文では「自然の仕返し論共感型」と略記）」、「災害に遭って生きるか死ぬかは一人一人の運命により決まるという運命論に共感するタイプ（本文では「運命論共感型」と略記）」、「もしこの町の大勢の人たちが死んだり大けがをするような大災害が起こって、自分の身にも重大な危険が迫ったとしたら、神や仏に頼りたい気持ちになること（神仏依存意識）に共感するタイプ（本文では「神仏依存共感型」と略記）」である。「自然の仕返し論共感型」の割合いは「大船渡市19.9％、浦河町21.9％、長崎市61.9％」、「運命論共感型」は「大船渡市64.9％、浦河町50.4％、長崎市53.5％」、「神仏依存共感型」は「大船渡市75.5％、浦河町61.2％、長崎市74.9％」である。

　防災に対する態度も調べている。「自然の仕返し論共感型」の場合、防災対策をしておけば"大きな被害は食い止められる"と考える人の割合は「大船渡市33.8％、浦河町42.5％、長崎市63.9％。」である。長崎市の場合は、都市の乱開発の結果水害に脆弱になったとの自覚がこうした数字となって表れてきているようであるが、そうであれば、仕返しや天譴というより自然現象としての因果関係をみているようにもみえる。

　大船渡市に焦点を当てると、狭義の天譴論に共感する人と災害自然現象論をとる人の割合は約10対90であるが、災害に遭って生きるか死ぬかは一人一人の運命によって決まると考える人が半数を超える（64.9％）。その背後には「津波てんでんこ」の言い伝えもある地域の厳しさを反映しているようにも感じられる。津波が来たら、肉親に構わず、各自てんでんばらばらに一人で高台へと逃げるということの意味は、一族全滅を防ぐ知恵として、また自分自身は助かり他人を助けられなかったとしてもそれを非難しない不文律としても働いているという。重大な事態に遭遇した時、ある程度神仏に頼る人、きっと頼る人合わせて75％に達し、反対の質問、すなわち神仏無意味論に反対、どちらかといえば反対する人は30％となっていることから、人びとは神仏依存的な災害観ももち合わせていると廣井は考える。ちなみにこれに関しては災害のタイプの違いでも差がみられない。自然は怖くもあり、優しくもありと考える人は62％に達し、無常観については時々感じる人も含めれば58％に達する。これは地震津波

終　章　震災と安全の思想

が単なる水害と違う恐ろしさがあることの反映にもみえる。

　大船渡市ではさらに(ア)災害に対する「不安の大小と災害準備の有無」，(イ)「その具体的な案としての安全地帯への移転希望の有無」の関係をも調べているが，結論からいえば，共感のタイプが異なっても共通の結果が出ているのが特徴である。「自然の仕返し論共感型」，「運命論共感型」，「神仏依存共感型」の順に示せば，(ア)に関しては「不安大で災害準備有り：12.1％，13.8％，14.9％」，「不安大ながら災害準備無し：45.2％，44.4％，43.3％」，「不安小で災害準備無し：37.1％，36.5％，36.7％」，「不安小で災害準備有り：5.6％，5.2％，5.1％」であった。

　(イ)に関しては「不安大で移転希望有り：19.0％，19.5％，19.1％」，「不安大ながら移転希望無し：38％，38.8％，38.8％」，「不安小で移転希望無し：38.0％，34.8％，35.4％」，「不安小で移転希望有り：5.0％，7.0％，6.7％」であった。

　不安と対策の関係は多くは常識的反応であるが，「不安大ながら災害準備無し」が44％前後，「不安大ながら具体的移転希望（津波のための高所への移転）無し」が38％を明らかにしており，なかなか合理的行動には結びつかない事情もありうることを示している。正常化の偏見という心理的特徴にその原因を見ることも簡単には否定できないものの，これまでとりあげてきたような災害を不可抗力の天災や運命とみなす意識，すなわち「日本人の災害観」に起因すると考えることも十分可能に思われる。

　なお，ほぼ同時期の1980～83年にかけて東海地震の科学的な直前予知に関して静岡県でパネル調査が実施されており，直前予知など「できない」との回答がほぼ半数に及び，被害については「いくら対策を立ててもやはり多くの犠牲者が出る」が半数あったことを紹介し，「このように巨大地震の被害を減じることは，人為を以てしては不可能だと信じる人々の場合は，地震の危険地域から，安全なよその場所への移転をするか，『運を天にまかせ』て『なるようにしかならない』と諦めるほかはない。静岡県民だけでなく，日本人全体に言えることのようだが，大地震については『諦め』の反応が目立つ」とまとめている（広瀬，2004，36頁）。

　廣井のアンケート調査から30年を経た今回の大震災と津波は多くの専門家た

ちの想定を超えており，大船渡市では 20 m を超える津波が観測され，総人口（大船渡市＋三陸町）4万603名（3月1日時点）中，死者319名，行方不明者149名，建物倒壊数3629の被害を出すこととなった（2011年5月31日時点）。しかし今回は大船渡市よりも南に接する陸前高田市（死者1506名＋行方不明者643名），北に接する釜石市（死者853名＋行方不明者452名）の被害がさらに顕著であった。

（2）災害文化（disaster subculture）と安全文化（safety culture）

　災害に繰り返し襲われる地域社会では災害発生前にどのような兆候が現れるか，災害時にはどのような行動をしたらいいのか等に関する生活の知恵を共有していることも多く，そのような知識や知恵を住民の多くが共有しているとき，米国の社会学者の中では，それを「disaster subculture」と整理する。D. E. ウェンガーはこれをさらに，被害をどのようにコントロールするか，災害時の行動等に関する知識や技術に関するⒶ「道具的災害文化（instrumental disaster subculture）」と，住民の不安や恐怖を緩和したり，住民間の連帯感を深めたりする機能を果たす地域を襲う災害の性質や原因あるいはなぜ当該地域がそうした災害に襲われるかについての住民の共有する観念に関わるⒷ「表現的災害文化（expressive disaster subculture）」の二つに整理する。廣井は自らの「災害観」をⒷの一部に近いと位置づけている。

　これに対して，歴史学の観点から，災害に対処する習慣や言い伝えなどを「災害文化」ととらえ，地域の災害文化を確認する学問的アプローチを「災害文化史」として歴史学の独自性ある一分野として確立しようとの動きがあり，具体的には「災害に社会がいかに対応したか等の事実解明を通して，将来の災害への未然準備についての公権力の役割や共同体の相互扶助のあり方などを確認することが，災害史という独自の分野をつくる意義になる」と指摘し，従来の理科系や文化系の研究者がそれぞれに実施してきた災害史とは違う文理融合に光をみている（笹本，2003）。

　神戸大学教育改革プロジェクト「震災教育システムの開発と普及……阪神淡路大震災の経験を活かして」では災害文化を「歴史的に災害と闘ってきた人間の知恵と努力に学び，災害時にあっては相互に助け合い，平常時にあっては現

代生活に潜む様々な危険を認識し，安全で人間的な社会を協力して築こうとする意識」と定義する（岩崎ほか，2008，102頁）。教育システム開発のためであろうが，盛り込みすぎの定義でかえって災害文化の特徴を見え難くしている。

『人はなぜ逃げ遅れるのか』の著者広瀬は「プロローグ：古い『災害観』からの脱却」の章をたて，①慣性の法則に支配される現代人：正常性バイアス，②誤りにみちた災害観：パニック神話，③エキスパート・エラー，④つくり出される災害，の小節を設け，21世紀の災害には，原子力災害さえも古典的といわしめるほどの新しい災害が加わってきていると警告する。災害時の人間の心理と行動に焦点を当て，自分自身や家族，そして社会にまで及ぶ災害のダメージを減じていくことができるとの観点から，陥りやすい心理的な罠について，また，危険を感知する能力を研ぎ澄ますために必要なことをとりまとめている（広瀬，2004，24頁）。

「災害文化」とは表現型が対照的な「安全文化」の言葉は，主に交通事故や労働事故など偶発的事故の再発防止にウエイトを置く領域で使われ始めている。特に日本ではリーズン（J. Reason）の言葉として紹介されることが多い（『組織事故』塩見博監訳，日科技連，1999年）。リーズンは認知心理学の視点からエラー問題を取り上げた『ヒューマンエラー』（1990年）の著者として有名であり，「安全文化」の言葉は安全関連の議論において頻用されながら，ほとんど正しくは理解されていないと指摘し，「安全文化は，崩壊の一歩手前のきわどい経験から突如として生まれるものではなく，むしろ，実用的で地に足の着いた対策を一貫して継続することによって，徐々にかたちづくられてくるものである」とし，「安全文化」は社会的にエンジニアリングできるとの立場から言及している。その構成要因を「報告する文化」「正義の文化」「柔軟な文化」「学習する文化」と整理し，社会一般における文化とは区別して，労働安全は基本的に特定の組織の文化としてであり，その場合は共通の価値観というよりは共通した慣習（行動パターン）によって形作られるとする。日本社会でも安全文化の言葉は2000年頃から時々耳にしはじめてきたが，まだ安全管理上の手法としての意識が強く，災害文化として試みられているものとは様子を異にする。

（3）まとめ

　「災害文化」はこれまでのところ自然現象による被害，惨事を問題とし，かつ惨事の原因となる自然現象それ自体の抑制や排除は困難との認識を多くの人びとが共有している点に特徴がある。現象自体の回避や抑制は難しくても，どの程度の被害にとどめるかは人間側の選択にかかる面も小さくなく，被害最小化の生活のあり方，工夫等々に人びとの関心が向かうのは当然ともいえよう。しかし災害の種類によって受け止め方もそれに対する態度も変わりうる。例えばナイル川の定期的大氾濫のケースでは「災害，災難」どころか「天恵」と受け止めることも可能であり，河川付け替えの大工事を成功させて水利に転換してきた社会もあった。しかし地震はひたすら耐えるしかない類の自然現象でもあり，地震だけであれば耐震性の工夫も可能かもしれないが，巨大津波となれば逃げきれれば生き残り，呑み込まれれば死ぬという惨事ともいえる。そうした災害の頻発する地域で暮らす人びとの災害観が天譴論や運命論，精神論の入り混じった災害観を構成するであろうことも十分に理解可能であろう。それゆえに冷静に耐えてうまく生き残れれば，また改めてつらい思い出を忘れるようにたくましく生活を始める姿も賢明で力強い。しかしその姿勢は他方で防災の知恵をも忘れ去りやすく，悲劇を繰り返すことにもつながる。その弱点をこのまま放置しておいていいのだろうか。

　事情はともあれ，たとえていえばナイル川の氾濫原を都市構築の場として選択する社会は，当然に大氾濫への備えが欠かせず，防災を意識して対応し続けるとの選択をもしたことを意味する。こうした社会では「災害文化」を育てていかざるをえないことにもなろうが，日本人の災害観が提起する課題に現代のわれわれはどうこたえをだせばいいのだろうか。

　その際，少し気になる点がある。これまでの事故を取り扱ってきた経験からは，日本社会は「危険」の言葉を見るのも聞くのも嫌う傾向にあり，そうした中で災害だけは冷静に見つめて知恵を集めるという発想や姿勢が根づくものなのだろうか。さらには，仮に防災を加味した独特の生活スタイル構築を実現させたとしても，それを「災害文化」と呼ぶであろうかとの疑問である。惨事の記憶の消去を好む傾向がたしかにあるからである。

これに対して「安全文化」が問題にされるのは、安全な結果が当然と思われやすい領域、偶発的出来事を嫌う分野においてであり、そこには「安全」概念の理解と深くかかわり、その点を次節で取り扱う。

4 「事故」と「災害」と「安全」の構造的特徴

「事故」と「災害」と「安全」にはどのような共通性と違いがあるのだろうか。この三つの言葉をそれなりに使いこなす領域がある。例えば交通分野や労働分野であり、「交通事故」、「交通災害」、「交通安全」と「労働事故」、「労働災害」、「労働安全」である。この比較を手掛かりに「事故と災害と安全」の特徴を考察したい。

(1)「事故」と「災害」の使い分けからみる特徴

交通事故、労働事故のように「事故」として表現すると、個別の確定した変事として提起されることを意味し、さらにこの領域の専門家にとって「事故＝accident」の発想とも重なり、事（故発生）の因果関係を徹底的に追究していく動きに連動しやすい。再発防止を目指す動きにも直結しやすく、その防止対策は「交通事故防止対策」であり、掲げるテーマも明快である。

これに対して交通災害、労働災害のように「災害」に表現を変えると、雰囲気は大きく変わる。「事故」と対比すれば、「災害」は害の種別を問題にする範疇語として受け止められやすい。個別バラバラな事故事例としての対応ではなく、それらをまとめ捉えて考えるところに、その特徴を見出すこともできる。因果を明確にして対策を図る姿勢は相対的に弱まり、「災」の字の影響もあろうが、あたかも自然に起因する被害のように、人の力ではどうにも止められずに起きる物事の受け止め方に近づくことになり、スポットライトも因果問題より悲劇からの速やかな立ち上がりや復旧復興に移りやすい。

「自然災害（natural disaster）」を取り扱う領域では、自然現象発生自体や第一次被害に関しては、特別な失態でもなければ、被害が大きくても、その責任追及の発想は弱く、賠償責任を誰かに問うことはできないと考える。そのため

不運さに対して社会的には救助救援するしかなく，義捐金を集める発想にもつながっていきやすく，初期には災害ユートピアと呼ばれる時期もあり，人びとは協力的に動きやすい。

　これと対照的なのが「happening, 偶発性」を特徴とする「事故, accident」領域の特徴である。社会における人の行為は基本的に他者に迷惑をかけないことが原則であり，したがって社会において事業展開するには，技術系の言葉でいえば，「完全制御」が原則とならざるをえず，安全な結果が得られて当然とも受け止められやすい。したがってトラブルや損害が発生した後の景色は自然災害を取り扱う領域とは様相が異なる。被害者ばかりでなく，原則としてこの惨事をひきおこした加害者も重要な関係者として立ち現れるからである。その者が損害賠償義務を基本的に負う。しかし現代の社会制度では，被害者自身がその加害の責任者を明らかにして求償する必要がある。刑法の対象になる事例は検察が被害者に代わって社会の秩序回復の観点から責任追及を行うが，それ以外であれば被害者自身がそれを行い，求償しなければ救済されることもない。また現代のように複雑な製造体制，流通体制，販売・サービス体制下では被害者は加害者の特定さえ難しく，その点を克服するために近年になって製造物責任法などが制定されてきている。それでも因果関係の解明と賠償問題は関係者にのしかかる重荷である。

　すでに確定した事故の因果解明には何の問題もないように見えるかもしれない。しかしこの解明には賠償責任も絡み，詳しい事情を知る関係者ほど口をつぐみ，時には証拠隠滅をも図る心境にも陥りやすい。関係者は立場等の違いから利害対立に陥りやすく，大きな目標に向かって協力体制を採り難い。そのため何が起きたかを真に明らかにする作業は想像以上に厄介である。それゆえに隠された事実をも暴き出す強制捜査権を警察・検察組織には与えているものの，そこには冤罪問題がつきまといがちで，その防止のために刑事裁判では慎重な証拠集めが優先される。しかし他方で，当事者の積極的協力がなければ再発防止に結びつけにくい事故も増えている。例えば科学技術時代ともいわれる現代社会では，結果の悲惨さと比較して，原因それ自体は些細なミスやエラー等々の積み重ねとみなされる事例も増えている。ミスやエラーの指摘だけでは再発

防止に結びつき難く，なぜそうしたミスやエラーが引き起こされたかの背景事情等々をも明らかにすることが欠かせなくなっている。そのためには当事者にしかわかり難い課題を率直に提供するプロセスなしには前進しにくい。また技術等の効果が大きくなっていることから，結果的に大惨事にもなりやすい。そのため過去の事故ばかりでなく，ヒヤリハットといわれる"結果的には無事に終わったケース"についても緊張した事情を集めて問題を広く共有したり，有効な対策を重大事故の発生前に普及させる等々の作業が相対的に重要になりつつある。「incident」を問題にしてきているのもそうした事情と無関係ではない。また安全な運営や運行を支える関係セクション数も多くなり，多重防護体制とも言いうる構造を創り出してもきているが，そうした中で発生する事故の因果解明には組織を超えたシステムとしての解明が欠かせない。このように，伝統的直近の因果関係に注目した証拠集め重視の発想ばかりでは明らかにし難い課題も多くなっている。そうしたことから，事故調査への期待も変化し，責任者の追求よりは詳細な因果関係解明を優先するべきだとの考え方も登場してきている。そのため事故調査委員会に期待される性格自体もかつてとは大きく変化してきており，社会によっては詳細な情報収集のために証言者の免責を前提にするところも現れている。その一方で，あいかわらず利己的な発想と行為で他者に多大な負担を押し付けている個人や組織も多く，現代は大改革前の過渡期・混乱期とも言えるだけに，一筋縄ではいかない問題を抱える。

（2）安全問題としての「safety」型対策と「security」型対策

「交通安全」「労働安全」の表現はどのような説明が可能であろうか。交通事故防止対策と交通安全対策の違いであり，「安全」とは何かが当然，問題にならざるを得ない。すでに「事故」の検討を終えており，（交通）「事故」と（交通）「安全」が指し示す概念範疇の大小関係は交通事例に則してみれば明らかである。（交通）「安全」対策の中に（交通）「事故」対策は含まれ，同じ理由で，災害対策も安全対策の範囲内に含まれる。それでは「安全」対策の中には事故防止対策や防災対策以外にどのような課題が含まれているのだろうか。それを明らかにするには，安全概念の検討が必要である。[2] 災害観に対応する安全観で

はなく安全概念の分析を問題にするのは、人びとの基底にちかい心理を問題にする前に、言葉の適切な使用、とりわけ論理的レベルでの錯覚問題の是正が何より優先される必要があると考えるからであり、基礎中の基礎に係る課題と考えるからである。つまり安全問題にかかわる領域において、その基本概念の「安全」の概念理解についてまだ大きな錯誤がありうるからである。今回の大震災に絡む福島第一原子力発電所問題、ひいてはエネルギー政策を考えるためにも錯覚の是正が必要と考えるからでもある。

「safety」はラテン語 *salvum*（＝uninjured）に遡ることができ、欠けの無いことを意味する。同じ語源をもつ動詞には「save」「salvage」があり、「safety」は安全の範疇的概念を示すと同時に、救助されて疵もない状態、まるまる損なうことなく救助された状態も意味する言葉である。近年では"いのち"にかかわるなら"生き（残っ）ていること"を最優先する対策ともなってきている。野球ゲームであれば「塁に生きている状態、あるいはアウトになっていない、生き残っている状態」である。

これに対して「security」はラテン語 *secūritās* のフランス語経由の外来語で、分解すれば「*sē*（without）＋*cūra*（care）」であり、気掛かりがない、心配がない、不安ではない、の意となる。つまり「security」では"心配しなくてよい状態"であることが問題にされ、"欠けのない状態、まるまる損なわれていない状態"でもあるため、その結果状態は「safety」とも共通するが、「security」の用例はそういう状態を確保しようとする点にウエイトを置いて使われる。つまり心配の種を除くことに焦点があり、そのための行為は保障行為となり、その保障を受ける側は安心を得ることになる。

この違いを対策事例で指摘すれば、事故が起きても走る棺桶にしないためのシートベルトやエアバッグ対策は「safety」型の対策であり、そもそも事故自体が起きにくい対策にウエイトをかけようとの発想、例えば車同士の衝突防止装置等は「security」型の対策である。泥棒に入られても、盗品を取り戻す仕組みや対策が「safety」型の対策とすれば、そもそも泥棒が入りにくい家の作りや警戒体制としての施錠や警備体制強化が「security」型の対策である。

このように安全対策の特徴を「safety」型（対策）と「security」型（対策）

と区別してみれば，日本人の安全感覚はどちらが近いであろうか？　事故を起こさないことこそ安全対策と観念する人は多く，型の違いでいえば，「security」型である。例えば，自動車の安全性を評価する試験の一つに「衝突安全試験」がある。「Impact Safety Test」の訳であり，逐語訳としては単純明快であるが，「衝突」と「安全」の組み合わせには日本語を母国語とする人であれば，抵抗感あるいは違和感を覚えざるをえない。衝突それ自体が害発生を意味しているからである。この試験内容は自動車を正面衝突させて，ドライバーや助手席の人が，どの程度生き残れるかを見積もるものであり，具体的にはシートベルトやエアバッグ，乗務員の生存空間を確保するための自動車前部の構造上の工夫などの総合結果を，ドライバー席と助手席各々に座らせたダミー人形の衝撃度で評価するものである。その意味では衝突しても生き残れるための試験であり，自動車の「safety」型の安全性評価試験である。

　説明を換えれば，「security, secure」型対策が破綻しない限り，厄介な事態がそもそも発生しないのであるから，「safety, save」型対策が問題になることもなく，「safety」型対策などは無駄な対策とみられやすい。しかし剣道の事例でいえば，攻めと残心の関係に似る。勝ち残りたければ，残心のバランスも欠かせない。

（3）漢語「安全（全をやすんずる）」の発想と「holonomy」型の役割

　先に安全対策といいながら，その下位概念の「safety」型と「security」型の識別が十分にできていない問題を指摘したが，ここではもう一つの下位概念「holonomy」型対策について言及したい。「安全」は古いところでは「兵凶戦危，非安全之道」（顔氏家訓風操）のような事例があり，著者は南北朝後半を生きて隋の成立をみている顔之推（531-590）である。武器を持って戦うということは力ずくで戦いに勝つことを意図するが，真の秩序の回復につながるものでなければ安全之道とはいえないというわけである。時代は下るが，明の永楽帝の時代に武将鄭和を団長とする大船団が東南アジア，インドからアラビア半島，アフリカまで大遠征をしている（1405～1433年7回）。この時の相手との交渉の基本は朝貢貿易であった。朝貢貿易とは中国皇帝に対して周辺国の君主が貢物

を捧げ，これに対して皇帝は恩賜として実際には朝貢より数倍もの物を与える形式のものである。周辺国との関係をどのように維持するかにかかわり，これがうまくいかなければ戦って決着をつけることになるとすれば，双方にとって合理的，どちらかといえば当時は朝貢する側に有利であったらしい。恩賜は出す側に膨大な資金負担が必要であり，朝貢貿易をめぐっては内部の反対も多く，永楽帝の死後はこの大遠征は止まってしまう。しかし政権が安定して経済的に豊かであれば，戦費より有効との計算もあったにちがいない。

鄭和の大航海が終わっておよそ70年後に西洋社会の大航海時代が始まり，植民地政策が展開し，20世紀が戦争の世紀になったことまで考えると，安全とは何か，考え込まずにはいられない。この朝貢方式が現代においてそのまま使えるわけではないが，このような手法は安全之道を模索する中でみつけた一つのやり方と考えることもできよう。両者ともプラスであるWin-Win型が望ましいのは明らかであるが，地球における生物生活圏に限界があることまで考慮に入れる時代であり，パターンとしては三方一両損的許容の選択肢をも考えざるを得ないであろう。

安全問題をどのレベルで考えるか，これが大問題であり，そのレベルによって安全対策内容も大きく変わる。無人化こそ究極の安全対策といいうる場面もあるであろう，またトラブルさえ起きなければ万事よしとできる場面もあるだろう。しかし広く安全問題一般の特徴をとらえようとすれば，安全な結果の内容について利害相反する関係者内の調整抜きに問題が解決するとは考え難いことも容易に想像できるであろう。そうした場面では，秩序の回復，調和，バランス等々の判断が重要な意味をもってくることになる。「holonomy」型対策は「safety」型や「security」型と比較すればまさに秩序の回復，調和の実現，信頼関係構築や維持等にウエイトのある対策と整理できる。

安全は危険を認識した時点で改めて目指されるべき一番望ましい結果を指す。その内容を具体的定義的に示せば「①所期目的の成就，②一切の弊害の無いこと」が理想的であろう。もしこれが技術的社会的に実現できるのであれば，安全問題は正解のあるパズルを解くレベルの難しさで済むに違いない。最終的に誰にも迷惑をかけずに自の望んだ生き方を貫けることを意味するからである。

しかし現実には最悪の結果にもなりにくいが、理想的な結果にもなりにくく、その中間的結果の可能性が大きいからこそ、安全問題は極めて厄介な問題にもなるのである。一番広く安全問題を捉える立場からは、価値論を離れて安全問題を語ることはできなくなり、人の生き方、社会のあり方と離れてはそのレベルの安全の意味は定まらない。言い換えれば、哲学的探究の面を欠くことができないレベルでの安全の意味もあり、その下位のレベルでは、先に指摘した「safety」型、「security」型、「holonomy」型の三つの型の区別が必要になる。対策の特徴を取り違えないためにも、また相互のバランスある配分を間違えないためにも、安全問題の基本的特徴を明確に指示し、識別できることはその後の様々な議論においても有効であると考えるからである。

　この三つの下位概念を従える上位概念としての安全概念レベルを問題にしているのは、領域横断的に問題を捉える方法として、専門分科化の欠点を補い、関係する多くの専門領域の課題を適切に受け止めるための一つの軸を提供したいためである。比較検討は相対的に多くの労力を使わずに問題の特徴を把握する便利な方法であるが、比較の軸がその都度バラバラでは知識もまとめにくい。基軸となるものを用意できれば、共通性を見出しやすいからである。

5　反省としての「災害」と「安全」

　本章冒頭の問題意識に立ち戻って整理しなおせば、「災害」は伝統的には「自然現象による被害」を指し、敢えて「自然」を付加する必要はなかった。それに対して「disaster」は不運な結果であり、文脈により「災害や天災」と訳されうる言葉ではあるが、常に自然現象による害を意味するわけではない言葉でもある。そのあたりの混同とも重なり、昨今では「自然災害」と表現しないと誤解する人びとも出てきそうな状況にある。そのため本文中でも敢えて「自然災害」と表現したところもある。

　「交通事故」を「traffic accident」、「労働事故」を「a work-related accident, an on-the-job accident」、「事故防止」を「accident prevention」と表現するように、「事故」は「accident」と訳されることが多いが、漢語「事故」

の字源からみれば，確定した事柄の意味以上のものはないが，わざわざ言挙げする以上は何らかの意味で「変事」であることを示唆しており，懸念するのは多くの場合悪い結果ということにもなろう。「確定した事柄」の意味と対照的なのは「危険」のような"未だ結果が確定していない事柄"を指す言葉である。「安全」は「危険」と認識した時に改めて目指される理想的な結果であるとすれば，「危険と安全」の関係と比較して「事故と安全」の関係は相対的に狭く，「安全」への期待も「無事故」が安直な目標となりやすい。説明を換えれば，「accident」は"安全であって当然と思われている領域や分野"で頻用される傾向にあり，偶発性とその経緯に関心を集中させやすく，「安全」用語を頻要しながら，「安全」概念の理念にあたる課題については無関心に終始し，ひたすら事故の否定，無事故を追求する結果となっている。そのため日本では「safety」型対策と「security」型の区別にも無頓着で，後者に力を入れるあまり，前者に関心が向き難い。

　交通分野では「交通災害」の表現はあまり見ないものの，労働分野では「労働事故」より「労働災害」の表現をよく見かける。しかしその英訳は「accident」を用いるのが一般的で，「disaster」等の組み合わせ事例はまだ知らない。労働分野でなぜ「事故」ではなく英語にも訳せない使い方の「災害」を好んで使うのか，そこに「日本人の災害観」の影響を観ることができるように思われるが，一度は検討する必要があろう。「原子力災害」との比較も面白いに違いない。

　これに対して伝統的な「災害」においては，いかに避けたい自然現象であっても，地域の気候風土条件の一つと受け止めて賢明に対処することが期待される。「災害」を取り扱う分野では，「災害」からの短期的復旧においては「安全」が問題にされることは基本的にないといってもよいが，単なる復旧ではなく復興を目指さなければならないケースや，長期的視野での対策検討過程，さらには例えば，ナイルの氾濫原を農地として活用するかダムや堤防で川を制御して都市化するかの選択問題となれば，現代的条件を重ねて持続可能な社会構築の観点の基本的な問い，すなわち「どのように生きるべきなのか，どのような社会をつくればいいのか」が問われざるをえない。この問いは「安全」の意

終　章　震災と安全の思想

味を考える際にも究極のレベルで問われているはずのものであり，このレベルでは「防災」の発想と「安全」の発想は重なってくる。ただしそれ以前の短期的視野での「防災と安全」と「事故防止と安全」の関係を比較すれば，「防災」の場合はその災害の特徴から「safety」型対策にウエイトを置くことになろうし，「事故防止」の場合は明らかに「security」型対策にウエイトが置かれてきた。"安全であって当然"との認識は，厄介な事態回避が優先されるからである。「security」型対策が重要なことは改めて述べるまでもないが，慎重であるためには「safety」型対策とのバランスも考慮対象にすべきであろう。そして現代社会においては複雑な利害関係の調整ぬきには目指すべき安全の中身の確定すら難しく，「holonomy」型対策は今後重要な切り口になるはずである。初期には人の協力を得やすい「自然災害」ではあるが，より長期的視野で対策を考えなければならない段階では，どのような社会を構築しようとするのかの理念の議論が不可欠であり，当然に利害対立を含んだ議論にならざるをえない。その点で，はじめから複雑な利害関係を含んで苦悩してきた「事故，accident」領域で蓄積してきた知恵からも学ぶ事は少なくないものと思われる。「震災」のように地質学的スケールの災害対策では自然災害であっても，そうした配慮が不可欠にみえる。

　この論考を始めたことで災害意識の底にある心理の問題に気づかされると同時に，感性と並ぶ理性の基礎は言葉であり，言葉を正しく認識することの重要性にも改めて気づかされることになった。また災害の特徴を考えることにより，「accident」領域に固有の物事の捉え方の偏りにも改めて気づくことになった。おそらくどの領域においても起こりうる偏見や錯覚の類であり，同じような抵抗感，違和感を覚える人にとっての参考になれば幸いである。今回の原発震災は，一つは「safety」対策それ自体の必要性を忘れていた構造的欠陥が顕在化したものと整理することができるが，いま一つは「accident」領域だけで完結する技術体系などあり得ないという，本来忘れてはいけないことを忘れ「disaster」領域の知識や知恵を十分に受け止めてこなかったことの反省であろう。とりわけ呑み込み難さを無視していては，結果として大事な問題を見損なうかもしれないとの警告でもあった。この大震災の悲劇を無駄にしないように，そ

して多くの専門的諸知識や知恵が十分に活かせるように，安全の考え方を見直し，概念上のねじれを解消し，領域を超え出ても素直に考えられる基礎的知識を準備するためになお一層の努力を重ねていきたいと願っている。

注
(1) 1755年11月1日午前9時40分に西ヨーロッパの広い範囲で強い揺れが起こり，ポルトガルのリスボンを中心に大きな被害を出した。津波による死者1万人を含む5万5000人から6万2000人が死亡した。推定マグニチュードはMw8.5〜9.0で，震源はサン・ヴィセンテ岬の西南西約200kmと推定されている。リスボンは地震と津波と火災によりほぼ灰燼に帰したとされる。当時宰相のセバスティアン・デ・カルヴァーリョ（後のポンバル侯爵）は震災の処理を見事に仕切り，1年以内にリスボンから廃墟が消え，至る所が建築現場になり，王の強い希望もあり，新しいリスボンを完璧に秩序だった街にすることに重点を置き，大きな広場と直線状の広い街路が新リスボンのモットーとなり，宰相の指揮下で立てられたポンバル様式建築は，世界最初の耐震建築でもあり，リスボンの新しいダウンタウンがつくられている。この震災の悲報は18世紀半ばの啓蒙時代下にあったヨーロッパに思想的影響も与え，啓蒙思想における弁神論と崇高論の展開を促すことになる。
(2) 辛島恵美子「社会安全学構築のための安全関連概念の再検討」『社会安全研究』Vol. 1, 2011年, 153-177頁。
　　その基礎文献は辛島恵美子『安全学索隠——安全の意味と組織』八千代出版, 1986年。

参考文献
岩崎信彦他編『災害と共に生きる文化と教育——〈大震災〉からの伝言』昭和堂, 2008年。
笹本正治『災害文化史の研究』高志書院, 2003年。
白川静『字通』平凡社, 1997年。
廣井脩『災害と日本人——巨大地震の社会心理』時事通信社, 1986年。
広瀬弘忠『人はなぜ逃げ遅れるのか——災害の心理学』集英社新書, 2004年。
藤堂明保編『学研　漢和大字典』学習研究社, 1978年。

（辛島恵美子）

あとがき

　今はtsunamiと国際語にもなっている津波だが，昭和の初め頃までは，海嘯（かいしょう）と呼ばれるのが一般的であったという。海嘯とは「満潮が河川を遡る際に，前面が垂直の壁となって，激しく波立ちながら進行する現象」（『広辞苑』）である。2011年3月11日に，津波の襲来を目撃した少なからぬ人が，「垂直の壁」が襲ってきたと証言している。関東大震災では，大火災によって10万人を超える死者・行方不明者が出たが，東日本大震災の被害をここまで大きくしたのは，地震によって引き起こされた津波であった。

　その被害が最も大きかった岩手，宮城，福島の3県は，仙台市を有する宮城県を除けば，過疎県といってよい状況にある。たしかに人口密度（2005年）を見てみると，全国平均が342.7人／km^{2}であるのに対して，岩手県が90.7人／km^2，また福島県が151.7人／km^{2}ほどしかない（総務省『日本の統計2011』）。もっとも，宮城県も仙台市を除けば人口密度の希薄な市町村が多い。そして，人口密度の低い県に共通する特徴でもあるのだが，これら3県では第一次産業の比重が高く，その就業者数の割合は，全国平均の4.1％に対して宮城県が6.2％，福島県が9.2％，岩手県にいたっては13.7％となっている（総務省「平成21年経済センサス―基礎調査」）。なかでも，津波の直撃を受けた沿岸地域には日本有数の優良な漁場があり，漁業も盛んであった。一方で，宮城県や福島県は先端産業の部品工場が数多く立地する，工場集積地でもあった。こうしたエリアを襲ったのが3月11日の東北地方太平洋沖地震である。

　1995年の阪神・淡路大震災の死者数は6434人，行方不明者は3人である（消防庁による確定値，震災関連死を含む）。同大震災の場合には，発生から1カ月が経った時点での行方不明者は2人であったから，1カ月ほどの間で行方不明者の全体は，ほぼ把握できていたことになる。ところが，今回は，8カ月が経ってもなお，3600人あまりの人びとの行方が確認できていない。広域の津波災害

という東日本大震災の特質を端的に示す一例といえる。ちなみに、1896年の明治三陸地震・大津波による死者は2万1915人、行方不明者は44人、また、1933年の昭和三陸地震・津波の死者は1522名、行方不明者は1542名であった。それらと比較しても、今回の震災の爪痕の深さがうかがえる。

　ところで、震災からの復旧・復興において基本となるのは次の四つであろう。第一は、被災者・住民の生活の再建、換言すれば住宅と仕事の確保・再建である。第二は、住民の生活再建と企業活動の基本となるライフラインの復旧である。第三は、人間の社会活動の基盤となる学校や病院、公共施設の復旧である。そして、第四に雇用機会の増加と社会の営みの基礎となる経済活動の復興である。

　2011年6月20日、東日本大震災からの復興を推進するための組織や財源などの基本を定めた「復興基本法」が成立し、同月25日には政府の復興構想会議の提言がまとまった。8月11日には、岩手県と福島県がそれぞれ「岩手県東日本大震災津波復興計画（平成23-30年度）」ならびに「福島県復興ビジョン」を、また8月26日には、宮城県が「震災復興計画案（平成23-32年度）」を取りまとめ公表した。大震災で最も被害がひどかった岩手、宮城、福島の3県の復興プランが出そろったことになる。しかし、被災地では未だ瓦礫の撤去さえ済んでいないところがあるなど、大震災からの復旧・復興はようやく緒についた段階でしかない。本書が提起した視点や政策提言が、被災地の復旧・復興の一助となることを強く願うばかりである。

　なお、本書は、関西大学先端科学技術推進機構に設置された「組織事故低減のための安全システムデザイン研究グループ（2010～2012年度）」（主査・小澤守）と社会安全学部がタイアップして毎月開催してきた社会安全学セミナーの成果の一部でもある。

　最後になったが、ミネルヴァ書房編集部の梶谷修氏には大変お世話になった。この場を借りて御礼申し上げたい。

2011年10月

来春からの大学院社会安全研究科博士課程の設置認可を得た日に

編集担当　安部　誠治

索　引

あ　行

IAEA　86
ISO31000　218
アスペリティー　37, 62
アラスカ地震（1964年）　35
安全　291
安全文化　288
位置エネルギー　64
一時帰国　271
医療　166
インド洋津波　58, 75
インフラストラクチャー　100
インフラ設備　100, 101
インフルエンザ　171
運動エネルギー　64
運命論　284
AMDA　167
エコノミークラス症候群　171, 179
NRC（合衆国原子力規制委員会）　81
NPO法（特定非営利活動促進法）　238
エリアメール　43
遠距離多量送水システム　206, 208, 213
大阪市　15
大船渡市　9

か　行

加圧水型原子炉（PWR）　79
海岸検知点　46
外傷後ストレス障害 → PTSD　154, 158, 161
回避　159, 161
カウンターパート方式　183
覚醒亢進症状　159, 161
拡大3連動　7
格納容器　85
格納容器冷却系　87
核分裂生成物　80
仮設住宅　131, 146, 147
釜石市　68
カムチャツカ地震（1952年）　35
仮住まい　140, 149
関西広域防災計画　183
関西広域連合　19, 183
関西電力　81
危機管理　216, 217, 220-222
危機管理体制　225-227, 231, 233
気象庁　55
帰宅困難者　217
機動隊　198
キャッシュ・フォー・ワーク（CFW）　127
急性ストレス障害（ASD）　158
強震モニタ　45
緊急地震速報　39, 49
緊急時非難準備区域　183
緊急消防援助隊　189-192, 196, 198, 208, 212, 213
緊急消防援助隊制度　213
くしの歯作戦　108
クライシス・コミュニケーション　221
クライシス・シミュレーション　216, 218
クライシス・シミュレーション・トレーニング　226, 229, 230
群集行動　254
群集心理　254
警戒区域　184
計画津波　14
計画的非難区域　183
経験知　201, 203
気仙沼復興協会　130
健康支援活動　166
減災　18
原災法第15条事象　87

原子力安全委員会　83
原子力安全基盤機構　88
原子力安全・保安院　83
原子力委員会　81
原子力災害対策特別措置法　87
原子力事故　1
原子力損害の賠償に関する法律（原賠法）　90
原子炉停止時冷却系　87
高圧注入系　87
広域化推進計画　211
広域緊急援助隊　193, 194, 196, 198
高地移転　15
交通インフラ　107, 108, 115
交通システム　101
交通需要管理　117
公民協働　185
国際防災の10年　18
心のケア　152, 153
心のケアチーム　170
孤独死　175
コミュニケーション　217
雇用問題　126

さ　行

最悪の被災シナリオ　14
災害　291
災害医療コーディネーター　169
災害医療本部　170
災害観　283
災害関連死　174
災害救助法　180
災害研究　i
災害支援公衆衛生チーム　184
災害弱者　269
災害情報　269
災害心理学　254
災害対策基本法　180
災害調査　62
災害派遣医療チーム　167
災害文化　288
災害ボランティアセンター　236, 237, 239, 240,
242, 243, 250
再体験　159, 161
サプライチェーン　112, 121, 125, 217-219
産業振興　132
惨事ストレス　154
三陸鉄道　110
JCN（東日本大震災支援全国ネットワーク）
246, 247
時間差4連動　8
事業継続ガイドライン　224
事業継続計画　→ BCP　216, 217
事業等のリスク　218
事故　291
地震警報システム　46
地震モーメント　36
持続可能性　232
市町村再編災害　3
時定数　89
地盤沈下　13
シビアアクシデント　84
社会心理学　253
社会脆弱災害　3
社会的弱者への悪影響　258
社会的責任投資（SRI）　232
社会福祉協議会　185, 241, 244, 245
ジャストインタイム　112
住宅再建　135
巡回看護　166
障がい者　169
蒸気―ジルコニウム反応　88
小規模消防本部　197
消防広域化推進計画　209
消防の広域再編　209
震源　40, 54
震災ロジスティクス　110
水産業特区　131
スーパー広域災害　2
ストレス　219
ストレスケア　163, 164
ストレスマネジメント　162, 163
スマトラ沖地震　58

索　引

生活衛生　166
生活環境　182
正常ストレス反応　155, 156
精神科医療救護所　173
精神保健福祉士　178
成長の限界　90
「safety」型対策　293
責任感の認知　258
「security」型対策　293
漸進性弛緩法　163
仙台市　74
専門家不在災害　3
専門知　201, 203
専門調査会　28, 30
早期地震警報システム　48
相互的な支援　247, 249, 250
ソフト防災　19

た　行

対策不全災害　3
第三者検査　92
耐震補強工事　50
耐震列車防護システム　114
地域コミュニティ　136
地域再建　135
地域防災基本計画　111
地域防災計画　180, 181
地域保健法　180
地方型災害　175
地方公営企業　100
長期化災害　2
直接被害額　119
チリ地震（1960年）　35
津波　53
津波計　16
津波警報　55
津波警報システム　59
津波残存物　22, 23
津波地震　37, 61
津波波源　53
津波被害　117

TMI-2事故　84
DMAT　167, 193
Design Basis Accident（設計基準事故）　84
デフレ　123
デフレギャップ　123, 124, 132
天譴論　284
電力供給制約　123
東海・東南海・南海地震　20, 45
東京電力　81, 121
道具的災害文化　288
動物衛生　182
東北新幹線　46
東北地方太平洋沖地震　35
東北地方太平洋沖地震津波合同調査グループ　62
都市型災害　175
都道府県DMAT　168
トラウマ　155, 161

な　行

長崎市　285
新潟県中越地震　176
二線堤　15
日本看護協会　178
日本DMAT　168
熱出力　81
ネットワーク　115

は　行

ハード防災　19
廃用性症候群　175
派遣保健師　179
ハザードマップ　12, 64, 68, 74
阪神・淡路大震災　101, 123, 129, 130, 136, 148, 166, 175, 236, 237, 247
BCP（事業継続計画）　216, 218, 219, 222, 223, 225-227, 231, 233
BWR-3　85
PTSD（外傷後ストレス障害）　153, 155, 162, 175
P波　40

305

被害軽減　19
被害抑止　19
東日本大震災　1, 103, 166
東日本大震災支援全国ネットワーク　→ JCN
　　245, 251
東日本大震災復興構想会議　28
非常用復水器　87
避難者　142
避難所　138, 140
表現的災害文化　288
不安　271, 272, 274
フード・フォー・ワーク　128
フェイルセーフ機構　87
復元力　219
複合災害　1, 2
福祉避難所　174
福島第一原子力発電所　17, 79, 104, 121, 125, 220
復興基本法　28
復興計画　22
復興財源　124
復興需要　126, 127
復興まちづくり　137
沸騰水型原子炉（BWR）　79
物流災害　4
物流システム　101
プレート境界地震　37
プレート沈み込み境界　35
ベースロード　93
崩壊熱　80
防災・減災情報　269
防災ボランティア活動検討会　240, 242, 245, 246
防潮林　15
放射線災害　183
放射線被曝　272
放射能汚染　271, 274, 275
放射能についての基礎的知識　272, 275
補完性の原則　189
保健師派遣　174
保健所法　181

保健所保健師　181
ボランティア活動　185
ボランティア元年　237, 238
ボランティア・コーディネート　236, 239
ボランティアセンター　185
「holonomy」型　295

ま 行

Mark-Ⅰ　85
マグニチュード　35
まちづくり　138
麻痺　159, 161
みなし仮設　144
南三陸町　64
南相馬市　183
明治三陸津波　37

や 行

有効感の認知　258
ユレダス　47
要援護者　169
予備力　198
余裕時間　44
4連動　7

ら 行

ライフライン　2, 99
リーダーシップ　216–218, 220, 221
陸前高田市　8
リスク・アセスメント　216–218
リスク感性　220
リスク情報　269
リスク情報の開示　218
リスク情報の開示力　221
リスク対応　216, 217
リスク特定　216, 217
リスク・トリートメント　217, 218
リスク認知　258
リスクマネジメント　216, 217
リスボン大地震　283
リラクセーション　163

リラクセーション法　164
臨界事故　183
冷温停止状態　81
レジリエンシー　219
老人保健法　180
炉心スプレー系　87

炉心溶融　17, 84

　　　　わ　行

ワーストシナリオ　216, 218, 228
湾口防波堤　68

執筆者紹介

河田惠昭（かわた よしあき）（社会安全学部長・教授　巻頭言・序章担当）
　1946年生まれ，京都大学大学院工学研究科博士課程単位取得後退学，工学博士，総合防災・減災学。

林　能成（はやし よしなり）（社会安全学部准教授　第1章担当）
　1968年生まれ，東京大学大学院理学系研究科修了，博士（理学），地震災害論。

高橋智幸（たかはし ともゆき）（社会安全学部教授　第2章担当）
　1967年生まれ，東北大学大学院工学研究科博士課程後期中途退学，博士（工学），水災害論。

小澤　守（おざわ まもる）（社会安全学部教授　第3章担当）
　1950年生まれ，大阪大学大学院工学研究科修了，工学博士，安全設計論。

安部誠治（あべ せいじ）（社会安全学部教授　第4章・あとがき担当）
　1952年生まれ，大阪市立大学大学院経営学研究科中退，公益事業論。

西村　弘（にしむら ひろし）（社会安全学部教授　第4章担当）
　1953年生まれ，大阪市立大学大学院経営学研究科単位取得後退学，博士（商学），交通システム論。

永松伸吾（ながまつ しんご）（社会安全学部准教授　第5章担当）
　1972年生まれ，大阪大学大学院国際公共政策研究科退学，博士（国際公共政策），災害経済論。

越山健治（こしやま けんじ）（社会安全学部准教授　第6章担当）
　1972年生まれ，神戸大学大学院自然科学研究科前期課程修了，博士（工学），都市災害対策論。

元吉忠寛（もとよし ただひろ）（社会安全学部准教授　第7章担当）
　1972年生まれ，名古屋大学大学院教育発達科学研究科単位取得後退学，博士（教育心理学），災害心理学。

高鳥毛敏雄（たかとりげ としお）（社会安全学部教授　第8章担当）
　1955年生まれ，大阪大学医学部卒業，博士（医学），公衆衛生学。

永田尚三（ながた しょうぞう）（社会安全学部准教授　第9章担当）
　1968年生まれ，慶應義塾大学大学院法学研究科修士課程修了，消防防災行政論。

亀井　克之（社会安全学部教授　第10章第1節担当）
　1962年生まれ，関西大学大学院商学研究科単位取得後退学，仏国DEA（経営学），博士（商学），リスクマネジメント論。

髙野　一彦（社会安全学部教授　第10章第2節担当）
　1962年生まれ，中央大学大学院法学研究科修了，博士（法学），企業法学。

菅　　磨志保（社会安全学部准教授　第11章担当）
　1971年生まれ，東京都立大学大学院社会科学研究科修士課程修了，博士（学術），災害社会論。

土田　昭司（社会安全学部教授　第12章第1節，第3節担当）
　1957年生まれ，東京大学大学院社会学研究科単位取得後退学，リスク心理学。

広瀬　幸雄（社会安全学部教授　第12章第2節担当）
　1948年生まれ，京都大学大学院文学研究科単位取得後退学，博士（心理学），リスクコミュニケーション。

辛島　恵美子（社会安全学部教授　終章担当）
　1949年生まれ，東京大学大学院工学研究科単位取得後退学，安全の思想。

検証　東日本大震災	
2012年2月10日　初版第1刷発行	検印省略

定価はカバーに
表示しています

編　者	関 西 大 学 社 会 安 全 学 部
発行者	杉　田　啓　三
印刷者	江　戸　宏　介

発行所　株式会社　ミネルヴァ書房
607-8494 京都市山科区日ノ岡堤谷町1
電話075-581-5191／振替01020-0-8076

Ⓒ関西大学社会安全学部, 2012　共同印刷工業・兼文堂
ISBN978-4-623-06230-0
Printed in Japan

災害福祉とは何か
―――― 西尾祐吾／大塚保信／古川隆司 編著　A5判　272頁　本体4500円

●生活支援体制の構築に向けて　被災者中心の災害支援をソーシャルワークの立場から提言する。

危機管理学総論
―――――――――――――――― 大泉光一 著　A5判　268頁　本体3500円

●理論から実践的対応へ　「危機管理」理論を身につけ，諸分野での実践に活かす方途を解説する。

危機のマネジメント
―――― E. サラス／C. A. ボワーズ／E. エデンズ 編著　田尾雅夫 監訳
　　　　深見真希／草野千秋 訳　A5判　340頁　本体6000円

●事故と安全：チームワークによる克服　さまざまな環境・職業に応用可能な具体的手法を事例とともに紹介する。

ボランティア論
―――――――――― 田村正勝 編著　4-6判　340頁　本体2800円

●共生の理念と実践　人と社会の本質を社会哲学から捉え，新たな「連帯」を模索する渾身の一冊。

よくわかるNPO・ボランティア
―――― 川口清史／田尾雅夫／新川達郎 編　B5判　224頁　本体2500円

●その実態をわかり易く体系的に分類。基礎知識，理念，課題までを明確に理解できるよう解説した好個の入門書。

――― ミネルヴァ書房 ―――
http://www.minervashobo.co.jp/